Early Childhood Movement Education

Based on the 2019 Revised Nuri Curriculum

2019 개정 누리과정에 기초한

영유아동작교육

| 문혜련 · 박미경 공저 |

학지사

머리말

영유아들은 본능적으로 움직이며, 쉼 없는 움직임은 그들의 권리이기도 합니다. 그러나 다양한 환경적 요인은 영유아들의 움직임을 제한하고 있습니다. 과학기술의 발달, 현대의 주거문화 등은 영유아들의 움직임을 제한하는 대표적인 요인이라 할 수 있습니다. 이로 인해 영유아들은 바깥에서 신나게 뛰어놀며 신체를 활동적으로 움직이거나 공과 같은 도구를 활용한 놀이를 즐기기보다는, 실내에서 눕거나 앉은 채로 각종 미디어 기기를 활용한 놀이를 하는 것에 더 익숙해져 갑니다. 영유아 시기에 움직임을 통한 건강한 발달과 성공의 경험을 갖지 못한다면 운동 부족으로 인한 체력의 약화 및 소아비만 등으로 건강이 악화될 수 있고, 성인이 되어서도 움직이는 활동에 참여하는 것을 꺼리게 될 것입니다.

영유아들이 움직임의 즐거움을 알게 되면, 더욱더 움직이려고 할 것이고 움직임을 통해 더 즐기게 될 것입니다. 즐거운 경험이 쌓이면 성인이 되어서도 신체활동에 적극적으로 참여하고자 하는 동기를 부여할 수 있을 것입니다. 영유아가 자신의 삶 속에서 본능이자 권리로서 즐거움이 가득한 움직임을 경험하도록 하려면, 영유아교사들은 어떻게 해야 할까요? 영유아가 자신이 알고 느끼는 것을 동작을 통해 적극적으로 표현하고 움직이도록 격려해 주는 것이 중요하다고 생각합니다. 즉, 동작교육을 통해 영유아의 움직이고자 하는 욕구와 움직임을 통한 즐거움을 경험하게 해 주며, 전 생애에 걸쳐 신체를 통한 활동에 적극적으로 참여하여 삶의 질을 향상시키는 데 도움을 주어야 할 것입니다. 그런데 많은 교사는 '춤(댄스)' '스포츠'는 좋아하지만, '동작교육' '동작교과'

에 대해서는 부담스러워합니다. 뛰어난 동작능력을 가지고 있는 영유아교사조차도 동작에 대한 지식 부족으로 인해 동작교육을 어려워하거나 제한된 동작 경험만을 제공하는 경우가 많습니다. 또한 유아교육기관에서 동작교육과 관련된 충분한 소도구 및 환경을 갖추지 못해 풍부한 동작 경험을 하지 못하는 경우도 있습니다.

동작에 대한 교수효능감을 키우고 교육환경의 다양성을 이해하고 융통성 있는 동작 경험을 제공하기 위해 예비교사 및 영유아교사들은 몇 가지를 고려해야 할 것입니다. 먼저, 동작의 구성요소와 기본 동작, 창의적 동작, 리듬 동작, 신체활동 등 동작교육의 본질적 내용에 대한 충분한 이해가 전제되어야 하고, 더불어 교수방법은 다양하고 융통성이 있어야 할 것입니다. 특히 개정된 누리과정과 제4차 표준보육과정에서 강조하는 영유아 · 놀이 중심 교육과정을 실현하기 위해서는 영유아의 다양한 요구와 역동적인 상황에 대처해 나가면서 영유아의 동작 놀이를 지원해 주고 그 과정에서 배움이 일어날 수 있도록 이끌어 주는 능력을 길러야 합니다.

이 책은 동작교육에 대한 영유아교사들의 부담감을 줄이고 능동적이고 즐겁게 동작교육을 실시할 수 있도록 도와주고자 집필하였습니다. 이 책은 총 3부 12장으로 구성되어 있으며, 크게 이론과 실제로 나뉩니다. 제1부 '영유아동작교육의 이론'에서는 무엇보다 영유아동작교육에 대한 바른 개념이 정립되어야 한다고 판단하여 개정된 국가수준의 교육과정 중 동작교육 관련 내용과 동작의 구성요소 및 다양한 동작교육의 내용을 다루었습니다. 동작은 언어로 전달하기 어려운 부분이 많기 때문에 가급적 사진자료나 삽화를 많이 제시하고자 노력하였습니다. 아직 영유아를 많이 접하지 못한 예비교사들도 관련 사진이나 삽화를 살펴봄으로써 영유아의 움직임 특징을 보다 쉽게 이해할 수 있을 것입니다. 제2부 '영유아동작교육의 교수방법'에서는 교사가 동작활동을 지도할 때 활용할 수 있는 구체적인 교수방법과 교사의 역할을 포함하였고, 개정된 누리과정과 제4차 표준보육과정의 내용도 함께 연결하여 동작교육의 계획, 운영, 평가 부분을 구성하였습니다. 이론적 설명 다음에는 구체적인 예시를 더하여 이해를 돕고자 하였습니다. 또한 제3부 '영유아동작교육의 실제'에서는 예비교사와 현장의 교사가 쉽게 활용하도록 실제 활동을 기본 동작, 창의적 동작, 리듬 동작, 신체활동으로 구분하여 자세하게 제시하였습니다. 대 · 소집단 활동은 유아들을 대상으로 제공하는 것이 발달적으로 적합하기 때문에, 제3부는 3~5세 유아를 대상으로 한 활동으로 구성하였습니다.

영유아동작교육을 배우는 예비교사와 동작교육에 대한 관심이 높은 현장의 교사들이 영유아동작교육에 대한 지식을 구성하고 교수능력을 향상하여 영유아의 동작놀이와 활동을 융통성 있고 바람직하게 운영할 뿐만 아니라 움직임을 즐기고 좋아할 수 있는 마음과 태도를 가지는 데 이 책이 도움이 되기를 바랍니다.

한 권의 책이 마무리되는 데 많은 분의 수고가 있었습니다. 우선, 서로 격려하고 배려하며 즐겁게 집필할 수 있어 감사했습니다. 그리고 사진 및 자료 수록에 도움을 준 김도아, 김주하, 문서윤, 박결, 박율 어린이, 의정부 공립롯데가온누리어린이집 어린이들, 그리고 경기대학교 유아교육과 학생들에게도 감사드립니다. 끝으로 오랜 시간 적극적으로 도와주시며 출판에 힘써 주신 학지사 김진환 사장님과 직원분들께 감사드리며, 이 책이 영유아동작교육 관련 교과목에서 유용하게 사용될 수 있기를 희망합니다.

저자 일동

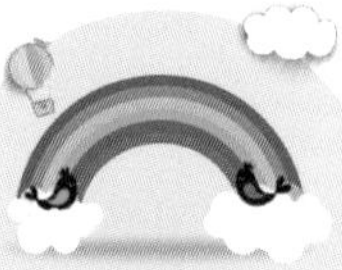

차례

•제3부•

영유아동작교육의 실제

| 제9장 | 창의적 동작 • 219

| 제10장 | 노랫말에 맞춘 리듬 동작 • 255

제1부

영유아동작교육의 이론

제1장

영유아동작교육의 이해

●학습목표●

- 영유아동작교육의 개념을 안다.
- 영유아동작교육의 특성을 이해한다.
- 동작교육의 역할을 영유아의 전인적 발달 측면에서 이해한다.
- 영아기와 유아기의 신체 발달과 운동능력 발달을 이해한다.

1. 영유아동작교육의 개념

동작이란 "몸이나 손발 따위를 움직임 또는 그런 모양" "무술이나 춤 따위에서 특정한 형식을 갖는 몸이나 손발의 움직임"으로 정의된다(국립국어원, 2020). 이러한 움직임은 태내에서부터 시작되며 인간의 자기표현과 의사소통의 중요한 수단이 된다. 예를 들어, 갑자기 천둥 · 번개가 치거나 길을 가다 넘어지는 등 외부 자극이 오면 놀라고 아픈 경험을 하게 된다. 이 순간 자연스럽게 몸을 웅크리거나 손으로 몸을 감싸는 등의 움직임을 나타낸다. 이 모습만 보아도 어떤 상태인지 알 수 있으므로 움직임은 자기표현의 수단이 된다. 또한 동작을 통해 비언어적 의사소통을 할 수 있다. 누군가 두 팔을 힘 있게 높이 들어 흔드는 모습을 상상해 보자. "잘 할 수 있어."라고 다짐하거나 "내가 해냈어."라고 흥분해 있는 모습을 짐작할 수 있다. 이와 같이 동작은 인간의 삶에 자연스럽게 스며들어 있으며 일상의 모든 측면에서 일어난다.

동작교육은 '율동' '춤' '신체표현' '창의적 표현활동' '체육' 등 다양한 용어로 혼용되어 왔는데, 이 책에서는 동작교육이라는 용어로 통일하여 사용하고자 한다. 이러한 동작교육의 개념은 1930년대에 헝가리 출신의 독일학자 Laban에 의해 처음 소개되었다. Laban은 동작교육을 통해 창의적 움직임과 운동지각능력이 발달할 수 있음을 강조하였으며(홍용희, 이한영, 최혜로, 원영신, 2001), 신체를 움직이며 동작에 대한 지식을 발견하도록 하는 것이 동작교육이라고 하였다(Laban, 1963). Laban의 뒤를 이은 학자들이 내린 동작교육의 정의를 살펴보면, Gallahue(1976)는 동작의 요소, 신체를 움직이는 방법, 운동기술 등 동작을 위한 교육과 신체를 움직임으로써 전인적 발달을 이루도록 하는 동작을 통한 교육으로 구분하여 동작교육의 개념을 정의하였다. Gerhardt(1973)와 Seefeldt(1987)는 자아개념, 협동심, 창의적 사고, 표현력, 심미감을 기르는 교육이 동작교육이라 하였고, Pica(2003)는 기본 동작의 기술적 요소와 다양한 교과영역을 통합하는 교육으로 동작교육을 정의하였다.

종합해 보면, 그 강조점에 따라 기능적 측면과 표현적 측면으로 구분되어 개념화되어 왔음을 알 수 있다. 기능적 측면을 강조한 동작교육은 다양한 운동기술을 학습하여 신체 발달과 운동능력을 향상시키는 것(Bucher, 1974)이 주목적이 되고, 표현적 측면을 강조한 동작교육은 신체활동을 통해 창의적 사고와 표현능력의 발달을 도모하는 것(Gerhardt, 1973; Seefeldt, 1987)을 주목적으로 하고 있다. 그런데 이들 모두는 공통적으로 신체인식, 공간인식, 노력, 관계와 같은 동작의 구성요소에 대한 교육을 강조하였다. 이와 같은 내용을 바탕으로 영유아동작교육을 정의해 보면, 동작의 구성요소에 대한 이해를 바탕으로 신체활동을 통해 운동능력 향상과 창의적 표상능력 발달을 도모하고, 결과적으로 전인적 발달을 도모하는 교육이라 할 수 있다.

2. 영유아동작교육의 특성

유아교육기관에서 이루어지는 다양한 활동 중 동작교육은 음악, 미술, 동극과 함께 예술경험 영역에 포함된다. 예술적 특성을 가진 활동들은 공통적으로 다음과 같은 특성들을 나타낸다. 각 특성이 무엇인지와 의미하는 바를 살펴보면 다음과 같다.

1) 영유아들의 의사소통의 수단이 된다

기쁨, 분노, 공포, 호기심과 같은 일차 정서뿐 아니라 당황, 수치, 죄책감, 질투, 자긍심과 같은 이차 정서도 36개월 이전에 발달한다(Izard & Malatesta, 1987). 성인이 느끼는 다양한 정서를 이미 영아기에도 다 경험할 수 있지만, 정서에 대한 자신의 생각이나 느낌을 언어로 표현하는 능력은 부족하다. 동작활동은 영유아들이 생각과 느낌을 효과적으로 표현할 수 있도록 도와준다. 언어를 습득하기 전인 영아기부터 손발이나 몸을 통해 감정이나 의사를 표현해 왔기 때문이다. 이와 같이 영유아동작교육은 영유아들의 의사소통 기회를 효과적으로 제공할 수 있다.

2) 통합적 경험을 통해 영유아들의 전인적 발달을 이룰 수 있다

다양한 영역의 교육 경험 간의 통합은 주제와 개념을 효과적으로 습득하는 데 매우 효과적이다(이정환, 김희진, 2013). 동작은 예술의 한 분야인데, 예술영역 간의 통합은 자기표현과 의사소통을 촉진한다는 측면에서 통합적으로 경험될 때 더욱 바람직하다. 예술 분야 중 특히 음악과 동작은 매우 긴밀한 관계에 있다. 예를 들어, 음악활동 중 〈아기 코끼리의 걸음마〉라는 곡을 감상하는 방법으로 유아들이 코끼리가 되어 신체표현을 해 볼 수 있다. 이때에는 코끼리의 세밀한 표정, 움직임 등에 주목하기보다는 음악의 다양한 요소(멜로디, 리듬 등)에 집중하여 움직일 것이다. 그러나 '코끼리가 되어 보자'라는 창의적 동작활동을 할 때 유아들이 코끼리가 되어 신체표현을 하는 방법적 측면은 동일하지만, 코끼리의 다양한 모습과 움직임 등을 기억하고 정교하게 자신만의 방법으로 표현하는 것이 중요한 포인트가 된다. 이와 같이 교육현장에서는 음악활동과 동작활동으로 구분하여 적용하고 있지만, 유아 입장에서는 통합적으로 경험하는 것이 좋다. 이렇게 통합적 경험이 강조됨으로써 영유아들의 전인적 발달을 이룰 수 있을 것이다.

3) 영유아들의 창의성을 증진시킬 수 있다

창의성은 현대사회에서 요구하는 핵심역량 중 하나이며, 영유아기는 창의성 발달의 결정적 시기이다(전경원, 2000). 창의성이란 독창성, 융통성, 유창성, 정교성, 분석력, 특정 분야에 대한 구체적인 지식과 같은 확산적 사고를 포함한 인지적 요소와 호기심, 집중, 개방성 등과 같은 성격적 요소로 구성된다(Jellen & Urban, 1986). 영유아들의 창의성은 놀이를 통해 가장 잘 발현될 수 있다(Reynolds & Jones, 1997). 즐거운 놀이 경험을 통해 영유아들의 생각과 느낌을 자연스럽게 표현하고 또래와 상호작용하며 세상을 이해하게 된다. 다양한 동작 경험은 영유아들이 자신의 생각과 느낌을 탐색하고 또래와 함께 문제를 해결하며 즐기는 기회를 제공할 수 있으므로 영유아기의 창의성을 촉진할 수 있을 것이다.

결론적으로 영유아동작교육은 움직임을 통해 영유아들의 의사소통 기회를 효과적으로 제공하고, 통합적 경험으로 전인적 발달을 도모하며, 창의적 표현능력을 기르는 것을 목적으로 한다.

3. 영유아 발달과 동작교육의 역할

다양한 동작 경험을 통해 영유아는 전인적 성장 및 발달을 이루게 되므로 동작교육은 중요하다. 동작 경험을 통해 이루어지는 영유아의 전인적 발달 및 동작교육의 역할에 대해 살펴보면 다음과 같다(박정민, 박미경, 2017; 홍용희 외, 2001; Pica, 2009/2010).

1) 동작 경험을 통해 영유아의 신체 발달이 이루어진다

영유아기에 다양한 동작 경험을 통해 신체 발달을 도모해야 하는 이유를 세 가지 측면에서 살펴보고자 한다. 첫째, 영유아기는 기본 운동 발달에 최적의 시기이므로 동작 기술이 발달하도록 도와주어야 한다. 동작 기술은 계속적인 연습과 지도에 의해 발달될 수 있다(Gallahue & Cleland-Donnelly, 2003). 둘째, 영유아기의 신체활동은 성인기의 신체활동 및 건강에까지 영향을 미칠 수 있으므로 주의해야 한다(Blair, 1992). 셋째, 현대사회에는 TV 시청과 컴퓨터 게임, 안전한 놀이공간의 제한 등 영유아들의 활동량을 감소시키는 데 기여하는 다양한 요인이 존재한다. 전미스포츠체육교육협회(National Association for Sport and Physical Education: NASPE, 2002)에서는 걸음마기 영아들은 하루에 최소 1시간 이상의 비구조화된 신체활동에 참여해야 하며, 30분가량의 구조화된 신체활동을 해야 한다고 하였다. 또한 유치원 시기의 유아들은 하루에 최소 1시간 정도의 구조화된 신체활동을 해야 하고, 복잡한 동작활동의 기반이 되는 동작 기술에 자신을 가져야 한다고 제시하고 있다. 무엇보다 유아들은 신체활동을 통해 건강해질 수

〈영유아 동작능력 발달단계〉

영유아 동작능력 발달에 대해 Gallahue(1993)는 4단계로 설명하고 있다. 반사적 동작(reflexive movement), 초보적 동작(rudimentary movement), 기본 동작(fundamental movement), 전문화된 동작(specialized movement) 단계로 구분하였다. 간략히 살펴보면 다음과 같다.

1. 1단계: **반사적 동작(출생~1세)**

반사적 동작은 태아와 신생아들이 외부 자극에 대해 보이는 최초의 무의식적인 움직임이다. 이러한 반사는 주로 먹는 기능과 생리적 기능을 유지하는 데 유용하며, 신생아를 위험으로부터 보호해 주는 기능을 한다. 대표적인 반사 운동으로는 빨기 반사(입술에 무언가가 닿으면 빠는 움직임), 찾기 반사(뺨에 손가락을 대면 그것을 찾아 머리를 돌리는 움직임), 쥐기 반사(손바닥에 무엇인가 닿으면 꽉 쥐는 움직임), 모로 반사(자극적인 소리에 깜짝 놀라 팔다리를 벌렸다가 손을 오므려 잡으려 하는 움직임) 등이 있다.

2. 2단계: **초보적 동작(1~2세)**

초보적 동작은 출생 이후부터 2세까지 발달한다. 이 시기는 의도적인 동작활동이 시작되는 주요한 시점이다. 목, 머리, 몸을 조절하면서 앉고 설 수 있는 비이동 동작이 가능하며, 팔꿈치와 배를 이용하여 기기, 손과 무릎을 사용하여 기기, 걷기와 같은 이동 동작도 할 수 있다. 또한 조작적 동작으로서 사물에 손을 뻗치거나 물건을 잡았다가 놓기도 한다.

3. 3단계: **기본 동작(2~7세)**

기본 동작은 2세부터 7세까지 나타나며 점차 다양한 기본 동작을 수행할 수 있다. 신체를 안정된 자세에서 굽히고 뻗고 흔드는 비이동 동작은 물론 달리고 높이 뛰고 기어오르는 등의 이동 동작이 가능하며, 공을 던지고 잡는 등 물체를 조작하는 조작적 동작도 발달된다. 그러나 아직 세분화되고 정확한 기술적인 움직임은 발달되어 있지 않다.

4. 4단계: **전문화된 동작(7세~청년기)**

전문화된 동작은 7세 이후 초등학교 아동기를 거쳐 청년기까지 발달된다. 이 시기의 특성을 세분화하여 설명하면 다음과 같다.

- 7~10세(초등학교 저학년 시기): 일반적인 운동능력이 발달하게 되며, 기본 동작 단계보다 각종 동작을 정확하게 구사한다.
- 11~13세(초등학교 고학년 시기): 한층 세분화된 운동능력이 발달하며 복합된 동작이 나타난다.
- 14세~청년기: 전문화된 운동능력이 발달되며, 습득한 모든 운동능력을 각종 스포츠나 게임, 레크리에이션 등에 적용할 수 있다.

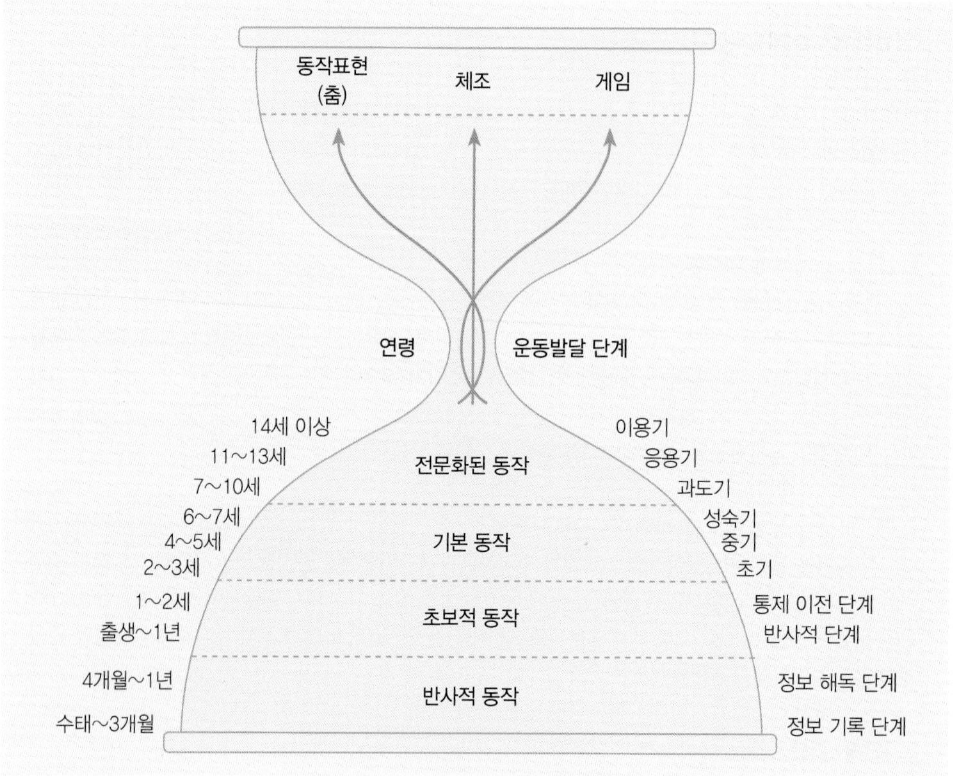

그림 1-1 동작능력 발달의 단계

출처: Gallahue (1993), p. 23.

있다. 신체가 건강하다는 것은 활력을 가지고 일상생활을 수행하며, 운동 부족 때문에 생기는 건강의 손상을 감소시키고, 다양한 신체활동에 참여할 수 있는 기초 체력을 가지고 있다는 것을 의미한다(American Alliance for Health, Physical Education, Recreation, and Dance: AAHPERD, 1989). 따라서 영유아기에 발달적으로 적합한 동작교육을 실시하여 신체 발달이 이루어지도록 해야 한다.

기초 체력의 요소

체력은 환경의 변화에 항상성을 가지고 대응하는 적응력과 힘이나 에너지를 효과적으로 활용하여 동작을 유지하는 활동력을 포함한다. 특히 최근의 영유아의 경우 체격은 향상되고 있지만 체력은 오히려 떨어지고 있어 사고와 부상의 위험을 항상 가지고 있으므로 자신의 신체를 보호할 수 있는 기초 체력을 갖출 수 있도록 하는 것이 매우 중요하다(윤애희, 박정민, 1999). 영유아에게 요구되는 기초 체력 요소는 크게 근력, 유연성, 순발력, 지구력, 평형성, 민첩성 등이다. 이 요소들은 서로 밀접한 관계를 맺고 있지만 제각기 독특한 특성을 지니고 있기 때문에 서로 구분하여 발달시켜야 한다. 즉, 강한 근력을 지니고 있다 하더라도 지구력이 약할 수 있으며, 평형성이 뛰어나더라도 민첩성이 떨어질 수 있다. 영유아기에 필요한 기초 체력의 요소에 대해 구체적으로 살펴보면 다음과 같다(교육인적자원부, 2006; 서울대학교 체육연구소, 1991).

1. 근력

근력(strength of muscle)은 무게나 힘 등의 자극에 대해 최대한 힘을 발산하는 능력으로 영유아에게 강한 힘을 길러 주고, 균형 잡힌 체격을 만들어 주고, 용기와 자신감 그리고 적극적이고 활기찬 생활태도를 가질 수 있게 해 준다. 근력을 키울 수 있는 동작활동으로는 윗몸 일으키기, 팔굽혀펴기, 매달리기, 밀기, 끌기, 턱걸이, 앉았다 일어서기 등이 있다.

2. 유연성

유연성(flexibility)은 관절을 자연스럽게 충분히 움직일 수 있는 능력으로 영유아가 몸의 균형을 잡거나 바른 자세를 취하는 데 크게 작용하며, 운동 시 상해를 예방할 수 있다. 유연성을 키울 수 있는 동작활동으로는 스트레칭, 림보놀이, 몸으로 시소 만들기, 어깨와 귀 닿기, 구르기, 훌라후프 돌리기 등이 있다.

3. 순발력

순발력(power)은 단시간에 폭발적으로 힘을 내는 능력으로 이러한 순발력을 이용하면 효과적으로 운동할 수 있다. 순발력을 함양할 수 있는 동작활동으로는 높이뛰기, 제자리 멀리뛰기, 단거리 달리기, 개구리 점프 하기, 공 던지기, 두 발 모아 뛰기 등이 있다.

4. 지구력

지구력(endurance)은 자극에 대해 반복하여 힘을 낼 수 있는 능력으로 낮은 강도의 운동을 긴 시간 행할 때 발달된다. 지구력을 함양할 수 있는 동작활동으로는 게 걸음 걷기, 터널 지나기 등이 있다.

5. 평형성

평형성(balance)은 움직이거나 정지한 상태에서 균형을 유지하는 능력으로 영유아의 평형감각이 발달하면 바르고 좋은 자세를 유지시킬 수 있으며, 안정된 동작으로 운동에 참여할 수 있게 된다. 평형성을 향상시킬 수 있는 동작활동으로는 한 발로 서기, 평균대 걷기, 선 따라 걷기, 회전하여 중심 잡기, 손바닥 밀고 당기기 등이 있다.

6. 민첩성

민첩성(agility)은 정해진 공간 안에서 몸의 방향을 재빨리 정확하게 전환하는 능력으로 영유아기에 급격히 발달하기 때문에 민첩성과 관련된 여러 가지 운동이 충분히 이루어져야 한다. 또한 민첩성은 신체의 빠른 중심이동 및 신체의 평형감각이 매우 중요하므로 평형성과도 관련이 깊다. 민첩성을 키울 수 있는 동작활동으로는 장애물 빠져나가 달리기, 장벽 뛰어넘기, 왕복달리기, 신호 따라 방향 바꾸기, 공 튀기기 등이 있다.

2) 동작 경험을 통해 영유아의 정서 발달이 이루어진다

영유아기에 다양한 동작 경험을 통해 정서 발달을 도모해야 하는 이유를 세 가지 측면에서 살펴보고자 한다. 첫째, 계속해서 신체를 움직이는 경험을 통해 자유롭고 유연하게 자신의 신체를 조절하여 움직일 수 있다는 자신감을 갖게 되고, 이는 자신에 대한 만족감을 제공한다. 둘째, 동작을 통해 자신의 생각과 느낌을 효과적으로 전달하고 의사소통하는 경험을 통해 안정감을 느낄 수 있다. 셋째, 영유아들의 발달 수준 및 속도에 맞춰 활동이 제공됨으로써 성공감과 함께 자신과 또래의 선택이 격려되고 인정되는 경험을 한다. 이를 통해 자아존중감 및 다른 사람에 대한 존중감이 발달될 수 있다. 따라서 자신만의 방법으로 움직여 볼 수 있는 다양한 형태의 동작교육을 실시하여 정서 발달이 이루어지도록 해야 한다.

3) 동작 경험을 통해 영유아의 사회성 발달이 이루어진다

영유아기에 다양한 동작 경험을 통해 사회성 발달을 도모해야 하는 이유를 세 가지 측면에서 살펴보고자 한다. 첫째, 동작 경험은 영유아가 또래와 함께 움직이면서 자기 조절능력을 발달시킨다. 스키핑이나 앙감질과 같은 기본 동작을 할 때 일정한 박과 리듬에 맞춰 움직이고자 행동을 조절한다. 또한 어떤 사물이나 동물이 되어 창의적 동작을 할 때나 동일한 동작을 다 함께 맞춰서 움직이는 리듬 동작을 하면서 자기조절능력이 발달할 수 있다. 둘째, 동작 경험은 협력의 기회를 제공하고 이를 통해 책임감을 향상시킨다. 모둠별로 숫자나 글자 만들기 활동을 할 때 또래 간에 의견을 나누고 실험하고 문제를 해결하는 과정을 겪는다. 이 과정을 통해 나의 역할, 친구의 역할을 공유하고 인지하여 함께 목적 달성에 기여했음을 경험하게 되며 책임감을 느끼게 된다. 또한 각자 다른 역할을 맡아 함께 창의적 동작을 통해 표현하는 과정에서 서로의 표현공간을 인식하고 자기 차례를 기다리고 협력하여 하나의 이야기를 완성해 간다. 이 과정을 통해 사회성 발달이 이루어질 수 있다. 셋째, 동작 경험은 안전을 위한 규칙을 지키며 움직이도록 독려한다. 동작은 몸을 움직이며 활동하게 되므로 일정한 공간 확보가 필수적이다. 또한 움직임은 즐거움과 쾌감을 주어 흥분 상태로 이끌 수 있다. 따라서 안전하게 움직이도록 도와주는 것이 필요하다. 이를 위해 함께 활동을 할 때는 개인공간과 일반공간을 확인하고 서로의 공간을 존중하며 움직이도록 하고, 교사와 함께 정한 신호(예: 탬버린 흔들기)를 보낼 때는 움직임을 멈추기와 같은 규칙을 지키며 활동한다. 따라서 협력적이면서도 자기조절능력이 발달할 수 있는 동작교육을 실시하여 사회성 발달이 이루어지도록 해야 한다.

4) 동작 경험을 통해 영유아의 인지 발달이 이루어진다

영유아기에 다양한 동작 경험을 통해 인지 발달을 도모해야 하는 이유를 세 가지 측면에서 살펴보고자 한다. 첫째, 신체 건강 및 신체 이미지는 학업성취와 관련이 있다. 동작활동은 신체 건강을 증진시킨다. 신체가 건강한 경우 신체 이미지가 좋아질 뿐 아니라 유아들의 정신 건강과 학습능력에 긍정적인 영향을 미친다. 둘째, 동작활동은 신체 전반부에 걸친 신경망을 활성화시킨다(Hannaford, 2005). 특히 중추교차동작은 우뇌와 좌뇌의 균형 발달을 돕고 대뇌(전두엽, 두정엽, 후두엽, 측두엽)를 활성화시키는데, 이는 인지기능을 높여 쉽게 학습할 수 있도록 도와줄 수 있음을 의미한다. 셋째, 동작 경험은 신체에 대한 지식을 증가시킨다. 동작의 요소를 활용한 탐색동작의 일환으로 "너의 귀와 어깨를 가까이 대어 보자."라는 지시를 한다면, 신체 부위 중 귀와 어깨가 어느 부분에 위치해 있는지 알아야 하며, 귀와 어깨를 대기 위해서 신체를 어떻게 움직여야 하는지에 대한 지식이 필요하다. 따라서 즐거운 자극제가 되는 동작교육을 실시하여 인지 발달이 이루어지도록 해야 한다.

5) 동작 경험을 통해 영유아의 언어 발달이 이루어진다

영유아기에 다양한 동작 경험을 통해 언어 발달을 도모해야 하는 이유를 세 가지 측면에서 살펴보고자 한다. 첫째, 창의적 동작을 하기 전에 표현대상의 모양, 움직임 등에 대해 표현해 봄으로써 다양한 어휘와 문장을 표현하고 듣게 된다. 둘째, 교사는 동작활동을 제시할 때 다양한 동작어휘를 사용한다. 이를 통해 유아들이 알고 있는 것 이상의 어휘들을 경험하게 된다. 셋째, 동작활동 후 친구들의 움직임에 대한 구체적인 생각과 느낌을 언어로 표현하는 과정을 통해 언어표현력을 증진시킬 수 있다. 따라서 교사는 유아들의 표현을 분명하게 반영해 주고, 명확하고 다양한 동작어휘를 사용함으로써 언어 발달이 이루어지도록 해야 한다.

4. 발달단계에 따른 특성과 동작교육

동작활동은 참여하는 대상의 발달단계에 따라 계획하는 것이 바람직하다. 이에 출생에서 24개월까지는 영아기로 구분하고, 3세에서 5세까지는 유아기로 구분하여 살펴보고자 한다(김은심, 2020; 방은영, 2015; Pica, 2003).

1) 영아기(출생~24개월)

출생 후 첫 1개월은 신생아기로 규정하고, 영아기는 신생아기 이후부터 24개월까지이지만 신생아를 포괄하여 규정하기도 한다. 반사적인 특성을 가지고 있는 신생아는 점차 기거나 걷는 등 신체적 유능감을 발휘하는 가운데 하나의 독립된 개체로 급성장한다. 영아기의 신체 및 운동능력 발달은 '성장 급등기'라고 불릴 만큼 빠른 속도로 이루어진다. 이 시기는 전 생애 발달에 많은 영향을 미치는 결정적 시기이고, 새로운 운동기능과 감각능력이 빠르게 발달한다.

특히 영아는 걷기가 가능해지면서 스스로 걸어 다닐 수 있는 능동적인 존재로 변화

되어 간다. 운동능력이 발달하는 속도는 영아마다 개인차가 있으나, 운동발달을 성취하는 순서는 일정한 계열성을 갖고 있다. 즉, 고개 들기, 뒤집기, 앉기, 기어 다니기, 일어서기, 걷기, 뛰기 등의 운동능력은 일정한 순서로 발달한다.

(1) 신체 발달

영아기에는 신체가 일생 중 가장 빠르게 성장하며, 신체 비율은 성인과 달리 머리가 크고 팔다리가 짧은 양상을 보인다. 신생아의 머리 크기가 신체에서 차지하는 비율이 4분의 1이나 되지만, 신체의 다른 부분들이 성장해서 2세 무렵에는 신체의 5분의 1이 된다. 이러한 신체적 성장은 키, 몸무게, 신경, 근육, 뼈, 내장기관, 치아 등 양적 성장과 수면, 영양, 배설 등 생리적 발달을 포함한 균형감 있는 발달을 의미한다고 할 수 있다.

태어날 당시 신생아의 평균 키는 대략 50cm, 몸무게는 3.3kg 정도이지만, 생후 1년이 되면 출생 시 키의 1.5배가 되고, 생후 2년이 되면 대략 성인 키의 50%가 된다. 몸무게도 생후 5개월이 되면 출생 시 몸무게의 2배가량이 되고, 12개월이 되면 3배, 생후 2년이 되면 4배가 된다. 이와 같은 키와 몸무게의 성장은 대체로 유전의 영향을 많이 받지만, 일반적인 건강 상태와 영양 정도에 따라서도 영향을 받는다.

(2) 운동능력의 발달

영아기에는 신체적으로 많이 성장할 뿐 아니라 자신의 몸에 대해 많은 것을 알게 된다. 그리고 독립적이려고 하는 욕구와 지치지 않는 에너지로 인해 운동능력 발달이 이루어진다. 운동 발달 순서와 시기 등 영아기의 운동능력의 발달은 비슷하게 이루어지지만 개인차가 있다. 생후 한 달 동안 이루어지는 운동은 빨기, 삼키기, 하품하기, 눈 깜빡이기, 배설하기 등 선천적으로 타고나는 반사행동이 주를 이룬다. 그러나 영아가 성장함에 따라 고개도 못 가눌 정도로 의존적인 상태에서 뒤집기, 팔로 버틴 채 머리와 상체를 들어올리기, 기기, 걷기, 달리기 등을 할 수 있게 된다. 생후 1개월이면 엎드린 자세에서 고개를 들 수 있고, 4개월 무렵 영아는 뒤집거나 누워서 머리를 들 수 있으며, 4~8개월에 양팔을 물체를 향해 뻗을 수 있고, 팔을 앞으로 해서 몸을 지탱해서 앉고, 팔을 들어올리고, 무릎을 끌어당겨서 기는 자세를 취하며 뒤집는 능력 등이 나타난다. 6~12개월의 영아는 배밀이를 시작하고, 이어서 두 손과 두 다리를 이용해서 기기 시작한다. 이 기간에 영아는 가구를 잡고 혼자 설 수 있으며, 성인의 도움을 받아 걸을 수 있다. 12~18개월에 혼자 힘으로 걸을 수 있게 되며, 걸으면서 물체를 밀고 당기고, 실어 나르기를 즐기게 된다.

18~24개월경에는 운동능력의 발달과 함께 이동기술이 증가하여 안정적으로 걸을 수 있게 된다. 이는 신체 크기, 신체 비율, 근육의 강도가 변화하고 무게 중심이 신체의 아랫부분으로 이동하면서 균형을 더 잘 잡을 수 있기 때문이다. 그리하여 보폭이 더 길어지고 더 똑바로 걸을 수 있게 된다. 그러나 달리기에 필요한 균형 잡기, 갑자기 멈추어 서거나 멈춰 섰다가 다시 달려갈 수 있는 조절력과 균형감은 여전히 부족하다. 또한 제일 아래 계단과 같이 낮은 곳에서 뛰어내리거나 낮은 장애물을 뛰어넘는 것에서 시작하여 점프를 할 수 있게 된다. 뛰어내릴 때 무릎을 곧게 편 채로 한쪽 발을 먼저 땅에 닿게 하면서 착지한다. 기어오르기를 좋아하며 어떤 것이든 기어오르려고 한다. 던지기와 차기도 하지만, 동작이나 기술 면에서 매우 미숙하다.

이러한 영아기 신체와 운동능력의 발달은 위(머리)에서부터 아래(발가락)로, 중심(몸통)에서 바깥(말단)으로, 전체적인 동작(대근육)에서 세부적인 동작(소근육)으로 이루어진다([그림 1-2] 참조).

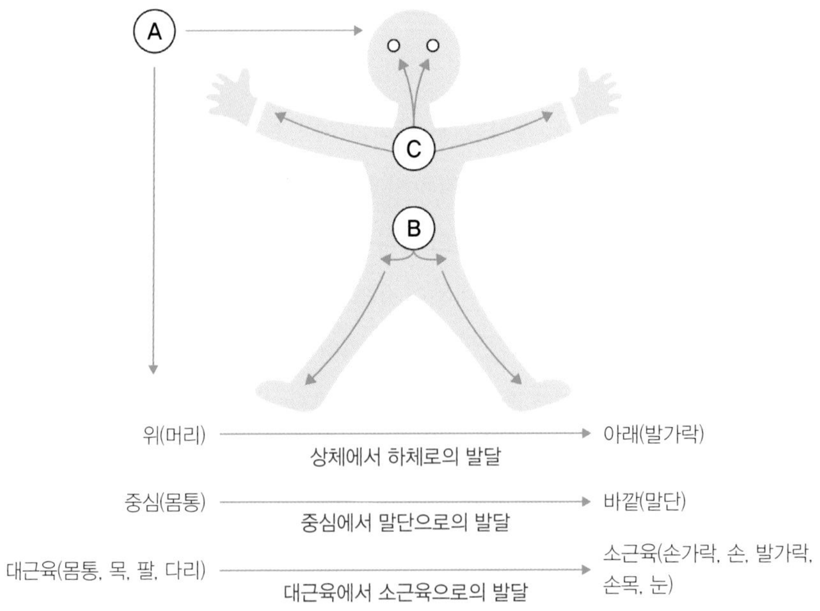

그림 1-2 신체 및 운동능력의 발달 패턴

출처: Pica (2003), p. 78에서 재인용.

영아를 위한 동작활동 구성 시 고려할 점

- 영아의 동작능력은 다른 연령대와 비교해 보았을 때 매우 제한되어 있으나, 이 시기에도 차기, 뻗기, 구르기와 같은 다양한 방법의 운동기술이 나타난다.
- 감각과 지각이 발달하는 시기이므로 다양한 감각적 경험이 제공되어야 한다. 보고 느낄 수 있는 다양한 색, 크기, 모양의 물체로 환경이 구성되어야 한다.
- 영아가 기기, 걷기 등 일단 움직이기 시작하면 안전을 가장 먼저 고려해야 한다. 교사는 안전사고가 발생하지 않도록 주의해야 한다.
- 영아들이 구조화된 동작을 따라 하는 것은 불필요한 일이다. 영아들은 한번에 한 가지 목표를 가지고 동작활동에 참여하면서 교사가 제공하는 언어적 · 시각적 격려를 통해 자신의 능력을 창의적으로 동작해 보는 것이 좋다.
- 영아는 감각적인 상호작용을 통해 세상과 소통하며 활발한 신체움직임을 보이면서 신체 · 인지 발달을 이루어 나간다. 따라서 영아의 다양한 신체움직임에 민감하게 반응하고 격려해 주는 것이 중요하며, 시간과 공간에 제약을 두지 않는 자유롭고 편안한 동작 경험이 중요하다.

출처: 김은심(2020).

2) 유아기(3~5세)

유아기는 영아기보다 신체 성장 속도가 빠르지는 않지만, 운동기술이 점점 더 정교해져서 뛰기, 공 던지기, 놀이기구 타기 등을 능숙하게 할 수 있다. 새로운 기술을 습득하고 열정적으로 기술을 반복하여 사용하는 것이 특징이지만, 아직 안전과 관련된 부분에 있어 조절의 어려움이 있다.

(1) 신체 발달

유아기에는 성장 속도가 그 이전보다 다소 둔화되나, 꾸준하게 성장한다. 3세 유아의 키는 평균 95.4~96.5cm, 몸무게는 평균 14.2~14.7kg이고, 4세 유아의 키는 평균 101.9~103.1cm, 몸무게는 평균 16.3~16.8kg이며, 5세 유아의 키는 평균 108.4~109.6cm 정도로 출생 시의 약 2배가 되고 몸무게도 평균 18.4~19.0kg 정도로 출생 시의 약 5배가 된다(보건복지부 질병관리본부, 2018). 일반적으로 남아가 여아보다 키가 더 크고 몸무게도 더 많이 나간다.

이 시기의 유아는 머리둘레와 가슴둘레가 같아지고 머리 크기와 몸의 비율이 균형을 이루면서 성인과 더 유사해진다. 젖살이 빠지면서 목이 길어지고 키가 커져 비교적 성인과 같은 외모를 갖는다. 체지방도 꾸준히 감소하고 팔다리가 길어지면서 머리의 비율이 점차 작아지고 통통하던 모습이 홀쭉하던 모습으로 변화하여, 6세 정도가 되면 머리의 크기는 전체 키의 6분의 1 정도가 된다.

(2) 운동능력의 발달

유아기에 들어서면서 운동능력은 급속도로 발전한다. 3세 유아는 발을 교대로 사용하여 계단을 올라갈 수 있고, 미끄럼틀에 올라가 미끄럼을 탈 수 있으며, 세발자전거의 페달을 밟아 움직일 수 있다. 이 시기에는 큰 공을 차거나 크게 튀는 공을 양팔로 잡을 수 있다. 4세가 되면 한 발로 제자리뛰기를 할 수 있고, 바닥에 그려진 줄 위를 똑바로 걸을 수 있다. 발을 번갈아 가면서 계단을 오르내릴 수 있으며, 신체조절능력이 향상되어 발에 체중을 옮겨서 공을 던지고 한 손으로 공을 잡거나 머리 위로 두 팔을 올려 공을 던질 수 있다. 5세가 되면 달리는 속도가 증가하고, 높이뛰기나 멀리뛰기도 가능하며, 줄넘기도 할 수 있다. 균형감각도 발달하여 10초 동안 한 발로 설 수 있고, 달리면서 방향을 바꿀 수 있으며, 달리다가 갑자기 멈추는 것도 가능하다.

유아는 영아보다 훨씬 더 많은 운동기술을 습득하며, 인지적 · 사회적 능력도 급속히 성장하여 동작 프로그램을 좀 더 다양하게 구성할 수 있다. 그러나 여러 가지 한계와 안전의 문제는 여전히 남아 있으므로 유아의 발달에 맞게 특별히 고안된 동작활동을 제공하여야 한다.

3세 정도에는 자신이 늘 사용하는 발로 짧은 앙감질을 할 수 있다. 주로 사용하는 손이 생겨 오른손잡이나 왼손잡이의 특성을 보이게 되나, 오른손과 왼손 사용이 명확해지는 것은 8세 무렵에 이루어진다. 4세는 계단에서 자연스럽게 양발을 교대하여 오르내릴 수 있고, 원 모양을 따라 걸을 수도 있다. 4세 반 정도가 되어야 잘 사용하지 않는 발도 함께 앙감질을 하게 되며, 한 발 또는 한쪽 옆으로 스키핑이 가능해진다. 5세는 대부분의 조작능력과 체조기술뿐 아니라 기본적인 이동기술과 비이동기술을 수행하게 된다. 스키핑이나 미끄러지기 동작을 하고, 움직임에 대한 가속이나 감속이 자연스럽게 이루어진다. 서로 발을 엇갈리며 스키핑도 할 수 있으나 정확하고 세련된 동작을 기대하기는 아직 어렵다.

조작적 기술도 이 기간에 의미 있게 발달한다. 유아는 아주 멀리, 정확하게 던지기를 시작한다. 4세도 던지는 손의 반대쪽 발을 내딛는다. 또한 공을 튀기거나 튀는 공을 잡을 수 있으며, 정확하게 목표를 향해 공을 찰 수도 있다.

유아를 위한 동작활동 구성 시 고려할 점

- 유아의 연령이 낮을수록 집단으로 유아들을 모이게 할 때 시간이 더 많이 소요되므로 동작활동을 계획할 때는 이러한 점을 유념하여야 한다.
- 동작활동에 참여하여 흥미를 지속할 수 있는 최대시간은 대략 30분 정도이다.
- 3~5세 혼합연령 집단일 경우 처음에는 3세 유아들이 4~5세 유아들을 모방하여 반응할 수 있다. 이는 자연스러운 것이며, 유아들은 모방을 통해 많은 것을 배울 수 있다. 동작활동이 지속되고 자신의 동작표현이 긍정적으로 강화될 때 유아들의 자신감은 증가되며, 결과적으로 자신만의 독특한 방법으로 표현하게 될 것이다.
- 유아들은 아직 지각이 깊이 발달하지 않아 동작활동 시 물건이나 다른 사람들과 종종 부딪힌다. 그러므로 동작활동 시 움직이는 경로를 분명하게 표시해야 하며, 유아들에게 방향을 바꿀 수 있는 충분한 시간을 제공해야 한다.
- 유아들은 자신만의 고유한 발달 이정표에 따라 운동기술을 습득한다. 이러한 운동기술은 바로 완벽하게 수행할 수 있는 것이 아니기 때문에 유아가 오랫동안 연습을 하였음에도 불구하고 운동기술이 숙달되지 않을 때를 제외하고는 너무 걱정할 필요가 없다.

출처: 김은심(2020).

되돌아보기

1. 정리해 봅시다.

• 영유아동작교육은 동작의 구성요소에 대한 이해를 바탕으로 신체활동을 통해 운동능력 향상과 창의적 표상 능력 발달을 도모하고 결과적으로 전인적 발달을 도모하는 교육이다.
• 영유아동작교육은 영유아들의 의사소통의 수단이 되며, 통합적 경험을 통해 전인적 발달을 도모하고 창의성을 증진시키는 특성이 있다.
• 동작 경험은 영유아의 신체 발달, 정서 발달, 사회성 발달, 인지 발달, 언어 발달 등 전인적 발달에 영향을 미친다.
• 영유아기 신체 및 운동능력은 위(머리)에서부터 아래(발가락)로, 중심(몸통)에서부터 바깥(말단)으로, 전체적인 동작(대근육)에서 세부적인 동작(소근육)으로 발달이 이루어지므로 연령별 발달 특성에 따라 동작활동을 계획하는 것이 바람직하다.

2. 생각(또는 활동)해 봅시다.

• '나의 동작 경험'을 소개해 보고, '동작 경험'이 나에게 준 느낌이나 의미를 이야기해 보세요.

• 영유아에게 동작 경험이 중요한 이유에 대해 영유아의 입장, 부모의 입장, 교사의 입장에서 이야기해 보세요.

영유아에게 동작 경험은 왜 중요할까요?		
영유아의 입장	부모의 입장	교사의 입장

제2장

국가수준 교육과정과 동작교육

●학습목표●

- 표준보육과정 영역 중 동작교육과 관련된 내용을 이해한다.
- 누리과정 영역 중 동작교육과 관련된 내용을 이해한다.

현재 영유아를 대상으로 하는 국가수준의 교육과정은 연령별로 0~1세 표준보육과정, 2세 표준보육과정, 3~5세 누리과정으로 나뉘어 있다. 표준보육과정은 '기본생활' '신체운동' '의사소통' '사회관계' '예술경험' '자연탐구'와 같이 6개 영역으로 나뉘어 있고, 누리과정은 '신체운동 · 건강' '의사소통' '사회관계' '예술경험' '자연탐구'와 같이 5개 영역으로 나뉘어 있는데, 이 중 동작교육과 연관된 영역은 '신체운동' '신체운동 · 건강' 영역과 '예술경험' 영역이다.

0~1세 표준보육과정, 2세 표준보육과정의 신체운동 영역은 '감각과 신체 인식하기' '신체활동 즐기기'의 두 가지 내용범주로 구성되고, 3~5세 누리과정의 신체운동 · 건강 영역은 '신체활동 즐기기' '건강하게 생활하기' '안전하게 생활하기'의 세 가지 내용범주로 구성된다. 0~1세 표준보육과정, 2세 표준보육과정의 예술경험 영역은 '아름다움 찾아보기' '창의적으로 표현하기'의 두 가지 내용범주로 구성되고, 3~5세 누리과정의 예술경험 영역은 '아름다움 찾아보기' '창의적으로 표현하기' '예술 감상하기'의 세 가지 내용범주로 구성된다. 내용범주별 내용 중 동작교육과 관련되는 내용과 세부 내용을 연령별로 살펴보면 다음과 같다.

1. 신체운동 영역(0~1세, 2세)/신체운동 · 건강 영역(3~5세)

1) 0~1세 표준보육과정 신체운동 영역

(1) 목표

- 감각으로 탐색하고 신체활동을 즐긴다.
  - 감각 탐색을 즐긴다.
  - 신체활동을 즐겁게 경험한다.

0~1세 표준보육과정의 신체운동 영역 목표는 주변 자극에 반응하고 감각으로 주변의 사물과 환경을 인식하며 자신의 신체를 즐겁게 탐색해 보는 것에 중점을 둔다. 또한 영아의 기본 운동능력을 발달시키기 위해 자신의 대 · 소근육을 이용하여 기본 운동을 시도하고 실내외에서 신체를 이용한 활동을 즐기는 것에 중점을 둔다.

(2) 내용 구성

0~1세 표준보육과정 신체운동 영역의 내용 구성은 다음과 같다.

내용범주	내용	
감각과 신체 인식하기	감각적 자극에 반응한다.	0~1세 영아가 시각, 청각, 촉각, 후각, 미각의 오감각으로 다양한 감각 경험을 통해 자극을 느끼고 그 자극에 반응하는 내용이다.
	감각으로 주변을 탐색한다.	0~1세 영아가 시각, 청각, 촉각, 후각, 미각의 오감각으로 주변의 사물을 포함한 환경을 탐색하는 내용이다.
	신체를 탐색한다.	0~1세 영아가 자신의 손이나 발 등을 입에 넣어 보거나 바라보고 팔, 다리, 몸통 등의 움직임을 탐색하는 가운데 자신에 대해 인식하게 되는 내용이다.
신체활동 즐기기	대 · 소근육을 조절한다.	0~1세 영아가 목 가누기, 뒤집기, 앉기, 서기 등의 대근육 조절능력을 발달시키는 것으로, 신체 균형을 잡으면서 안정되게 자세를 유지할 수 있는 능력을 키우는 내용이다.

기본 운동을 시도한다.	0~1세 영아가 몸을 한곳에서 다른 곳으로 이동하는 기기, 걷기 등의 이동 운동과 제자리에서 몸을 축으로 하여 원하는 방향이나 물체를 향해 움직여 보는 뻗기, 흔들기 등의 제자리 운동을 시도해 보는 내용이다.
실내외 신체활동을 즐긴다.	0~1세 영아가 몸을 움직이는 것에 활발히 참여하고 도구를 이용하여 다양하게 시도하며 실내뿐만 아니라 실외에서도 신체활동을 하고 인근 놀이터나 공원, 지역사회 시설 등을 활용하여 신체활동을 즐기는 내용이다.

'신체활동 즐기기' 영아 경험의 실제-끌차를 움직여요

영아들은 주변 산책을 계속하다 어린이집에서 가지고 나온 끌차를 달라고 하더니 소리 내어 웃으며 끌차를 끌고 달린다. 영아의 모습을 본 다른 영아도 남아 있던 끌차를 잡으며 함께 달린다.

- 교사: 끌차를 끌며 달리고 있구나. (끌차에 달려 있는 종소리를 들으며) 어? 끌차가 움직이니까 짤랑짤랑 종소리가 들리네~

끌차를 끌며 놀이하던 영아가 동작을 잠시 멈춘 뒤 허리를 숙여 끌차를 잡고 앞으로 밀며 이동한다. 옆에 있던 영아도 똑같은 방법으로 끌차를 민다.

- 교사: 어머! 이번에는 끌차를 잡고 앞으로 밀어 주고 있구나. 끌차가 빠르게 달리고 있어.

〈영아 경험의 이해〉

- 영아는 교사와 친구들과 함께 어린이집 근처를 산책하면서 자연스럽게 이동 동작인 걷기를 통해 대근육을 사용하였다.
- 영아는 끌차를 끌어 보는 행동을 따라 하기도 하고 놀기도 하였다.
- 끌차를 직접 잡고 움직여 보기 위해 자신의 몸을 숙이거나 구부려 보는 등 제자리 동작(비이동 동작)의 자세를 만들어 보았다.

〈교사의 지원〉

- 공간
  - 영아가 바깥에서 편안하게 산책할 수 있도록 사전에 주변 공간의 안전성과 이동 경로를 확인함

- 자료
  - 영아가 실내에서 흥미를 보였던 끌차 놀잇감을 실외에서도 지속적으로 놀이할 수 있도록 제공함
- 상호작용
  - 교사는 영아들이 바깥놀이터에서 무엇에 관심을 보이는지 관찰하여 언어로 표현해 주어 영아의 놀이를 격려함
  - 영아의 산책과 놀이가 편안하게 지속될 수 있도록 충분한 시간을 제공함

출처: 보건복지부(2020), pp. 74-75 재구성.

2) 2세 표준보육과정 신체운동 영역

(1) 목표

- 감각을 활용하고 신체활동을 즐긴다.
  - 감각을 활용하고 신체를 인식한다.
  - 신체활동을 즐긴다.

신체운동 영역의 목표는 2세 영아가 감각을 활용하고 신체활동을 즐기는 경험을 하는 것이다. 신체운동 영역은 2세 영아가 감각을 활용하여 주변 사물과 환경을 탐색하고 자신의 신체를 인식하며, 대 · 소근육을 조절하고 기본 운동과 실내외 신체활동을 즐기도록 하는 데 중점을 둔다.

(2) 내용 구성

2세 표준보육과정 신체운동 영역의 내용 구성은 다음과 같다.

내용범주	내용	
감각과 신체 인식하기	감각능력을 활용한다.	2세 영아가 다양한 감각기관을 활용하여 주변의 사물과 환경을 탐색하면서 사물의 특성과 환경을 인식하는 경험을 하게 하는 내용이다.
	신체를 인식하고 움직인다.	2세 영아가 자신의 신체를 탐색하면서 자신의 신체에 대해 인식하고 움직이는 경험을 하게 하는 내용이다.

신체활동 즐기기	대·소근육을 조절한다.	2세 영아가 몸의 균형을 잡고 몸을 자유롭게 움직이면서 대·소근육을 조절하는 경험을 하게 하는 내용이다.
	기본 운동을 즐긴다.	2세 영아가 신체의 위치를 바꾸면서 몸을 한곳에서 다른 곳으로 옮기는 이동 운동이나 장소를 움직이지 않고 제자리에서 움직이는 비이동 운동을 경험하게 하는 내용이다.
	실내외 신체활동을 즐긴다.	2세 영아가 실내외 다양한 신체활동과 도구를 이용한 신체활동에 참여하면서 즐거움을 느끼는 경험을 하게 하는 내용이다.

'신체활동 즐기기' 영아 경험의 실제-아래로 위로 건너가요

영아가 바닥에 떨어져 굴러가는 짧은 막대를 따라 바닥에 몸을 대고 기어가며 유니바를 통과한다.

- 교사 : 유니바 아래로 기어서 나올 수 있구나.

영아는 교사를 보며 반복적으로 유니바 아래를 기어서 나온다. 그 모습을 보고 있던 다른 영아에게 교사가 "같이 아래로 가 볼까요?"라고 말하자, 영아는 고개를 끄덕이며 유니바 아래를 기어서 나온다. 기어 나오면서 몸에 납작 막대가 닿아 유니바가 움직이자, 옆에 있는 다른 영아가 다가와 유니바를 잡아 준다.
교사가 유니바의 높이를 낮춰 주자, 영아가 건너간다. 영아가 "나 봐요!"라고 하더니 왼발과 오른발을 번갈아 움직이며 유니바를 건너간다.

〈영아 경험의 이해〉

- 영아가 원통유니바와 막대유니바를 끼우며 대·소근육을 조절하는 경험을 하였다.
- 영아가 유니바 아래를 기어가고 왼발과 오른발을 번갈아 움직이며 기본 운동을 즐기고 도구를 이용한 신체활동에 참여하면서 신체활동을 즐겼다.

〈교사의 지원〉

- 공간
  - 유희실 내 넓은 공간에서 유니바를 가지고 놀이할 수 있도록 지원함
- 자료
  - 영아에게 원통유니바와 막대유니바를 충분히 제공함

- 상호작용
  - 영아가 유니바 아래로 기어 나오는 것을 격려하고 다른 영아도 유니바 아래를 기어갈 수 있도록 지원함
- 안전
  - 영아가 유니바를 뛰어넘을 때 다치지 않도록 높이를 조절해 주었으며 뛰거나 기고 달릴 때 주의 깊게 살펴봄

출처: 보건복지부(2020), pp. 173-175 재구성.

3) 3~5세 누리과정 신체운동 · 건강 영역

3~5세 누리과정의 신체운동 · 건강 영역의 목표 및 내용범주는 유아가 다양한 신체활동에 즐겁게 참여하고, 청결과 위생, 즐거운 식사, 적당한 휴식을 통해 건강한 생활습관을 기르며, 일상에서 안전하게 생활하는 방법을 배우고 실천하는 내용으로 구성하였다.

(1) 목표

3~5세 누리과정의 신체운동 · 건강 영역 목표는 다음과 같다.

- 실내외에서 신체활동을 즐기고, 건강하고 안전한 생활을 한다.
  - 신체활동에 즐겁게 참여한다.
  - 건강한 생활습관을 기른다.
  - 안전한 생활습관을 기른다.

(2) 내용 구성

3~5세 누리과정 신체운동 · 건강 영역의 내용 구성은 다음과 같다. 동작교육과 관련 있는 내용범주는 '신체활동 즐기기'이다.

내용범주	내용	
신체활동 즐기기	신체를 인식하고 움직인다.	3~5세 유아가 자신의 신체에 관심을 가지며 신체 각 부분의 특성을 알고 다양하게 움직이는 내용이다.
	신체 움직임을 조절한다.	3~5세 유아가 몸을 움직이며 균형을 잡고, 몸이나 도구의 움직임을 다양하게 조절하는 내용이다. 또한 눈과 손을 협응하며 소근육 움직임을 조절하는 내용이다.
	기초적인 이동운동, 제자리 운동, 도구를 이용한 운동을 한다.	3~5세 유아가 한곳에서 다른 곳으로 몸을 움직이는 걷기·달리기·뛰어넘기 등의 이동운동, 구부리기·뻗기·돌기 등의 제자리 운동, 공·줄·후프 등의 도구를 이용한 운동을 하는 내용이다.
	실내외 신체활동에 자발적으로 참여한다.	3~5세 유아가 하루 일과에서 실내외의 다양한 신체활동에 자발적으로 즐겁게 참여하는 내용이다.
건강하게 생활하기	자신의 몸과 주변을 깨끗이 한다.	3~5세 유아가 손을 씻고 이를 닦는 등 몸을 깨끗이 하는 적절한 방법을 알고 실천하며, 자기 주변을 깨끗하게 정리정돈하는 내용이다.
	몸에 좋은 음식에 관심을 가지고 바른 태도로 즐겁게 먹는다.	3~5세 유아가 몸을 건강하게 하는 음식에 관심을 가지고 음식을 소중히 여기며, 제자리에 앉아서 골고루 즐겁게 먹는 내용이다.
	하루 일과에서 적당한 휴식을 취한다.	3~5세 유아가 피곤하거나, 몸이 아프거나, 몸을 많이 움직여서 쉬고 싶을 때, 적절한 휴식을 취하는 내용이다.
	질병을 예방하는 방법을 알고 실천한다.	3~5세 유아가 질병의 위험으로부터 건강을 유지할 수 있는 다양한 생활 방식(몸을 청결히 하기, 날씨와 상황에 알맞은 옷 입기, 찬 음식 적당히 먹기, 정해진 시간에 자고 일어나기, 따뜻한 물 마시기 등)을 경험하는 내용이다.
안전하게 생활하기	일상에서 안전하게 놀이하고 생활한다.	3~5세 유아가 일상에서 위험한 장소, 상황, 도구 등을 알고, 안전한 놀이 방법과 놀이 규칙을 지키며 놀이하고 생활하는 내용이다.
	TV, 컴퓨터, 스마트폰 등을 바르게 사용한다.	3~5세 유아가 일상에서 자주 접하는 TV, 컴퓨터, 스마트폰 등을 필요한 상황에서 적절하게 사용하며, 바른 자세로 이용하는 내용이다.
	교통안전 규칙을 지킨다.	3~5세 유아가 안전한 보행 및 도로 횡단, 교통기관의 안전한 이용 등 교통안전 규칙을 알고 실천하는 내용이다.
	안전사고, 화재, 재난, 학대, 유괴 등에 대처하는 방법을 경험한다.	3~5세 유아가 안전사고, 화재, 재난, 학대, 유괴 등의 위험에 처한 상황을 알고, 주변에 도움을 요청하는 방법을 배우며, 평소 훈련에 따라 대피하는 연습을 하는 등의 안전교육과 관련된 내용이다.

'신체활동 즐기기' 유아 경험의 실제–달리기

유아가 바깥놀이터에서 친구들이 있는 쪽을 향해 "나랑 달리기 할 사람?" 하고 큰 소리로 외친다. 이 소리를 듣고 같이 하고 싶은 유아들이 "나도." "나도 같이 하자."라고 말하며 달려와, 달리기를 제안한 유아의 엄지손가락을 잡고 모여 선다.

〈유아 경험의 이해〉

- 유아들이 물놀이 전에 체조를 하며 목, 어깨, 허리, 무릎 등 신체를 다양하게 움직였다.
- 유아들이 얼음땡 놀이를 하며 빠르게 또는 천천히 움직이며 방향을 바꿔 달리기도 하였다.
- 유아들이 후프를 이용하여 제자리에서 허리 돌리기를 하였다.
- 유아들이 스스로 달리기를 하며 신체활동에 즐겁게 참여하였다.

〈교사의 지원〉

- 공간
  - 물놀이, 달리기, 후프 돌리기 등을 할 수 있도록 충분한 공간이 마련되어 있는 실외놀이터에서 활동이 이루어지도록 운영함
- 자료
  - 도구를 활용한 신체활동을 할 수 있도록 다양한 도구를 제공함
- 일과
  - 유아가 신체활동에 몰입할 수 있도록 계획한 바깥놀이 시간보다 일과를 조정하여 더 길게 진행함
- 상호작용
  - 유아들이 자발적으로 신체활동을 할 수 있도록 놀이를 관찰함
  - 후프 돌리기를 어려워하는 유아가 있어 교사가 시범을 보이며 함께 활동을 진행함
- 안전
  - 놀이하다가 서로 다치지 않도록 안전을 확인함

출처: 교육부, 보건복지부(2019), pp. 64-65 재구성.

2. 예술경험 영역(0~1세, 2세, 3~5세)

1) 0~1세 표준보육과정

(1) 목표

• 아름다움을 느끼고 경험한다.
 – 자연과 생활에서 아름다움에 관심을 가진다.
 – 예술적 경험을 표현한다.

예술경험 영역의 목표는 0~1세 영아가 자연과 생활에서 아름다움을 느끼고 경험하고 표현하는 과정을 즐기는 것이다. 영아가 아름다움에 관심을 가지고 느끼는 것을 즐기며 자신의 경험과 느낌을 자연스럽게 표현하도록 한다.

(2) 내용 구성

0~1세 표준보육과정 예술경험 영역의 내용 구성은 다음과 같다. 동작교육과 관련 있는 내용범주는 '아름다움 찾아보기'와 '창의적으로 표현하기' 중 '소리와 리듬, 노래로 표현한다.'와 '모방 행동을 즐긴다.'이다.

내용범주	내용	
아름다움 찾아보기	자연과 생활에서 아름다움을 느낀다.	0~1세 영아가 자신을 둘러싼 일상적인 환경에서 소리나 움직임, 색과 모양 등에 호기심을 기울이며 미적이고 감성적인 경험을 통해 아름다움을 인식하는 과정으로 발전시켜 나가는 내용이다.
	아름다움에 관심을 가진다.	0~1세 영아가 일상생활에서 자연이나 사물의 아름다움을 감상하고 즐길 수 있는 내용을 다룬다. 또한 반복적으로 경험하는 사람의 목소리, 주변의 소리와 리듬 있는 소리, 익숙한 노래 등에 관심을 가지며 아름다움의 요소를 경험하는 가운데 이를 즐기는 내용을 다룬다.

창의적으로 표현하기	소리와 리듬, 노래로 표현한다.	0~1세 영아가 자신을 둘러싼 환경에서 들려오는 다양한 소리, 리듬과 노래 그리고 움직임에 주의를 기울여 관심을 두다가 익숙한 노래나 리듬을 선호하며 이를 표현하는 내용을 다룬다.
	감각을 통해 미술을 경험한다.	0~1세 영아가 감각을 통해 미술 표현을 시도하고 단순한 미술을 경험하며 즐기는 내용이다. 우연하게 미술 경험을 하다 결과물을 만들어 내고 미술을 경험하는 과정에서 재료와 익숙해지며 재료를 이용하여 스스로 만들어 내는 창의적 표현을 즐기는 내용을 다룬다.
	모방 행동을 즐긴다.	0~1세 영아가 익숙하고 의미 있는 사람과 상호작용하며 타인의 표정이나 모습, 움직임을 모방하는 것에서부터 단순한 상징을 놀이로 즐기는 내용을 다룬다. 영아가 모방 행동을 통해 새로운 행동을 만들어 내고 상대의 모방을 유도하며 영아가 이를 다시 모방하는 순환관계를 보여 주는 내용을 다룬다.

'창의적으로 표현하기' 영아 경험의 실제-흔들흔들 라라라

영아가 우쿨렐레를 목에 걸고 춤을 추고 있다. 손을 들어 올리며 기타를 치는 흉내를 내고 몸을 흔든다. 우쿨렐레를 들어 올렸다 뒤집었다 움직이며 몸을 리듬에 따라 움직인다. 움직이던 몸을 멈추고 음악소리를 듣더니 다시 몸을 흔들며 움직이기를 반복한다. 영아가 우쿨렐레를 내려놓고 다른 영아 옆으로 다가가서 박수를 치며 웃는다. 바닥에 앉아 있던 다른 영아는 옆에 있던 리본막대를 집어 들고 흔들며 즐거워한다.

〈영아 경험의 이해〉

- 몸동작으로 리듬을 만들고 박수로 소리를 만드는 자신만의 표현을 즐겼다.
- 소리의 크기, 멈춤과 진행에 대하여 자신만의 리듬으로 표현하는 것을 즐겼다.

〈교사의 지원〉

- 공간
  - 보육실 가운데 넓은 공간이 확보될 수 있도록 함
- 자료
  - 다양한 장르의 음악을 배경으로 준비하여 재생함
- 일과
  - 실내놀이 시간을 활용함. 소음으로 다른 영아에게 방해가 되지 않도록 함

- 상호작용
  - 다양한 배경 음악을 제공하여 지원하며 영아의 움직임과 소리에 반응하며 함께 즐김
  - 영아가 다른 영아의 움직임이나 반응에 관심을 가질 때 언어로 지원함(쿵덕쿵덕, 흔들흔들 등)
- 안전
  - 영아가 리본막대로 놀이할 때 막대를 입에 넣지 않도록 유의함

출처: 보건복지부(2020), pp. 115-117 재구성.

2) 2세 표준보육과정

(1) 목표

- 아름다움을 느끼고 즐긴다.
  - 자연과 생활에서 아름다움을 느끼고 관심을 가진다.
  - 예술을 통해 자유롭게 표현한다.

예술경험 영역의 목표는 2세 영아가 일상에서 아름다움을 느끼고 즐기는 것이다. 영아가 마주하는 자연과 생활 속 경험에서 아름다움을 느끼고 관심을 가지며, 예술을 통해 자신의 느낌과 생각을 자유롭게 표현하도록 한다.

(2) 내용 구성

2세 표준보육과정 예술경험 영역의 내용 구성은 다음과 같다. 동작교육과 관련 있는 내용범주는 '아름다움 찾아보기'와 '창의적으로 표현하기' 중 '움직임과 춤으로 자유롭게 표현한다.'이다.

내용범주	내용	
아름다움 찾아보기	자연과 생활에서 아름다움을 느끼고 즐긴다.	2세 영아가 무심히 지나칠 수 있는 일상이나 자연이나 생활 속 공간, 사물 등의 아름다움에 주의를 기울여 아름다움을 풍부하게 느끼며 자신과 또래의 다양한 예술적 표현을 감상하고 즐기는 내용이다.
	아름다움에 관심을 갖고 찾아본다.	2세 영아가 다양한 소리나 리듬 등의 음악적 요소, 색이나 형태 등과 같은 미술적 요소, 사람과 사물, 동식물의 움직임에서 아름다움을 발견하고 경험하는 내용이다.
창의적으로 표현하기	익숙한 노래와 리듬을 표현한다.	2세 영아가 일상에서 익숙해진 노래를 부르고 간단한 리듬을 표현하는 것을 즐기는 내용이다.
	움직임과 춤으로 자유롭게 표현한다.	2세 영아가 운율 있는 소리나 노래, 또는 보고 만지고 맛보는 등 감각적 경험에서의 느낌을 움직임이나 춤으로 표현하는 내용이다.
	미술 재료와 도구로 표현해 본다.	2세 영아가 스스로 다루기 적절한 재료와 도구를 이용하여 자유롭게 미술 표현을 시도하고 이 과정을 즐기는 내용이다.
	일상생활 경험을 상상놀이로 표현한다.	2세 영아가 일상생활에서 경험한 사건에 포함된 대상이나 상황을 상상놀이로 표현하며 즐기는 내용이다.

'창의적으로 표현하기' 영아 경험의 실제－움직이면 소리가 나!

영아가 티셔츠 끝자락에 집게로 집는 것을 반복한다. 다른 영아가 또래들이 집게로 옷을 집는 것을 유심히 지켜보다가 치마에 기다랗게 집게를 연결한다.

• 영아: 선생님, 나 치마 봐!

치마에 꽂은 집게를 교사에게 보여 주다가 집게에 달려 있는 방울에서 소리가 나는 것을 알아차리고 웃으며 교사를 바라본다.

• 교사: 딸랑딸랑! 치마에서는 소리도 나네.

• 영아: 요술 치마지! 움직이면 소리가 나!

영아는 빨리 걷고, 제자리에서 빙그르르 돌기도 하며 치마를 나풀거린다. 움직일 때 나는 방울 소리를 즐기며 자신의 움직임에 따라 흔들리는 색색의 집게에 달린 방울을 바라본다.

〈영아 경험의 이해〉

• 영아가 방울 소리를 내고자 여러 가지 방법으로 자유롭게 몸을 움직였다.

• 여러 가지 색 집게의 움직임에서 아름다움을 느꼈다.

〈교사의 지원〉

• 공간
  – 방울 소리를 내기 위해 움직이거나 소리에 맞춰 춤을 출 수 있도록 보육실 가운데 넓은 공간을 확보함
• 자료 및 안전
  – 영아 스스로 조작할 수 있는 집게를 준비해 줌
  – 집게에 달린 방울이 떨어져도 영아가 삼키거나 목에 걸릴 위험이 없는 정도의 큰 크기로 제공함
• 상호작용
  – 영아가 스스로 다양하게 집게를 집어 표현해 보도록 충분한 시간적 여유를 갖고 지켜봄
  – 영아가 방울 소리에 흥미를 보이자, 언어로 관심을 지지해 줌("딸랑딸랑 치마에서 소리도 나네").

출처: 보건복지부(2020), pp. 220-222 재구성.

3) 3~5세 누리과정

3~5세 누리과정의 예술경험 영역의 목표와 내용범주는 유아가 자연, 생활, 예술에서 아름다움을 느끼고, 음악, 움직임과 춤, 미술, 극놀이 등의 예술에서 자신의 느낌과 생각을 창의적으로 표현하는 과정을 즐기며, 다양한 예술 작품을 감상하며 다른 사람의 예술 표현을 존중하는 내용으로 구성하였다.

(1) 목표

3~5세 누리과정 예술경험 영역의 목표는 다음과 같다.

• 아름다움과 예술에 관심을 가지고 창의적 표현을 즐긴다.
  – 자연과 생활 및 예술에서 아름다움을 느낀다.
  – 예술을 통해 창의적으로 표현하는 과정을 즐긴다.
  – 다양한 예술 표현을 존중한다.

(2) 내용 구성

3~5세 누리과정 예술경험 영역의 내용 구성은 다음과 같다. 동작교육과 관련 있는 내용범주는 '아름다움 찾아보기'와 '창의적으로 표현하기' 중 '신체나 도구를 활용하여 움직임과 춤으로 자유롭게 표현한다.' 그리고 '예술 감상하기'이다.

내용범주	내용	
아름다움 찾아보기	자연과 생활에서 아름다움을 느끼고 즐긴다.	3~5세 유아가 자신의 주변에서 만나는 자연, 공간, 사물 등의 아름다움을 풍부하게 느끼며 즐기는 내용이다.
	예술적 요소에 관심을 갖고 찾아본다.	3~5세 유아가 주변의 자연과 생활에서 다양한 소리나 리듬 등의 음악적 요소, 색이나 형태 등과 같은 미술적 요소, 사물이나 동식물의 움직임에서 아름다움을 경험하는 내용이다.
창의적으로 표현하기	노래를 즐겨 부른다.	3~5세 유아가 흥얼거리거나 친구들과 함께 소리와 박자 등을 느끼고 노랫말을 바꾸어 불러 보며 노래 부르기를 즐기는 내용이다.
	신체, 사물, 악기로 간단한 소리와 리듬을 만들어 본다.	3~5세 유아가 자신의 신체, 주변의 사물, 리듬악기 등을 사용하여 소리와 리듬을 창의적으로 만들어 보는 내용이다.
	신체나 도구를 활용하여 움직임과 춤으로 자유롭게 표현한다.	3~5세 유아가 자연과 생활에서 발견한 다양한 움직임을 자유롭게 표현하고, 나아가 자신의 생각과 느낌을 자신의 신체나 다양한 도구를 활용하여 움직임과 춤으로 표현하는 내용이다.
	다양한 미술 재료와 도구로 자신의 생각과 느낌을 표현한다.	3~5세 유아가 자연과 생활에서 발견한 다양한 재료와 도구를 활용하여 여러 가지 방법으로 표현하는 내용이다.
	극놀이로 경험이나 이야기를 표현한다.	3~5세 유아가 자신의 경험, 다양한 상황, 이야기를 자유롭게 상상하며 극놀이로 표현하는 과정을 즐기는 내용이다.
예술 감상하기	다양한 예술을 감상하며 상상하기를 즐긴다.	3~5세 유아가 자신과 또래의 음악 등 다양한 예술을 감상하고 자유롭게 상상하기를 즐기는 내용이다.
	서로 다른 예술 표현을 존중한다.	3~5세 유아가 자신과 또래의 작품, 음악, 춤, 미술, 작품, 극 등에 포함된 다양한 표현을 존중하는 내용이다.
	우리나라 전통예술에 관심을 갖고 친숙해진다.	3~5세 유아가 우리나라 고유의 전통 음악에 관심을 가지고 전통예술을 감상하며 우리나라 문화에 친숙해지는 내용이다.

'예술경험' 영역에서의 유아 경험의 실제

〈'아름다움 찾아보기' 유아 경험의 실제—바람에 날리는 벚꽃 탐색하기〉

벚꽃이 바람을 타고 눈처럼 휘날린다. 유아들이 "저것 봐! 눈이 오는 것 같아. 분홍색 눈이야. 정말 예쁘다!" 하고 감탄한다. 유아들은 흩날리는 벚꽃잎을 맞기도 하고 바람결에 날아가는 벚꽃잎을 쫓아다니기도 한다. 그리고 땅에 떨어진 벚꽃잎을 조심스럽게 다루며 한 잎 한 잎 줍기도 한다.

〈'창의적으로 표현하기' 유아 경험의 실제—스카프 춤 추기〉

유아들이 바깥놀이를 할 때 바람에 날리는 벚꽃잎을 표현할 수 있도록 스카프를 가지고 놀이할 수 있음을 교사가 제안하자, 유아들은 스카프를 하나씩 가지고 재빠르게 올렸다 내리기를 반복하며 바람에 스카프를 날려 보기도 한다.

〈'예술 감상하기' 유아 경험의 실제—스카프 춤 감상하기〉

유아들은 친구들의 스카프가 바람에 날리는 것을 보고 "바람 따라 춤추는 것 같아." "파도같이 움직여. 꼭 봄꽃 요정이 나는 것 같아. 그치?" 하며 친구와 마주 보며 즐거워한다.

〈유아 경험의 이해〉

- 유아는 자연에서 발견한 바람에 날리는 벚꽃잎의 움직임에서 아름다움을 경험하였다.
- 스카프를 활용하여 바람에 날리는 벚꽃잎의 다양한 움직임을 자유롭게 표현하였다.
- 유아는 자신과 또래의 스카프 춤에 포함된 다양한 움직임에 대해 즐거움을 느꼈다.

〈교사의 지원〉

- 공간
  - 바람에 날리는 벚꽃잎을 탐색하고 자유롭게 스카프 춤을 출 수 있도록 실외에서 활동을 진행함
- 자료 및 안전
  - 유아들이 주운 벚꽃잎을 담아 갈 수 있도록 봉지나 바구니를 제공함
  - 다양한 색깔과 모양의 스카프를 제공함
  - 스카프의 활용 방법을 교사가 안내하지 않고 유아들이 자신의 놀이에 필요한 대로 활용하는 방법을 존중함

- 상호작용
  - 유아가 스스로 바람에 날리는 벚꽃잎의 움직임을 탐색할 수 있도록 충분한 시간적 여유를 갖고 지켜봄
  - 벚꽃잎의 움직임을 표현해 볼 수 있도록 스카프를 제안함

출처: 교육부, 보건복지부(2019), p. 94 재구성.

되돌아보기

1. 정리해 봅시다.

• 국가수준의 교육과정인 표준보육과정(0~1세, 2세) 중 동작교육과 관련된 영역은 '신체운동' 영역과 '예술경험' 영역이다.

• 국가수준의 교육과정인 누리과정(3~5세) 중 동작교육과 관련된 영역은 '신체운동 · 건강' 영역과 '예술경험' 영역이다.

2. 생각(또는 활동)해 봅시다.

• 국가수준 교육과정인 표준보육과정과 누리과정 중 동작교육과 관련된 내용범주와 내용에 대해 비교하고 연령별 특징 및 그 차이점에 대해 이야기해 보세요.

〈0~1세, 2세 신체운동 영역/3~5세 신체운동 · 건강 영역〉

연령 / 구분	0~1세	2세	3~5세
내용범주			
연령별 특징 및 차이점			

〈0~1세, 2세, 3~5세 예술경험 영역〉

연령 / 구분	0~1세	2세	3~5세
내용범주			
연령별 특징 및 차이점			

• 우리 주변에 있는 자연과 생활 속에서 발견할 수 있는 사물이나 동식물의 움직임을 찾아보고, 찾은 움직임을 신체나 도구를 이용해 자유롭게 표현해 보세요.

내가 발견한 사물이나 동물의 움직임 표현하기	
어떤 움직임을 발견했나요?	
내가 활용한 도구	
움직임의 모습(그림 또는 사진)	

제3장

영유아동작교육의 내용

●학습목표●

- 동작의 구성요소를 이해한다.
- 기본 동작, 창의적 동작, 리듬 동작의 종류와 활동 방법에 대해 안다.
- 다양한 기구와 소도구를 활용한 신체활동 방법에 대해 안다.

1. 동작의 구성요소

인간이 동작을 하려면 자신이 움직일 공간을 인식하고 주어진 시간을 활용하여 어떻게 움직일 것인지를 생각해야 한다. 또한 혼자 움직일 때와 다른 사람과 함께 움직일 때, 몸으로만 움직일 때와 환경에 있는 사물들을 이용해 움직일 때 그 움직임은 달

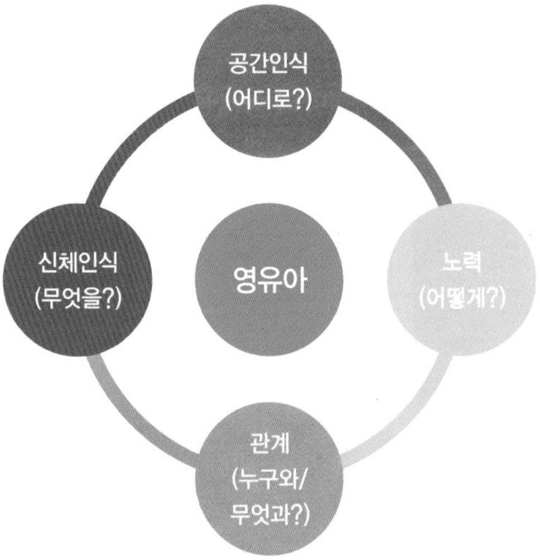

그림 3-1 동작의 구성요소

라진다. 이와 같이 동작에 영향을 미치는 요소들을 동작의 구성요소라 할 수 있다. Purcell(1994)은 Laban의 이론에 기초하여 동작의 구성요소를 신체인식, 공간인식, 노력, 관계로 구성하였다. Purcell은 동작의 구성요소들이 다양하게 조합되어 창의적 동작과 리듬 동작이 탄생될 수 있다고 제시하였다. 동작의 구성요소를 구체적으로 살펴보면 다음과 같다.

표 3-1 동작 구성요소의 세부 내용

신체인식	몸 전체의 움직임, 신체 부분의 움직임, 신체 모양
공간인식	개인공간, 일반공간
	수준, 방향, 경로, 범위
노력	공간, 시간, 힘, 흐름
관계	신체 부분들 간의 관계, 파트너와 그룹과의 관계, 사물들과의 관계

출처: Purcell (1994), p. 20.

1) 신체인식

신체는 인간의 표현과 의사소통의 도구이다. 신체인식에 관한 활동은 신체 각 부분의 이름과 위치를 알고, 각 부분을 분리하여 움직이거나 몸 전체를 움직이는 방법에 대해 터득하며 움직일 때 모양은 어떠한지를 아는 것이 포함된다.

(1) 몸 전체의 움직임

몸 전체의 움직임은 팔, 다리, 몸통, 머리 등 신체 모든 부분의 움직임을 포함한다. 이

이동 동작

러한 움직임은 대표적으로 걷기, 달리기, 앙감질, 스키핑, 말뛰기, 미끄러지기와 같이 기본 동작에 포함되는 이동 동작을 통해 일어날 수 있다.

(2) 신체 부분의 움직임

신체 부분의 움직임은 각 신체의 일부만을 움직이기, 움직임을 이끌어 내기, 몸무게 지탱하기로 구분할 수 있다. 먼저, '각 신체의 일부만을 움직이기'는 신체 중 한 부분만 움직이고 다른 부분들은 움직임을 멈추고 있는 상태를 의미한다. 예를 들어, 팔만 위아래로 흔들기나 다리만 앞뒤로 흔들기와 같은 비이동 동작을 하게 되면, 다른 신체 부위는 움직임을 최소화하거나 멈추고 팔과 다리의 움직임에만 집중하여야 한다. 둘째, '움직임을 이끌어 내기'는 신체 한 부분을 움직이면 다른 신체 부분이 움직여지는 것을 의미한다. 예를 들어, 두 팔을 앞으로 뻗고 오른쪽으로 팔을 돌리면 어깨와 허리도 따라서 돌아가게 된다. 셋째, '몸무게 지탱하기'는 특정 신체 부분이 몸무게를 지탱하며 움직이는 것을 의미한다. 예를 들어, 대부분의 동작을 할 때는 두 발이 몸무게를 지탱하지만 두 손, 배, 두 팔과 다리 등 다양한 방법으로 몸무게를 지탱할 수 있다. 특히 현대 동작의 경우 머리, 무릎, 한 손 등을 이용해 몸무게를 지탱하기도 한다.

각 신체의 일부만을 움직이기

움직임을 이끌어 내기

몸무게 지탱하기

(3) 신체 모양

신체 모양은 신체를 이용해 겉으로 나타난 모습을 의미한다. 신체 모양은 신체 각 부분의 움직임이 변화할 때마다 달라지며, 신체 모양을 통해 그 사람의 정서 상태나 하고 있는 일들을 짐작할 수 있다. 예를 들어, 두 팔을 넓게 벌린 채로 위로 올리고 팔짝 뛰는 모습을 보면 매우 기쁜 일이 있음을 추론할 수 있다. 또한 거울을 보고 한 손으로 얼굴을 두드리고 있으면 화장을 하는 것으로 해석할 수 있을 것이다. 이러한 신체 모양은 동

직선 모양

곡선 모양

꼬인 모양

대칭 · 비대칭 모양

작활동에서 직선 모양, 곡선 모양, 꼬인 모양, 대칭 · 비대칭 모양으로 표현될 수 있다.

2) 공간인식

공간인식에 관한 활동은 함께 움직이는 다른 사람들과 공유하는 공간을 알고 충돌하지 않으면서 자신이 움직일 공간을 인식하는 것, 어느 정도의 높이에서 움직이며 어느 방향과 어떤 경로로 움직일지, 어떤 크기로 동작을 할지를 아는 것이 포함된다.

(1) 개인공간

개인공간은 개인의 바로 가까이에 있는 영역을 의미한다. 동작활동을 실시하기 전에 유아들이 자신의 개인공간을 인식하고 확보할 수 있도록 해야 하며, 친구들의 개인공간도 인식하여 충돌하지 않도록 지도해야 한다. 예를 들어, 리듬 동작을 하기 전에 일반적으로 각자 양팔을 벌리고 한 바퀴 돌아 옆 사람과 부딪히지 않고 자기 공간을 확보

양팔 벌려 한 바퀴 돌기

훌라후프 안과 주변

하도록 한다. 이 공간이 개인공간이 된다. 또한 훌라후프를 바닥에 놓고 훌라후프 안과 밖을 이동하며 동작을 할 때 훌라후프의 가까운 주변 공간이 개인공간이 되는 것이다.

(2) 일반공간

일반공간은 동작활동을 할 때 움직일 수 있는 모든 공간을 의미하므로 모두에게 공

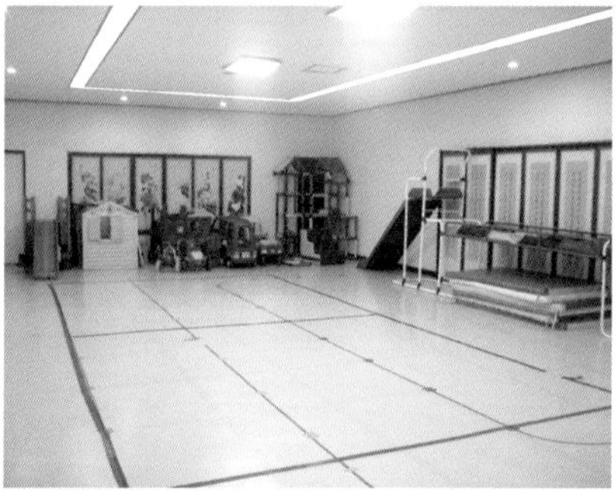

활동실 테이프 경계

유된 공간이다. 일반공간도 제한을 주어 안전하게 활동할 수 있도록 도와주어야 하며, 일반공간 안에서 움직일 때 서로를 배려하여 부딪히지 않도록 주의해야 한다. 예를 들어, 활동실에서 동작활동을 할 때 테이프로 경계선을 나타내어 그 안에서 움직이도록 할 수 있다. 테이프로 제한한 공간 전체가 일반공간이 된다.

(3) 수준

수준은 질적인 수준을 의미하는 것이 아니라 동작을 할 때 생기는 높낮이를 의미하는 것으로, 높은 수준, 중간 수준, 낮은 수준으로 나눌 수 있다. 높은 수준(예: 새)은 어깨 위쪽의 공간을 의미하고, 낮은 수준(예: 거북이)은 무릎 아래의 공간을 의미하며, 중간 수준(예: 곰)은 무릎에서 어깨 사이의 공간으로 높은 수준과 낮은 수준 사이의 공간을 의미한다.

높은 수준

중간 수준

낮은 수준

(4) 방향

방향은 몸을 어느 쪽으로 움직이는가를 의미하는 것으로, 앞, 뒤, 오른쪽, 왼쪽, 위, 아

6개 방향(어디로 움직일까?)

앞으로 걷기

뒤로 걷기

래 등 여섯 방향이 있다. 같은 동작도 다른 방향으로 움직이면 다른 느낌을 표현할 수 있다. 예를 들어, 팔과 다리를 교차해서 앞으로 걸어 나가면 목적을 향해 다가가는 느낌을 주지만, 같은 동작으로 뒤로 걸으면 무엇인가를 피해 도망치는 느낌을 줄 수 있다.

(5) 경로

경로는 신체를 정해진 공간 안에서 움직일 때 거쳐 가는 길을 의미한다. 경로는 바닥 경로와 공중 경로로 나눌 수 있다. 예를 들어, 이동 동작을 하며 움직일 때는 바닥에 디자인을 하게 되며, 스카프나 리본막대와 같은 도구를 활용하여 움직일 때는 공중에 디자인을 하게 된다.

바닥 경로

공중 경로

(6) 범위

범위는 동작의 크기나 길이를 의미하는 것으로, 동작의 크고 작음, 길고 짧음, 넓고 좁음을 포함한다. 예를 들어, 진흙탕, 눈밭, 물속을 걸을 때 각각 동작의 크기가 달라진다.

큰 동작

작은 동작

3) 노력

노력은 동작을 만들어 내는 원동력으로 공간에서의 이동방법, 움직이는 속도, 힘의 강약, 움직임의 힘을 조절하는 것이 포함된다.

(1) 공간

공간은 신체를 움직일 수 있는 장소를 의미하는데, 공간에서 움직이는 동선은 직선으로 움직이는 방법과 직선을 계속 이탈하면서 움직이는 방법이 있다. 먼저, 직선으로 움직이는 방법은 목적 지점까지 한번에 이동하는 것을 의미하며, 직선을 계속 이탈하면서 움직이는 방법은 목적 지점까지 갈 때 다양하게 이탈하면서 이동하는 것을 의미한다.

직선 동작

이탈 동작

(2) 시간

시간은 움직임의 속도를 의미하며, 빠르고 느리게 또는 점점 빠르게, 점점 느리게를 포함한다. 예를 들어, 토끼의 움직임과 거북이의 움직임을 표현할 때 토끼는 비교적 빠르게, 거북이는 비교적 느리게 표현할 수 있다. 또한 '강강술래'라는 리듬 동작은 움직임의 다양한 속도를 한 곡 안에서 경험할 수 있다. 즉, 처음에는 느리게 움직이다가 점점 빠르게 움직이다가 다시 감속해서 느리게 움직인다.

빠른 속도

느린 속도

(3) 힘

힘은 움직임의 강하고 약한 정도와 그에 따르는 근육의 긴장 정도를 의미한다. 강한 힘을 사용하면 근육이 더 많이 긴장되며 많은 에너지를 표출한다. 반면, 약한 힘을 사용할 때는 근육이 덜 긴장하고 부드럽게 표현된다. 예를 들어, 앙감질 동작을 할 때 속도가 다른 음악에 맞춰 움직이면 근육이 긴장하는 정도와 에너지를 소모하는 정도가 달라진다. 또한 깃털의 움직임을 표현할 때와 헬리콥터의 프로펠러를 표현할 때 에너지 사용량이 달라진다.

강한 힘

약한 힘

(4) 흐름

흐름은 움직임의 힘(에너지)을 조절하는 것을 의미하는 것으로, '유연한 흐름'과 '제한된 흐름'으로 구분할 수 있다. '유연한 흐름'은 멈추지 않고 자유롭게 움직이는 것을 말하며, '제한된 흐름'은 움직임의 힘(에너지)을 조절하여 중간중간 멈추거나 끊기는 동작이다. 예를 들어, 활동실 안에서 자유롭게 스키핑하면서 돌아다니는 것은 '유연한 흐름'에 속하고, 로봇의 움직임을 표현하거나 스키핑하면서 돌아다니다가 탬버린을 흔들면 제자리에서 점프하기와 같은 움직임은 '제한된 흐름'에 속한다.

자유로운 흐름

제한된 흐름

4) 관계

관계는 동작을 할 때 영향을 미치는 신체 부분들 간의 관계, 파트너와 그룹과의 관계, 사물들과의 관계를 의미한다.

(1) 신체 부분들 간의 관계

각 신체 부분을 움직이면서 다양한 움직임을 창출해 내는 것을 의미한다. 예를 들어, 아기가 성장하는 과정을 표현하는 동작활동에서 아기를 표현하기 위해 양손을 바닥에 대고 허리를 구부려서 기어가는 모습을 나타낼 것이다. 아기가 성장하여 어린이가 되면 양손을 바닥에서 떼고 몸통 옆에 붙이고 걸어가는 모습을 나타낼 것이며, 나이가 들어 노인이 된 것을 표현할 때는 몸에 힘을 빼고 허리나 어깨를 약간 구부정하게 표현하게 될 것이다.

신체 부분들의 움직임을 통한 다양한 움직임 창출

(2) 파트너와 그룹과의 관계

영유아들이 다른 사람과 함께 동작을 할 때 세 가지 방법으로 연결이 되는 것을 의미한다. 첫째, 공간 속에서 연결되어 있다. 즉, 마주 보고 움직이거나, 등을 대고 움직이거나, 나란히 서서 움직일 때는 함께 동작을 하는 것이므로 연결이 된다. 둘째, 동작의 유사성이나 차별성으로 연결되어 있다. 즉, 파트너나 그룹의 움직임과 유사하게 움직이거나 다르게 움직여야 하므로 연결이 된다. 셋째, 동작의 동시성이나 시간차에 의해 발생하는 동작을 하는 것이므로 연결이 된다. 즉, 파트너나 그룹의 움직임을 동시에 같이 하거나 시간을 두고 따라 해야 하므로 연결이 된다.

마주 보고 움직이기

등을 대고 움직이기

나란히 서서 움직이기

공간 속에서 연결

동작의 유사성으로 연결

동작의 차별성으로 연결

동작의 시간차에 의해 연결

(3) 사물들과의 관계

환경에 있는 사물들, 즉 소도구나 기구를 통해 움직임을 만들어 내는 것을 의미한다. 소도구나 기구 등을 이용해 움직일 때는 신체만을 사용해 움직일 때와는 다른 수준의 협응력이 필요하며, 새롭게 움직여 보는 기회를 가질 수 있다. 또한 소도구나 기구를

훌라후프

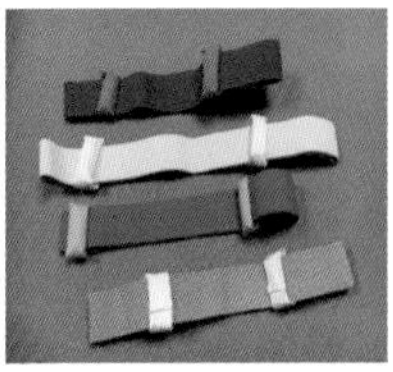
고무밴드

한삼

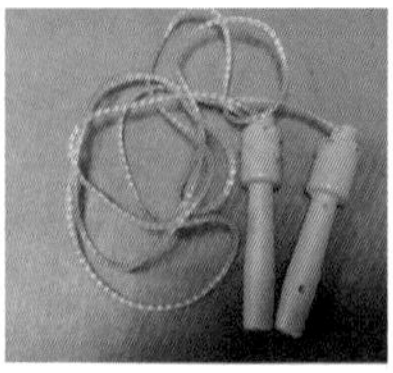
줄넘기 줄

의자

평균대

공

매트

블록

팥 주머니

환경에 있는 사물들

활용하는 데 집중할 수 있게 되어 자의식이 완화될 수 있다. 따라서 동작활동에 흥미가 부족하거나 소극적인 영유아들을 격려할 수 있는 방법이 된다.

2. 기본 동작

기본 동작(fundamental movement)이란 모든 동작활동의 기본이 되는 움직임을 의미한다. 기본 동작은 이동 동작(locomotor movement), 비이동(제자리) 동작(nonlocomotor movement), 조작적 동작(manipulative movement)으로 구분할 수 있다. 먼저, 이동 동작, 비이동 동작, 조작적 동작의 종류를 구체적으로 살펴보면 다음과 같다.

표 3-2 기본 동작의 유형과 종류

이동 동작	기기, 기어가기, 걷기, 달리기, 점프하기, 앙감질, 스키핑, 말뛰기, 미끄러지기
비이동(제자리) 동작	구부리고 뻗기, 흔들기, 떨기, 돌기, 꼬기, 떨어지기
조작적 동작	던지기, 차기, 공 굴리기, 튀기기, 잡기, 치기

다음으로, 이동 동작 운동기술의 습득 시기와 실행 수준을 살펴보면 [그림 3-2]와 같다.

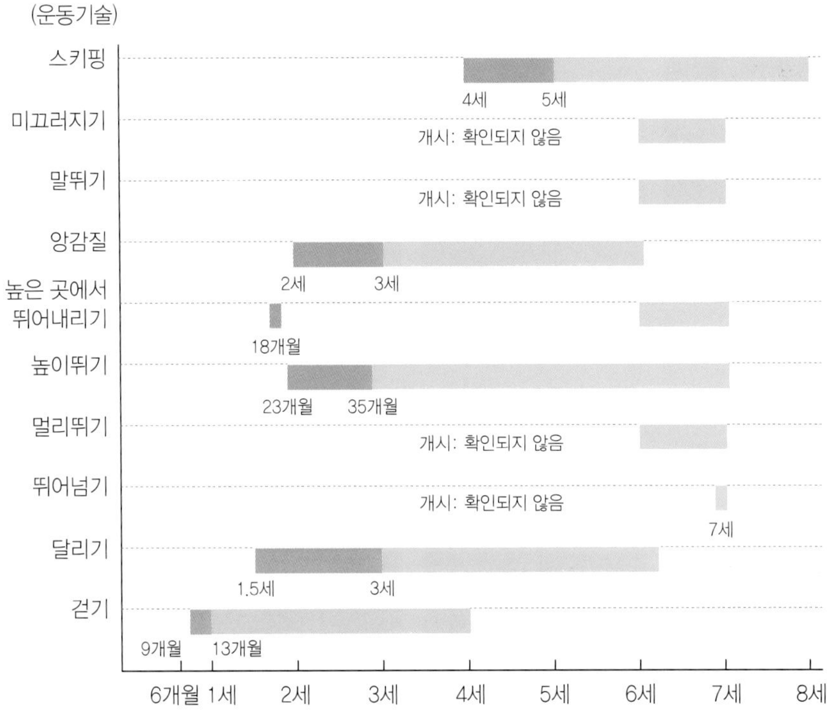

그림 3-2 이동 동작의 습득 시기와 실행 수준

출처: 윤애희, 박정민(1999), p. 28.

1) 이동 동작

이동 동작은 신체를 한 장소에서 다른 장소로 이동시키는 동작을 의미한다. 영유아들은 신체가 성장하고 성숙함에 따라 자연스럽게 이동 동작을 습득하고 발달해 나가지만, 성숙한 수준에 도달하기 위해서는 지속적인 연습이 필요하다(Gallahue & Cleland-Donnelly, 2003). 이동 동작의 종류에 따른 움직이는 방법은 다음과 같다.

• 기기(crawling)

바닥에 배를 대고 머리와 어깨는 들어 올리며 팔과 다리로 바닥을 짚으며 앞으로 기어가는 것이다.

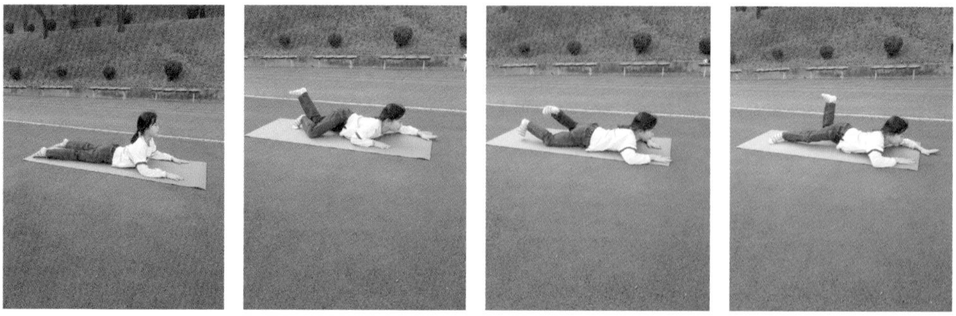

기기

• 기어가기(creeping)

손과 무릎 또는 손과 발을 이용하여 신체를 이동하는 것이다.

기어가기

• 걷기(walking)

앞, 뒤, 오른쪽, 왼쪽으로 이동하는 것이다.

걷기

• 달리기(running)

몸의 체중을 한쪽 발끝에서부터 다른 쪽 발끝으로 옮기는 동작으로, 순간적으로 몸이 공중에 떠 있는 상태가 있다. 팔과 다리는 교차로 움직인다.

달리기

• 점프하기(jumping)

발을 사용하여 제자리에서 위로 뛰어오르는 동작이다. 뛰어올랐다가 바닥에 착지할 때는 발끝에서 앞꿈치, 뒤꿈치 순으로 바닥에 닿아야 하며, 무릎은 구부려야 한다. 5세경이 되면 도약할 때 팔을 흔들면서 앞으로 내밀기 때문에 안정감 있게 멀리뛰기도 가능해진다.

높이뛰기

멀리뛰기

• 앙감질(hopping)

한 발만 사용하여 점프하는 동작이다. 이 동작은 균형감을 요하므로 3세경에 한 발로 2~3회 정도 뛰기가 가능하지만 불안정한 모습을 보이다가 4세경이 되면 4~6회 정도 한 발 뛰기를 할 수 있다. 5세경이 되면 보다 성숙한 수준으로 앙감질이 가능해진다.

앙감질

• 스키핑(skipping: step + hop)

걷기와 앙감질이 결합된 동작으로, 불규칙적인 리듬으로 움직인다. 초기에는 옆으로 스키핑이나 한쪽 발 스키핑만 가능하다가 양발 스키핑이 점차 익숙해지는데, 6세 이상이 되어도 어려워하는 경우가 있다.

옆으로 스키핑

양발로 스키핑

• 말뛰기(galloping: step + run)

걷기와 달리기가 결합된 동작으로 불규칙적인 리듬으로 움직인다. 이 동작이 익숙해질 때까지는 유아들이 편안하게 생각하는 발을 먼저 내딛어 사용하도록 한다.

말뛰기

• 미끄러지기(sliding)

발을 번갈아 가며 앞쪽으로 바닥을 문지르듯이 내밀며 움직이고 다른 발은 먼저 내민 발을 따라 움직인다. 일반적으로 유아들은 말뛰기 동작이 익숙해진 후 미끄러지기 동작을 수행할 수 있다.

미끄러지기

2) 비이동 동작

비이동 동작은 신체의 가운데 축(axis)을 중심으로 이동하지 않고 제자리에서 만들어 내는 동작을 의미한다. 비이동 동작도 이동 동작과 마찬가지로 성장하고 성숙하면서 다양한 기술을 습득하게 된다. 비이동 동작의 종류에 따른 움직이는 방법은 다음과 같다.

- 구부리기(bending)와 뻗기(stretching)

구부리기는 신체의 관절 부분을 접는 동작이고, 뻗기는 신체의 일부분이나 전신을 수평이나 수직으로 쭉 뻗어 늘리는 동작이다. 구부리기 동작과 뻗기 동작은 따로 이루어질 수도 있으나 함께 이루어지는 경우가 많다. 뻗기는 동작활동을 하기 전 준비운동이나 정리운동을 할 때 사용하면 효과적이며, 반동을 주지 않고 뻗는 것이 중요하다.

구부리기

뻗기

• 흔들기(swaying)

신체의 한 부분에서 다른 부분으로 몸의 무게를 이동시키는 동작으로, 강하게 흔들기와 약하게 흔들기 동작이 있다.

흔들기

• 떨기(shaking)

신체의 일부분이나 몸 전체를 진동하는 동작으로, 긴장과 이완이 함께 되는 동작이다.

떨기

• 돌기(turning)

신체의 가운데 축을 중심으로 전신을 회전하는 동작이다.

걸어서 돌기

발레 동작처럼 돌기

• 꼬기(twisting)

신체의 가운데 축을 중심으로 신체의 일부분을 회전시키는 동작으로, 목, 팔, 다리, 몸통 등을 꼬아 볼 수 있다.

꼬기

• 떨어지기(falling)

높은 자세에서 앞으로, 뒤로, 옆으로 눕는 자세로 신체를 움직이는 것이다. 안전하게 움직이기 위해 몸의 긴장을 풀고 움직여야 한다.

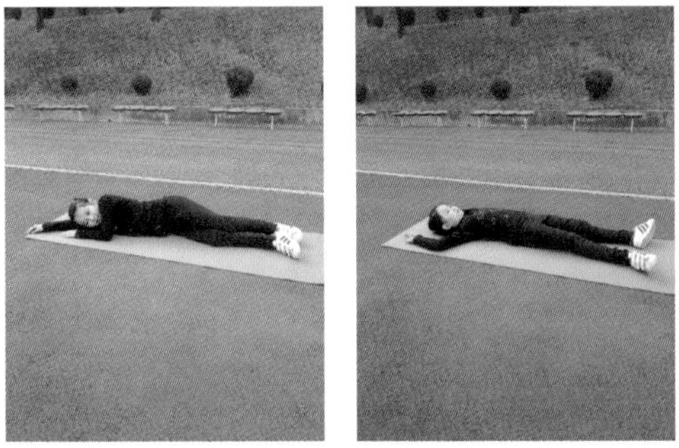

떨어지기

3) 조작적 동작

조작적 동작은 사물을 조작하며 움직이는 대근육 운동을 의미한다. 유아에게 조작적 동작 기술은 이동 동작이나 비이동 동작 기술에 비해 더 어렵다. 조작적 동작의 종류에 따른 움직이는 방법은 다음과 같다.

• 던지기(throwing)

손을 이용해 사물을 신체로부터 멀리 공중으로 보내는 것이다. 영아기나 걸음마기에는 주로 사물을 아래로 던지는 경향이 있다. 두 손을 사용하여 던지다가 점차 한 손을 사용해 던질 수 있게 되고, 아래로 던지는 경향에서 위로 던져 올릴 수 있게 되며, 어깨 위로 던지기가 가능해진다. 사물의 크기나 무게에 따라 던지는 모습이 달라질 수 있다.

두 손을 사용해 던지기

한 손을 사용해 던지기

• 굴리기(rolling)

손을 이용해 사물을 신체로부터 멀리 보내는 것으로 바닥으로 굴려 보낸다. 볼링(bowling), 컬링(curling)과 같은 활동에 사용된다.

앉아서 굴리기

무릎 세우고 굴리기

• 잡기(catching)

양손을 이용해 움직이는 사물을 조절하는 것이다. 시각추적능력이 요구되기 때문에 던지기 기술보다 늦게 발달한다. 다가오는 사물에 대해 공포심을 느낄 수 있으므로 부드러운 사물로 익숙해지게 하는 것이 바람직하다.

던지는 공 잡기

• 치기(striking)

도구를 사용해서 사물에 힘을 가하는 것이다. 이 동작은 유아기에 마지막으로 획득되는 기술 중 하나로 포함시킬 만큼 다른 조작적 동작에 비해 더 어렵다(Graham, Holt-Hale, & Parker, 2006). 특히 도구의 길이가 길면 치기가 더 어려워지므로 손잡이가 짧은 도구 등으로 먼저 제공해 주는 것이 바람직하다.

방망이로 치기

큰 배드민턴채로 치기

- 차기(kicking)

다리와 발로 사물에 힘을 전달하는 것이다. 이 동작을 수행하기 위해서는 눈과 발의 협응력, 신체조절능력, 힘과 방향의 정확성이 필요하다. 능숙하게 차기 동작이 이루어지기 위해서는 다양한 경험을 통해 몸은 약간 뒤로 젖히고 차지 않는 쪽 다리의 무릎은 굽히는 등 신체를 조절할 수 있어야 한다.

제자리에서 차기

3. 창의적 동작

창의적 동작(creative movement)은 '창의적 신체표현'이라는 용어로 불리기도 한다. 영유아가 자신의 생각, 느낌, 정서 등을 신체를 통해 자신만의 방법으로 표현하는 움직임을 의미한다. 창의적 동작을 할 때는 정답이 없고 영유아들의 탐색, 시도, 표현 등이 자유롭게 표출되어야 하므로, 교사의 생각이나 느낌을 미리 말해 주거나 시범을 보이는 것은 바람직하지 않다. 창의적 동작은 교사가 들려주는 이야기나 주어진 상황에 맞춰 신체로 표현하는 방법과 소리 · 음색 · 박자 · 리듬 · 빠르기 · 셈여림 · 멜로디 · 화성과 같은 음악적 요소에 따라 달라지는 느낌 및 생각 등을 신체로 표현하는 방법으로 구분할 수 있다. 구체적으로 살펴보면 다음과 같다.

1) 이야기나 상황에 맞춘 창의적 동작

이야기나 상황에 맞춘 창의적 동작은 이야기나 동시를 듣고 그 내용에 맞춰 신체를 통해 창의적으로 표현하는 것으로, 음악이나 음향을 사용하기도 한다. 소재가 될 수 있는 내용은 사람, 동물, 사물, 자연현상 등 다양하다. 이야기나 상황에 맞춘 창의적 동작은 탐색, 표현, 평가의 3단계로 진행되며, 각 단계별 고려해야 할 점을 살펴보면 다음과 같다.

• 탐색 단계

영유아들이 신체로 무엇이 되어 보거나 상황을 표현하기 위해서는 먼저 오감각을 통해 대상이나 상황을 직접 경험해 보는 것이 필요하다. 예를 들어, 나뭇잎이 되어 다양한 나뭇잎의 모습, 움직임 등을 신체로 표현하기 위해서는 나뭇잎의 모양, 나무에 매달려 있는 모습, 가벼운 바람이 불어올 때 흔들리는 모습, 강한 바람이 불어올 때 흔들리는 모습, 나뭇가지에서 떨어져 땅으로 내려오는 모습, 바람에 뒹굴뒹굴 굴러가는 모습 등을 눈으로 보는 경험이 있어야 한다. 또한 떨어진 낙엽이 말랐을 때와 비에 젖었을 때 밟아 보고 촉감으로도 느껴 보는 경험이 있어야 한다.

• 표현 단계

사전에 오감각을 통해 경험을 했어도 신체로 표현하기 바로 전 단계에서 표현 대상 및 상황에 대해 인식해 보는 과정이 필요하다. 예를 들어, 풍선이 되어 표현해 보기 전에 "풍선을 불기 전의 모습은 어땠니?" "바람을 넣으니까 풍선의 모양이 어떻게 변했어?" 등의 질문을 던져서 표현할 대상에 대해 인식할 수 있도록 도와주어야 한다. 또한 "몸 전체를 이용해 바람이 충분하게 넣어진 풍선을 표현하려면 우리 몸을 어떻게 움직일 수 있을까?" "바람이 빠져서 날아가는 풍선을 몸으로 표현한다면 어떻게 할 수 있을까?" 등의 질문을 던져 신체를 인식하고 신체를 어떻게 움직여서 대상을 표현할지 고민해 볼 수 있는 기회를 주는 것도 효과적이다.

표현 대상 및 상황을 표현할 때는 유아들이 생각과 느낌을 자유롭게 표현할 수 있도록 개방적이고 허용적인 분위기를 제공해야 한다. 교사는 유아들이 자유롭게 표현하도록 하면서도 창의성의 요소인 유창성, 독창성, 융통성, 정교성이 표현될 수 있도록 격려하기를 잊지 말아야 한다. 또한 안내 발견 접근법과 탐색법(제4장 참고)을 적절하게 활용하여 표현을 장려해야 한다.

〈창의성 요소〉

- 유창성(fluency): 제한된 시간 안에 다양한 아이디어를 산출할 수 있는 능력
- 독창성(originality): 새롭고 독특한 아이디어를 산출할 수 있는 능력
- 융통성(flexibility): 다양한 관점의 아이디어를 산출할 수 있는 능력
- 정교성(elaboration): 세밀하고 심층적으로 아이디어를 산출할 수 있는 능력

• 평가 단계

창의적 동작 활동을 마무리할 때 교사는 동작의 구성요소들을 활용해 각자의 방법으로 적절하게 표현되었는지 평가할 수 있다. 예를 들어, 비행기를 소재로 한 이야기에 맞추어 창의적 동작을 한 경우 "비행기가 점점 빠르게(동작의 구성요소: 시간) 움직이며 날아가는 모습(동작의 구성요소: 신체 모양)을 표현한 건 어땠니?"라는 식으로 평가해 볼 수 있다.

2) 음악적 요소에 맞춘 창의적 동작

음악적 요소에 맞춘 창의적 동작은 음악에 초점을 두고 신체로 창의적 표현을 하는 것이다. 처음에는 간단한 음악적 요소에 맞추어 표현해 보도록 하다가 점차 다양한 음악적 요소들이 어우러진 음악을 제공하고 그 음악의 느낌을 신체로 표현해 보게 한다. 리본막대나 스카프와 같은 소도구는 보다 효과적으로 느낌을 표현하도록 도움을 줄 수 있다. 음악적 요소에 맞춘 창의적 동작은 탐색, 표현, 평가의 3단계로 진행되며, 각 단계별 고려해야 할 점을 살펴보면 다음과 같다.

〈음악적 요소〉

- 소리(sound): 공기를 통해 전달되는 진동에 의한 청신경의 자극
- 음색(timbre): 다른 소리와 구별시켜 주는 소리의 질
- 박(beat): 박자의 단위로 지속적이고 규칙적으로 표현되는 것으로, 손뼉을 일정하게 치는 것과 같은 것
- 박자(meter): 2박, 3박, 4박, 6박과 같이 박이 일정한 규칙에 의해 모인 것으로, 셈여림이 반복됨
- 리듬(rhythm): 박자에 맞는 움직임의 패턴으로, 음의 장단과 셈여림이 질서 있게 반복됨
- 빠르기(tempo): 메트로놈의 수에 의해 표현될 수 있는 것으로, 악곡의 빠르기의 정도를 나타냄
- 셈여림(dynamic): 음악에서 소리의 세고 여린 정도
- 멜로디(melody): 음의 높고 낮음과 리듬이 결합된 것
- 화성(harmony): 음들이 동시에 소리 나는 것으로, 2성 이상의 화음이 결합된 것

• 탐색 단계

교사는 어떤 음악을 선정할지 고민해야 하며, 분명한 생각을 가지고 음악을 제공해야 한다. 첫째, 음악의 분명한 특성을 알고 선정해야 한다. 영유아들이 음악적 요소 중 리듬에 맞춰 창의적 동작을 하기 원한다면 리듬이 잘 구별되는 음악을 선정해야 하며, 음악의 빠르기가 달라지는 것에 반응하기를 원한다면 빠르고 느린 시간적 요소가 적절하게 배합되어 있는 음악을 선정하거나 빠른 음악과 느린 음악을 편집하여 제공해야 한다.

둘째, 다양한 음악적 요소를 골고루 경험하도록 선정해야 한다. 따라서 다양한 나라의 특성을 담은 음악(예: 오스트리아의 왈츠, 라틴 음악, 스페인의 플라멩코, 폴란드의 폴카 등), 다양한 악기 조합으로 이루어진 음악(예: 타악기 연주, 관현악 연주, 아카펠라, 어쿠스틱 기타 등), 시대별 음악(예: 바로크 음악, 고전주의 음악, 낭만주의 음악 등), 다양한 양식의 음악(예: 오페라, 블루스, 디스코, 재즈, 테크노 등)을 선정하여 다양한 음악적 요소에 따른 창의적 동작을 할 수 있도록 해야 한다. 다양한 음악은 이야기나 상황에 맞춘 창의적 동작을 할 때도 적절하게 활용할 수 있다.

• 표현 단계

음악과 동작은 긴밀하게 연결되어 있다. 따라서 교사는 동작 경험을 통해 음악적 요소가 탐색될 수 있도록 다양한 방법으로 접근하는 것이 좋다. 영유아들은 처음 듣는 음

악보다는 익숙한 음악에 더 강한 선호를 나타낼 것이다. 그러나 항상 같은 음악만을 제공할 수는 없다. 다행히도 꾸준하게 노출된 음악들은 자연스럽게 익숙해지고 즐기게 되는 순간이 온다. 교사는 "음악의 빠르기가 어떻게 되었니?" "음악의 느낌이 어때? 어떤 기분이 들어?" "그런 기분이 들 때는 어떻게 움직이면 좋을까?" 등 음악적 요소와 관련된 질문을 적절하게 던져서 영유아들이 신체로 연결할 수 있도록 도와주어야 한다.

• 평가 단계

창의적 동작활동을 마무리할 때 교사는 음악적 요소에 따라 어떻게 표현했는지 평가할 수 있다. 예를 들어, 교사가 "○○는 양팔을 벌리고 빙글빙글 돌다가 앉았는데 왜 그런 움직임을 한 거야?"라는 질문을 던지면, 영유아는 "음악이 빨라져서 신나는 기분이 들어 돌았어요."라고 음악적 요소를 포함한 표현을 할 수 있을 것이다.

4. 리듬 동작

리듬 동작(rhythm movement)은 '율동'이라는 용어로 불리기도 한다. 작곡가나 작사가에 의해 동작의 방법이 이미 정해져 있어 그대로 수행하는 움직임을 의미한다. 리듬 동작은 노랫말에 맞추어 움직여 보는 방법과 노랫말이 없이 곡에 포함되어 있는 음악적 요소에 맞춰 움직여 보는 방법으로 구분할 수 있으며, 둘씩 짝을 지어 동작하는 짝율동, 둥그렇게 원 모양을 만들어 동작하는 원율동, 옆 사람과 부딪히지 않게 자유롭게 군데군데 서서 동작하는 자유대형율동의 형태로 표현될 수 있다. 리듬 동작은 다 함께 동일하게 정해진 동작을 하게 되므로 기억력을 발달시키고, 소속감, 일체감, 협동심을 기르게 한다. 구체적으로 살펴보면 다음과 같다.

1) 노랫말에 맞춘 리듬 동작

노랫말에 맞춘 리듬 동작은 노래를 부르면서 함께 동일한 동작을 하는 것이다. 노랫말이 구체적으로 제시되어 있어 그대로 동작을 해야 하는 경우도 있지만, 노랫말에 맞는 동작을 유아와 함께 만들어서 할 수도 있다. 예를 들어, 〈둘이 살짝〉 〈옆에 옆에〉

〈친구하고 마주 보고〉와 같은 곡은 동작의 내용과 순서가 분명하게 제시되어 있으므로 노랫말 그대로 동작을 해야 한다. 그러나 〈종소리〉 〈싼타 할아버지 오시는 날〉과 같은 곡은 전해져 내려오는 동작방법은 있지만 새롭게 만들어 볼 수도 있다. '강강술래'와 같이 전통적으로 내려오는 민속춤도 노랫말에 맞춘 리듬 동작에 해당한다.

2) 음악적 요소에 맞춘 리듬 동작

음악적 요소에 맞춘 리듬 동작은 노랫말이 제시되어 있지 않은 율동곡에 맞추어 동일한 동작을 하는 것이다. 곡의 박자와 리듬, 멜로디에 맞춰 표현하게 되는데, 자신의 신체인식과 기본 동작에 대한 신체적 경험이 풍부하면 더 효과적으로 움직일 수 있다. 〈어린이 폴카〉와 같은 외국 민속춤이나 〈새춤〉 같은 곡이 해당된다(제11장 참고).

5. 기구와 소도구를 활용한 신체활동

기구와 소도구를 이용한 신체활동은 영유아들의 운동기술을 향상시키고 활동에 참여하는 유아들에게 협동심을 증가시켜 주며 주의집중을 증가시키는 교육적 효과가 있다(전인옥, 이영, 2013). 또한 기구와 소도구를 활용한 경험은 협응능력과 기초 체력을 발달시키고 전문화된 운동경기를 할 수 있는 능력의 기초가 된다. 신체활동에 활용하는 기구와 소도구는 이동이 용이하고 영유아들이 동시에 이용할 수 있는 것이 보다 효과적이며, 충분한 수량을 갖추어야 한다. 특히 기구와 소도구뿐만 아니라 동작활동에 필요한 보조자료로도 매우 중요하다. 소도구에는 일반적으로 공, 훌라후프, 줄과 밴드, 리듬테이프와 스카프, 낙하산 등이 포함되고, 기구에는 평균대, 매트 등이 포함된다.

1) 공

공(ball)은 조작적 동작 기술을 기르는 데 필요한 소도구이다. 공을 활용한 신체활동은 주로 튀기거나 던지고 받고 굴리면서 공의 탄성 운동을 익히고, 정확한 힘의 분배에 의한 전달 방법 등을 통하여 조정력, 근력, 지구력, 민첩성, 순발력 등을 길러 준다. 특히 일정한 규칙에 따라 서로 협력하면서 하는 공놀이는 영유아들에게 친숙하고 흥미 있는 활동이다. 영유아에게 제공하는 공은 크기, 무게, 재질 등을 고려하여 다양하게 준비하여 신체활동 내용에 따라 적합한 공을 선택해야 한다. 작은 공은 던지기가 쉬우며, 큰 공은 잡거나 튀기기에 쉬우므로 다양한 크기의 공을 제공해야 한다. 비치볼, 폼볼(foam ball) 및 털실 공은 영유아들이 잡기 쉽고 딱딱한 공을 사용했을 경우에 발생할 수 있는 두려움(예: 공에 맞는 것)도 없애 준다.

볼링공

다양한 크기와 재질의 공

공을 활용한 신체활동의 예로는 지그재그로 굴리기, 마주 보고 던지기, 움직이다가 받기, 골대에 차기 등이 있다.

마주 보고 던지기

움직이다가 받기

골대에 차기

2) 훌라후프

훌라후프

훌라후프(hula hoops)는 60cm 정도의 크기로 재질이 견고하고 쉽게 부서지지 않는 가볍고 편한 영유아용 훌라후프가 적절하다. 영유아들의 흥미를 유발하기 위해 다양한 색의 훌라후프를 준비할 수도 있고, 활동 내용에 따라 2인당 1개의 훌라후프를 제공할 수 있다. 훌라후프를 활용한 신체활동은 굴리기, 통과하기, 뛰어넘기, 돌리기 등 다양한 놀이를 통하여 순발력, 지구력, 평형성을 길러 준다.

훌라후프를 활용한 신체활동의 예로는 훌라후프로 몸 통과하기, 훌라후프 돌리기, 한 줄 기차 만들기, 고리 던지기, 멀리뛰기, 짝과 징검다리 건너기 등이 있다.

훌라후프로 몸 통과하기

훌라후프 돌리기

짝과 징검다리 건너기

3) 줄과 밴드

줄(string)과 밴드(band)를 활용한 신체활동은 영유아의 몸을 균형적으로 만들어 주는 유산소 운동이다. 줄과 밴드는 활동에 따라 신축성이 있거나 없는 것을 제공할 수 있고, 길거나 짧은 것, 넓거나 좁은 것 등 다양한 종류를 제공할 수 있으며, 실내 및 실외에서 다양하게 진행할 수 있다. 줄과 밴드를 활용한 신체활동은 잡아당기기, 흔들기, 점프하기 등을 통해 관절의 운동 범위를 신장시키며, 스트레칭을 돕고, 근력, 민첩성, 순발력 등의 기초 체력 향상은 물론 다양한 신체표현 놀이와 협동적 놀이를 할 수 있도록 이끈다.

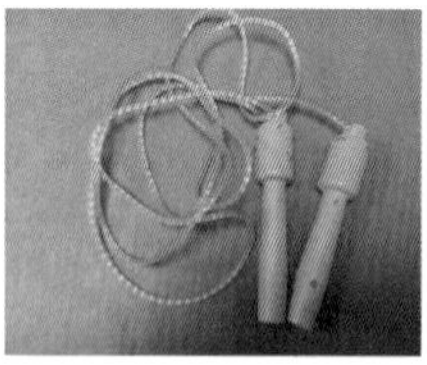
줄넘기 줄

긴 줄

탄력밴드

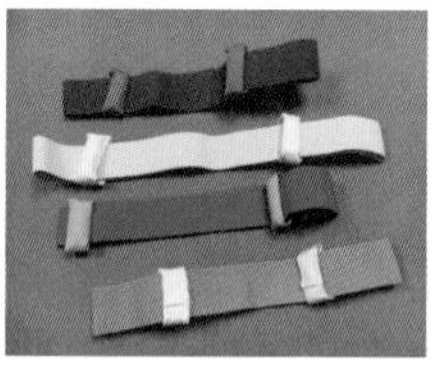
손잡이 고무밴드

줄과 밴드를 활용한 신체활동의 예로는 줄넘기하기, 줄 뛰어넘기, 림보하기, 줄 묶고 달리기, 줄다리기, 탄력밴드로 스트레칭하기 등이 있다.

줄넘기하기

두 발로 줄 뛰어넘기

한 발로 줄 뛰어넘기

탄력밴드로 스트레칭하기

4) 리본테이프와 스카프

리본테이프(streamers)는 가벼운 천, 새틴, 합성수지, 크레이프지, 신문 등으로 만들 수 있으며, 막대를 붙여 리본막대로 활용할 수 있다. 영유아들이 리본을 몸 주변으로 움직이는 활동을 하면서 다른 사람의 얼굴이나 눈앞으로 리본을 움직일 때 발생할 수 있는 위험을 예방하려면 충분히 넓은 공간이 필요하다. 스카프(scarf)는 시폰 소재의 20~40cm 크기의 스카프를 활용할 수 있으며, 여러 가지 색의 얇은 천을 그냥 잘라서 사용할 수 있다. 스카프는 리본테이프와 용도가 비슷하지만, 스카프가 더 작고 몸에서 너무 멀리 떨어지지도 않기 때문에 영유아들이 보다 수월하게 다룰 수 있다.

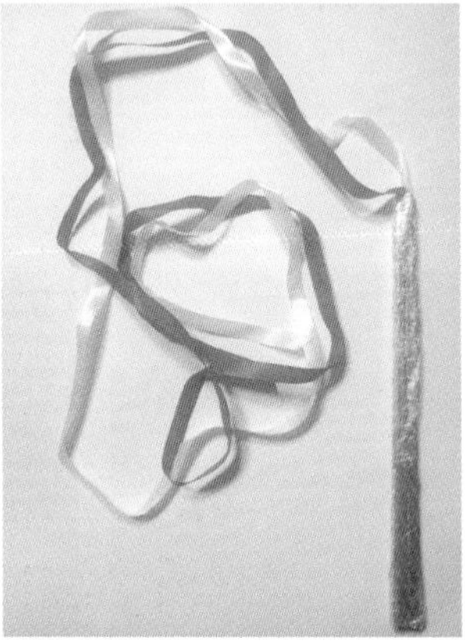

리본막대

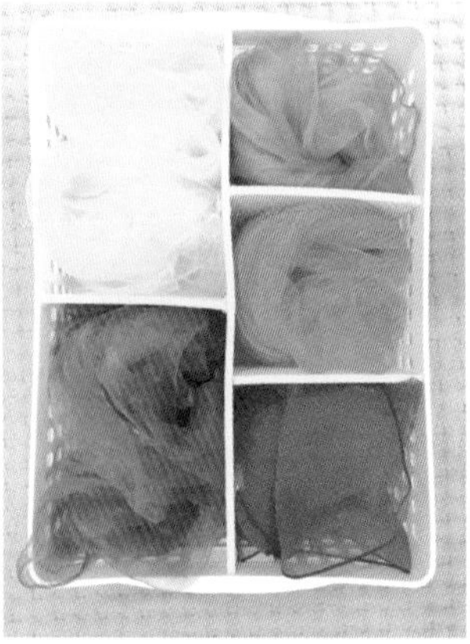

스카프

리본테이프를 활용한 신체활동의 예로는 공중에서 다양한 글자나 모양 만들기, 8자 모양 만들기, 지그재그 모양 만들기, 리듬에 맞춰 흔들기 등이 있다.

리본테이프로 다양한 모양 만들기

스카프를 활용한 신체활동의 예로는 스카프 던지고 받기, 까꿍놀이, 팔과 다리로 스카프 움직이기 등이 있다.

스카프 던지고 받기

까꿍놀이

팔로 스카프 움직이기

5) 낙하산

낙하산(parachute)는 영유아들이 집단으로 사용하도록 개발된 소도구이기 때문에 협동을 촉진시키기에 좋은 도구이다. 영유아들이 가장 편한 방법으로 낙하산을 잡을 수 있지만, 교사는 특정 활동을 진행하기 위해 시작 전에 낙하산을 잡는 방법을 알려 주어야 한다. 양쪽 손바닥을 아래로 하는 방법, 양쪽 손바닥을 위로 하는 방법, 한쪽 손바닥은 위로 하고 다른 쪽 손바닥은 아래로 하는 방법, 옆으로 서서 한 손으로 잡는 방법 등이 있다.

낙하산

낙하산 신체활동의 예로는 낙하산 돌리기, 파도 만들기, 잔물결 만들기, 공 굴리기, 공 튀기기, 이글루 만들기 등의 활동이 있다.

공 굴리기

공 튀기기

이글루 만들기

6) 평균대

평균대(balance beam)는 균형 잡기 기술을 연습할 수 있는 도구이다. 이와 더불어 평균대를 점프하기, 앙감질하기, 깡충 건너뛰기, 기어가기 등의 다양한 방법으로 동작하는 기술도 연습할 수 있다. 영유아의 발달수준을 고려하여 평균대의 높낮이와 폭을 다양하게 준비할 수 있으며, 좁은 널빤지, 모래놀이터의 가장자리 등을 평균대로 활용해 볼 수도 있다.

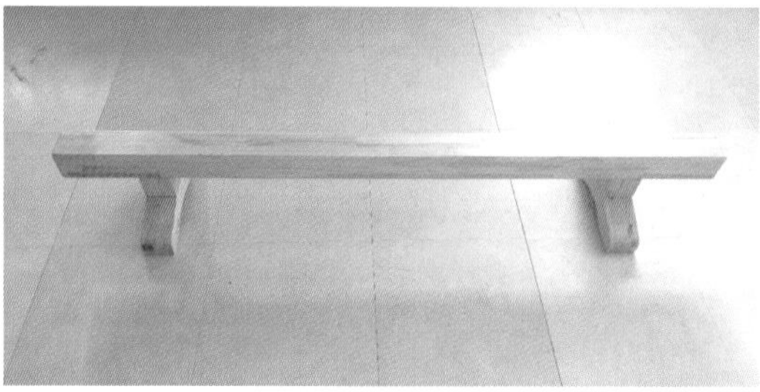

평균대

평균대를 활용한 신체활동의 예로는 쪼그려 앉아 걷기, 양손 짚고 앞으로 걷기, 손잡고 걷기, 양팔 벌려 걷기, 옆으로 걷기, 장애물 피해 걷기, 짝과 눈 감고 걷기 등이 있다.

손잡고 걷기

양팔 벌려 걷기

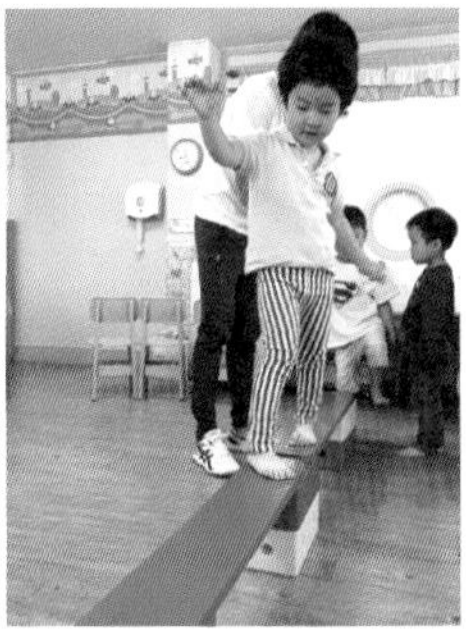
옆으로 걷기

7) 매트

매트(mat)는 모든 운동기구의 안전 도구로서 영유아의 신체활동 안전사고에 대한 보조기구로 사용된다. 매트 위에서 영유아들은 뛰기, 기어가기, 옆 구르기, 뒤구르기 등의 동작을 하면서 민첩성, 순발력, 유연성 등의 신체조절력을 기를 수 있다.

매트를 활용한 신체활동의 예로는 쪼그려 앉아 걷기, 양손 짚고 앞으로 걷기, 장애물 피해 걷기, 짝과 눈 감고 걷기 등이 있다.

매트

되돌아보기

1. 정리해 봅시다.

- 동작의 구성요소는 신체인식, 공간인식, 노력, 관계이다.
- 기본 동작은 이동 동작, 비이동 동작, 조작적 동작으로 구분할 수 있다.
- 창의적 동작은 교사가 들려주는 이야기나 주어진 상황에 맞추어 신체로 표현하는 방법과 음악적 요소에 따라 달라지는 느낌, 생각 등을 신체로 표현하는 방법으로 구분할 수 있다.
- 리듬 동작은 노랫말에 맞추어 움직여 보는 방법과 노랫말 없이 곡에 포함되어 있는 음악적 요소에 맞추어 움직여 보는 방법으로 구분할 수 있다.
- 동작활동에 이용할 수 있는 기구에는 평균대, 매트가 있고, 소도구는 공, 훌라후프, 줄과 밴드, 리본테이프와 스카프, 낙하산 등이 있다.

2. 생각(또는 활동)해 봅시다.

- 기본 동작을 한 가지 선정한 후 동작의 구성요소를 적용할 수 있는 방법에 대해 토의해 보세요.

- 아카펠라, 타악기 연주 음악, 관현악 연주 음악을 차례로 들은 뒤 각각 자유롭게 신체로 표현해 보세요. 활동 후 다른 악기의 조합으로 나타나는 동작의 효과를 발견하고 이야기해 보세요.

- 동작활동 기구 및 소도구 중 한 가지를 선택하여 어떤 활동을 할 수 있는지 토의해 보세요.

제2부

영유아동작교육의 교수방법

제4장

영유아동작교육의 지도방법과 교사의 역할

● 학습목표 ●

- 직접적 접근법과 간접적 접근법의 차이점을 안다.
- 간접적 접근법을 활용하는 방법을 이해한다.
- 영유아의 동작활동을 통한 배움을 지원하기 위한 교사의 역할을 이해한다.

동작교육을 하기 위한 대표적인 지도방법은 크게 직접적 접근법과 간접적 접근법으로 나눌 수 있다. 어떤 방법이 더 효과적이라고 이야기하기보다는 제공되는 동작활동에 가장 적합한 지도방법을 선택하는 것이 바람직하다. 즉, 교수자가 아닌 학습자의 입장에서 어떻게 배우는 것이 더 효과적이며 바람직한지를 고려한 지도방법이 되어야 한다. 이 장에서는 직접적 접근법과 간접적 접근법에 해당하는 안내 발견 접근법 및 탐색법에 대해 살펴보고자 한다(Pica, 2003).

1. 영유아동작교육의 지도방법

1) 직접적 접근법

(1) 개념

직접적 접근법(direct approach)은 영유아가 학습할 교육내용과 지도방법을 교사가 정하는 것으로, 시범과 모방을 사용하는 지시적 교수법이다(Gallahue & Cleland-Donnelly, 2003). 예를 들어, 리듬 동작의 경우 영유아들이 탐색을 통해 동작의 순서와 움직임을 발견하도록 하는 것은 비효율적이다. 어떤 신체 부위를 사용하여 어떻게 움직이는지 보여 주고 모방하도록 하며 반복하면서 익숙해지도록 하는 것이 효과적이다. 모방과 반복이 영유아의 발달에 적합한지 의문을 가질 수 있으나, 흉내 내기, 반복하기, 모방하기, 그대로 지시에 따르기 등은 영유아기에 필수적으로 경험되는 요소이다(Mosston & Ashworth, 1990, p. 45). 그러나 다각도에서 영유아의 발달을 고려할 때 제한적으로 사용하는 것이 바람직하며, 연령이 어린 영유아들에게 더 적합하다.

(2) 장점과 단점

① 장점

• 효율적으로 시간을 사용할 수 있다.

시범을 통해 동작의 수행방법을 보여 주고 모방을 통해 따라 해 보는 과정으로 진행되기 때문에 시간을 효율적으로 사용할 수 있다.

• 즉각적인 평가가 가능하다.

교사의 지시나 시범을 보고 영유아가 따라 할 때 지시된 내용을 잘 이해하는지, 신체 부위에 대해 정확하게 인지하고 있는지, 신체를 자유롭게 움직이고 조절할 수 있는지 등에 대해 즉각적으로 평가할 수 있다.

• 함께하는 즐거움과 소속감을 느낀다.

즐거움은 활동에 참여하는 강력한 동기가 된다. 대체로 직접적 접근법을 사용하는 리듬 동작의 경우 다 함께 동일한 동작을 노랫말이나 음악에 맞춰 하게 된다. 이 과정을 통해 '우리는 하나'라는 일체감, 소속감을 느끼고 재미를 느끼게 된다. 재미와 흥미를 느껴 즐겁게 참여할 수 있는 것도 중요하므로 동작교육에서 필요한 교수법이라 할 수 있다.

② 단점

• 창의성을 제한한다.

직접적 접근법은 자기표현의 기회를 허용하지 않는다. 이러한 기회의 제한은 영유아기에 최적으로 발달하는 창의성을 제한시킬 수 있다.

• 개인차를 고려하지 않고 적용된다.

어떤 영유아는 한 발로 세 번 이상 뛸 수 있고, 어떤 영유아는 아직 한 발로 균형을 잡는 것이 어려울 수 있다. 어떤 영유아는 양발 스키핑이 가능하지만, 어떤 영유아는 옆으로 스키핑만 가능하다. 그러나 직접적 접근법을 사용해서 동작활동을 하게 되면 이러한 개인 간 발달수준의 차이를 고려하지 않고 진행하게 된다.

• 학습과정보다는 기술 획득에 초점을 둔다.

영유아들이 학습하는 과정에 능동적으로 참여하게 되면 다양한 인지적 과정이 활발하게 일어나 발전하게 된다. 직접적 접근법은 동작활동을 통해 경험하는 기술 획득에 초점을 두고 진행되기 때문에 학습과정을 통해 얻을 수 있는 배움은 경험하지 못한다.

(3) 직접적 접근법의 예

① 리듬 동작(율동)

거의 모든 율동은 직접적 접근법을 사용한다. 예를 들어, '둘이서 둘이서'(제10장 참고)라는 율동을 할 때, 교사가 가사 그대로 시범을 보이며 알려 주고 다 함께 동일한 동작을 해 본다.

② 기본 동작

교사가 기본 동작의 움직임을 시범 보이고 그대로 따라서 움직이게 하는 방법이다. 예를 들어, 교사가 앙감질하는 모습을 보여 주고 다 함께 앙감질을 해 본다.

2) 간접적 접근법

간접적 접근법은 교사에 의해 지시되는 것이 아니라 학습자가 스스로 문제해결을 해 나가는 교수법을 의미한다. 동작교육에서 활용하는 간접적 접근법은 안내 발견 접근법(guided discovery approach)과 탐색법(exploration approach)으로 나눌 수 있다. 이 접근법을 사용할 때 교사는 영유아들의 발달에 적합한 확장활동을 제시할 수 있어야 하며, 영유아들이 선택한 반응에 대해 중립적으로 피드백을 해 주어야 한다. 또한 어떤 반응도 긍정적으로 수용해야 하며, 적절한 질문을 던지거나 안내를 해 주어 영유아들이 효과적으로 과제를 수행하도록 도와주어야 한다. 교육현장에서 활용할 때는 두 개의 간접적 접근법을 따로 떼어서 생각하지 말고 융통성 있게 활용하는 것이 바람직하다.

(1) 개념

① 안내 발견 접근법

안내 발견 접근법은 수렴적 문제해결 방법을 사용하는 간접적 교수법이다. 이 접근법은 교사가 정답으로 안내하는 적절한 질문들을 하여 영유아들이 자유롭게 탐색하고 표현하는 가운데 교사가 생각하고 있는 과제를 발견하고 수행하도록 이끄는 것이다. 가장 중요한 것은 교사가 해답을 주지 않고 충분한 시간을 제공하며 구체적인 질문을 계속해서 던짐으로써 원하는 과제를 수행하도록 하는 것이다.

② 탐색법

탐색법은 동작교육을 할 때 가장 많이 활용되며, 발산적 문제해결 방법을 사용하는 간접적 교수법이다. 영유아들의 수만큼 다양한 반응이 나타날 수 있기 때문에 발산적 문제해결 방법으로 불린다. 이 접근법은 영유아들이 자신만의 방법과 속도에 맞춰 교사가 제시한 과제를 풀기 위해 해답을 찾아 나간다. 예를 들어, “내 몸을 가장 크게 만들어 보자. 어떤 방법이 있을까?”라고 과제를 제시했을 때 어떤 영유아는 팔과 다리를 사방으로 쫙 뻗어서 표현할 것이고, 어떤 영유아는 팔을 머리 위로 길게 뻗어 두 손을 맞잡고 다리도 붙인 채로 아래로 뻗을 것이다. 이와 같이 과제를 수행하는 방법과 시간이 각자 다를 것이다.

(2) 장점과 단점

① 장점

• 인지 발달이 이루어지고 비판적인 사고가 촉진된다.

영유아들은 탐색하고 실험해 보는 과정을 통해 집중하게 되어 인지가 자극되고 학습이 일어난다(Klein, 1990, p. 27). 또한 스스로 선택과 결정을 하면서 비판적인 사고가 촉진된다.

• 책임감이 발달한다.

영유아들은 스스로 선택한 방법으로 방향을 설정하고 움직인다. 이를 통해 문제해결 능력과 자신의 행동 선택에 대한 책임감이 발달한다.

• 동작어휘능력이 발달한다.

영유아들이 동작활동을 할 때 구르기, 뻗기, 앙감질, 스키핑과 같은 동작이나 빠르고 느리게, 크고 작게, 다른 모양으로 등의 동작의 구성요소에 대한 명칭을 활용한다. 이를 통해 동작어휘능력이 향상될 수 있다.

• 지속적으로 시도 · 발견하도록 동기를 부여한다.

어떤 시도나 반응도 인정되는 분위기를 제공하기 때문에 실패에 대한 두려움은 감소하고, 지속적으로 자신만의 방법으로 탐색 · 시도하고 과제를 발견하도록 강한 동기를 부여하여 활동에 대한 안정감을 제공한다.

• 모든 영유아가 성공하도록 하여 자신감과 독립심을 증진시킨다.

영유아들은 자신만의 속도와 자신만의 방법으로 시도해 보고 탐색하고 평가하고 재시도할 수 있는 기회를 가짐으로써 궁극적으로 성공할 수 있으며, 이를 통해 자신감과 독립심이 증진될 수 있다.

② 단점

• 오랜 시간을 필요로 한다.

자신만의 방법과 속도로 탐색하고 실험해 보고 친구들의 시도와 실험을 관찰하며 평가해 보고 재시도할 수 있도록 충분한 시간을 제공하여 이루어지는 접근법이기 때문에 오랜 시간이 걸린다.

• 인내심을 필요로 한다.

다양한 시도를 수용하고 충분한 시간을 제공해야 하기 때문에 교사도 유아도 인내심이 길러질 수 있다는 장점이 있으나, 이는 또 다른 면에서 어려운 점이 되기도 한다.

• 연습을 필요로 한다.

교사가 제시하는 과제를 세련되게 수행하려면 숙련되는 과정이 요구된다. 따라서 꾸준한 시도를 통한 연습이 필요하다.

(3) 과제 수행을 돕기 위해 적용될 수 있는 방법

① 시범

시범(demonstration)은 직접적 접근법에서 주로 사용하는 교수법으로, 교사가 보여주는 방법이다. 간접적 교수법을 사용할 때 시범이라는 방법을 사용한다는 것은 친구들이 하는 동작을 볼 수 있는 기회를 제공한다는 것을 의미한다. 몇 명의 유아가 자신만의 방법으로 선택한 동작을 보여 주는 방법과 전체 그룹을 반으로 나누어 반 그룹은 동작을 하고 나머지 반 그룹은 관찰하도록 하는 방법이 있다.

② 언어화

언어화(verbalization)라는 것은 동작을 언어로 묘사하거나 설명한다는 것을 의미한다. 영유아들이 하는 동작의 이름과 동작 안에 포함되어 있는 다양한 동작의 요소를 알려 주기 위해 교사가 언어로 표현할 수도 있고, 영유아들이 자신들이 수행한 동작에 대해 또는 친구들이 수행한 동작에 대해 묘사하거나 설명하게 하는 방법으로 언어화할 수도 있다. 언어화는 언어표현력과 같은 언어 발달을 촉진하고 동작활동을 적극적으로 하게 하는 동기부여가 될 수 있다.

(4) 간접적 접근법의 예

① 기본 동작

◆ 안내 발견 접근법

• 스키핑: 양발로 스키핑을 해 보자.

유아들과 양발로 스키핑을 해 보기 위해 직접적 접근법을 사용할 수도 있다. 만약 안내 발견 접근법으로 스키핑을 하려 한다면 어떤 단계로 이끌 수 있을지를 고민해야 한다. 스키핑은 걷기와 앙감질이 절묘하게 어우러진 동작이며 불규칙적인 리듬을 갖고 움직이는 동작이므로 이러한 동작의 특징을 알고 계획해야 한다. 이 과정이 쉽지 않지만 각자가 시도해 보며 자신만의 방법으로 동작을 수행해 내기를 기다리고 수용해야 한다.

예) 앞으로 걸어 보자. 조금 더 빨리 걸어 보자. 이번에는 한 발로 뛰어 보자. 한 발로 두 번씩 뛰며 앞으로 가 보자. 이번에는 다른 발로 두 번씩 뛰며 앞으로 가 보자. 이번에는 두 발을 번갈아 가면서 두 번씩 뛰며 앞으로 가 보자.

◆ 탐색법

• 앙감질: 넘어지지 않고 한 발로 제자리에서 뛰어 보자.

이러한 과제가 주어지면 영유아들은 자신이 균형을 잡을 수 있는 만큼 한 발로 뛰다가 다른 발로 옮겨 뛰는 방법으로 앙감질을 할 것이다. 또 어떤 영유아는 균형과 관계없이 한 번씩 번갈아 가며 앙감질을 할 수도 있다. 또한 균형을 잡기 위해 팔을 벌리고 뛰는 영유아도 있을 것이다. 이와 같이 각자가 선택한 다양한 방법으로 제자리에서 앙감질을 할 것이다.

② 창의적 동작

◆ 안내 발견 접근법

• 풍선: 풍선이 되어 움직여 보자.

풍선의 다양한 모습을 구체적으로 안내해 주고 영유아들은 자신의 신체로 어떻게 표현할 것인지 선택하게 한다. 예를 들어, "납작한 풍선에 바람을 넣자 조금씩 몸이 부풀어 올랐어요. 납작한 풍선은 어떻게 표현할 수 있을까?" "둥그런 풍선이 하늘 위로 조금씩 날아가고 있어요."와 같이 안내해 줄 수 있다. 둥그런 풍선을 어떻게 표현할지 몰라 당황하는 영유아가 있을 때 교사는 "두 팔을 이용해 둥그런 풍선을 표현하려면 어떻게 해야 할까?"라는 식으로 질문을 던질 수 있다.

◆ 탐색법

• 풍선: 풍선이 되어 움직여 보자.

안내 발견 접근법으로 신체표현을 할 때는 교사가 표현할 것에 대해 좀 더 구체적인 질문과 안내를 해 주었다면, 탐색법으로 신체표현을 할 때는 포괄적인 질문을 던져 영유아들이 어떻게 표현할지 상상해 보고 선택하도록 이끌어 준다. 만약 "풍선을 불기 전 모습은 어떨까? 표현해 보자."라는 제안을 하면, 어떤 영유아는 바닥에 납작 엎드려 바람을 넣기 전의 풍선을 표현할 것이고, 어떤 영유아는 하트 모양의 풍선을 표현하기 위해 몸으로 하트 모양을 만들 것이다. 이와 같이 각자 바람을 넣기 전의 풍선에 대한 심상이 다르기 때문에 다른 형태로 표현하게 될 것이다.

③ 기구과 소도구를 활용한 신체활동

◆ 안내 발견 접근법

• 줄: 모두가 성공적으로 뛰어넘기 위해서는 줄을 어떻게 해야 할까?

Mosston과 Ashworth(1990)는 이에 대해 다음과 같이 제시하였다.

처음에는 모든 유아가 줄을 건널 수 있게 줄을 잡도록 요구한다.

→ 유아들이 너무 높게 잡았을 경우에는 높이를 낮추도록 제안하여 모두가 쉽게 건널 수 있도록 한다.

→ 줄은 조금씩 올려지고, 유아들은 뛰어넘기를 계속 시도한다.

→ 유아가 줄을 건너가기를 망설이거나 어려워하면 교사는 활동을 잠깐 멈춘다.

→ 끝까지 할 수 있는 유아들만 뛰어넘기를 하는 대신, 다음과 같은 질문을 유아들에게 던진다.

"모두가 성공적으로 뛰어넘기 위해서는 줄을 어떻게 해야 할까?"

→ 유아들이 제안한 방법 중 선택하여 뛰어넘기를 지속한다(예: 줄의 중앙을 내리기, 줄을 기울여 높낮이를 다르게 하기 등).

◆ 탐색법

• 줄: 줄을 지나가 보자.

영유아들의 무릎 정도 되는 높이로 줄을 연결해 두고 지나가게 한다면 어떤 영유아는 폴짝 뛰어서 건널 것이고, 어떤 영유아는 바닥에 몸을 납작 엎드려 기어서 지나갈 것이다. 이와 같이 각자가 선택한 다양한 방법으로 줄을 지나갈 것이다.

(5) 탐색법으로 활동을 확장하기 위해 활용할 수 있는 방법

탐색법으로 활동을 확장하기 위해 활용할 수 있는 방법 세 가지를 소개하고자 한다.

① 동작의 구성요소 활용하기–활동의 예: 앙감질

신체인식, 공간인식, 노력, 관계의 하위 구성요소들을 활용하여 앙감질을 다양한 방법으로 확장하여 움직여 보도록 할 수 있다.

예 1) 앙감질하며 앞으로 뛰어가자. (구성요소: 공간인식–방향)

예 2) 앙감질하며 느리게 앞으로 뛰어가다가 신호음이 울리면 옆으로 빠르게 뛰어가자. (구성요소: 공간인식–방향, 노력–시간, 흐름)

② 동작에 한도(parameter)를 두기–활동의 예: 줄

줄을 건널 때 건너는 방법에만 초점을 두고 반응하는 유아들이 있을 때 동작에 한도를 제시하여 움직여 보도록 할 수 있다.

예) 줄을 건드리지 않고 지나가 보자.

③ 유아들이 선택한 반응에 대해 다시 반응해 주기–활동의 예: 풍선

풍선 불기 전 모습을 표현할 때 하트 풍선이나 길쭉한 풍선 등 모양에만 초점을 두고 반응한 유아들이 있을 때 납작한 모습의 풍선을 낮은 수준에서 표현해 볼 수 있도록 반응해 줄 수 있다.

예) 바람을 넣지 않은 풍선을 표현한다면 어떤 높이에서 표현할 수 있을까?

3) 놀이를 통한 동작교육

영유아에게 다양한 동작을 익히게 하고 기초체력을 다지게 하며 다양한 표현을 하게 하는 것은 중요한 일이지만, 단순히 동작을 알려 주는 것으로만 끝난다면 효과적이라고 할 수 없다. 동작 시간이 쉽고 즐겁기 위해서는 놀이를 통해 접근하는 것이 가장 효과적이다.

영유아들이 우연히 놀이를 통해 발견한 관심 있는 주제나 행동을 교사가 지원해 주어 동작활동으로 연결시킬 때 놀이를 통한 동작교육이 이루어질 수 있다. 예를 들어, 신체인식, 공간인식, 노력, 관계와 같은 동작교육의 구성요소에 대한 내용을 영유아들에게 정확히 전달하기에는 한계가 있다. 이러한 동작의 구성요소를 교사가 영유아들의 놀이에서 관찰하고 이끌어 주어 확장된 경험으로 지원해 주는 것이 필요하다. 또한 기본 동작 기술인 이동 · 비이동 · 조작적 동작 기술을 익힐 수 있는 다양한 동작 유형도 놀이로 접근하여 영유아가 자연스럽게 경험하고 익힐 수 있도록 하는 것이 중요하다. 이렇게 놀이를 통한 동작교육은 교사의 관찰이 우선되어야 하며, 관찰된 영유아 주도의 놀이 상황과 동작 유형이 잘 연계될 수 있도록 교사의 적극적인 지원이 중요하다. 놀이 중심 동작교육을 위해 고려해야 할 점을 살펴보면 다음과 같다(교육부, 보건복지

부, 2019).

첫째, 영유아에게 동작놀이 주도권을 준다. 교사는 새로운 동작놀이를 운영할 때 일반적으로 어떤 의도나 기대를 가지게 된다. 그러나 영유아는 자신만의 방식으로 놀이를 하고, 교사가 의도한 것과 다른 놀이를 하기도 한다. 어떤 경우에는 놀이로 이어지지 않고 단순히 탐색만 하고 그만두기도 하고, 어떤 경우에는 다양한 방법으로 오랫동안 놀이하기도 한다. 교사가 계획하고 의도한 놀이로 이끌기보다 동작놀이가 어떻게 이루어지는지 지켜보고 영유아가 선택한 놀이 속에서 배움이 일어나도록 지원해야 한다.

둘째, 동작놀이 시간을 충분히 운영한다. 교사는 영유아들이 동작활동을 할 때 그 활동이 지속적으로 이어지는 동작놀이 또는 그 외 확장된 놀이의 흐름이 끊어지지 않고 충분히 놀았다고 느낄 수 있도록 충분한 놀이시간을 편성하는 것이 중요하다. 교사는 동작놀이를 하고 있는 영유아를 관찰하다가, 동작놀이가 중단되면 중요한 배움의 순간을 놓칠 수 있다고 판단될 경우 놀이시간을 연장해야 한다.

셋째, 동작놀이 공간은 융통성 있게 운영한다. 교실에서의 동작놀이 공간은 영유아의 놀이에 따라 넓은 공간이 필요하기도 하고, 분리된 공간이 필요하기도 하다. 영유아의 놀이 흐름에 따라 교실에서 동작놀이의 공간을 무조건 넓게 하는 것이 아니라 교실 외 다른 공간이나 시설을 연계하여 활용하는 동작놀이 공간 구성의 자율성을 발휘해 볼 필요가 있다.

넷째, 다양한 동작놀이의 자료와 영유아가 결정한 자료 활용방법을 허용한다. 동작놀이 자료로는 상품화된 교구뿐만 아니라 자연물, 일상생활 용품 등을 사용할 수 있도록 개방적으로 허용해야 한다. 주변의 다양한 자료를 활용하여 동작놀이가 이루어질 수 있도록 한다. 또한 영유아가 동작놀이 자료를 자신만의 방식으로 해석하고 교사가 의도한 것과 다르게 활용할 때 영유아가 결정한 자료 활용 방법을 격려해야 한다.

다섯째, 동작놀이와 연결하여 대·소집단 활동을 운영한다. 교사는 영유아의 동작놀이를 잘 관찰하고 동작놀이가 활발하게 이루어질 수 있도록 지원하는 과정에서 필요한 경우 이야기 나누기, 노래, 동화, 게임 등 적절한 유형의 대·소집단 활동을 연결하여 운영할 수 있다. 그때 대·소집단 활동은 교사가 계획하여 제안할 수도 있고, 영유아가 다른 영유아들과 공유하기 위해 준비할 수도 있으며, 동작놀이의 흐름을 위해 필요하다면 놀이 중간에 잠깐 모여서 활동을 실시하고 다시 놀이로 연결할 수도 있다.

여섯째, 교사는 동작교육의 구성요소와 기본 동작의 유형에 대해 잘 알고 익혀야 한다. 교사가 동작의 요소와 유형을 알고 있을 때 영유아의 놀이와 자연스럽게 연결할 수 있는 놀이 지원이 이루어질 수 있다. 예를 들어, 공 굴리기를 할 때 공을 굴려 보기만 하는 것이 아니라 높은 곳에서 낮은 곳으로, 약하게 세게, 굴려서 맞히기, 친구와 함께 굴리기 등 다양한 공 굴리기 놀이를 할 수 있다. 이를 통해 동작의 구성요소와 이동 동작 등 다양한 기본 동작 유형을 경험할 수 있도록 해야 한다.

2. 영유아동작교육에서의 교사의 역할

영유아기 동작교육의 중요성이 강조되면서 동작활동을 지도하는 교사의 역할이 점차 더 많이 요구되고 있다. 특히 개정된 교육과정에서 강조하는 영유아 · 놀이 중심 교육과정을 성공적으로 실행하기 위해서 교사는 영유아를 교육과정 운영의 주체이자 교사와 함께 교육과정을 구성해 가는 공동 구성자로 인정해야 한다. 또한 영유아들은 자유롭게 놀이하는 가운데 배움을 구성할 수 있는 역량을 지닌 존재임을 신뢰해야 한다. 특히 영유아동작교육을 위해서 교사는 영유아의 일상생활과 자유놀이 및 대 · 소집단 활동을 세밀하게 관찰하고 기록하다가 영유아의 배움을 지원하기 위한 계획을 수립하고 동작활동을 위한 환경과 놀이 및 활동을 지원하는 것이 좋다. 영유아의 동작활동을 통한 배움을 지원하기 위한 구체적인 교사의 역할은 다음과 같다(서울특별시교육청유아교육진흥원, 2019).

1) 관찰자

영유아의 동작활동을 통한 배움을 지원하기 위해서 교사는 영유아의 동작활동에 대해 지지하며 관찰자로서의 역할을 수행해야 한다. 관찰한 내용을 바탕으로 다음의 동작활동을 지원하거나 평가를 실시할 수 있다. 영유아의 동작활동을 잘 관찰하기 위해서 교사는 영유아를 이해하려는 민감성을 갖추고 동시에 영유아가 동작활동을 통해 경험하는 것, 스스로 배우는 것이 무엇인지 이해하려고 노력할 필요가 있다.

- 교사는 관찰할 때 영유아의 동작활동에 적극적으로 개입하기보다는 영유아의 동

작활동이 이루어지는 인근에서 영유아의 활동을 주의 깊게 바라보며 영유아가 경험하는 기쁨과 슬픔, 좌절과 감동을 함께 느끼고 공유할 수 있어야 한다.

- 영유아의 동작활동에 직접 참여하지 않고도 격려, 미소, 공감의 표정을 보이거나 칭찬과 격려의 말을 건네는 비언어적인 지지를 표현한다.
- 영유아들과의 대화를 통해 동작활동에 대한 질문, 안전과 관련한 설명이나 방향을 제시할 수 있으나, 영유아의 동작활동에 직접 참여하거나 간섭하지 않는다.

- 비가 오는 날 우산을 쓰고 실외로 산책을 나간다. 영유아들은 우산 밖으로 손을 내밀어 비를 맞아본다.

교사: 빗방울을 손으로 만져 보니 어때? 빗방울이 어떻게 떨어지니?
영유아: 통통통, 주루룩 주루룩, 또로로롱 또로로롱…….

- 교사는 산책을 하면서 영유아들이 비가 내리는 소리와 모습에 관심을 가지는 것에 주목한다.

2) 환경지원자

교사는 영유아가 풍부한 동작활동을 경험할 수 있도록 영유아의 발달과 특성에 대한 이해를 근거로 바람직한 동작교육 환경을 제공해야 한다. 특히 동작 경험이 부족한 영유아에게 유아교육기관의 동작교육 환경은 매우 중요하다. 환경지원자로서의 교사는 영유아의 동작활동에 필요한 소품과 자료를 지원해 준다. 매력적인 음률영역과 다양한 동작 기자재 및 소품은 영유아의 호기심을 자극하기 때문이다. 교사는 영유아가 동작활동에 몰입하였을 때 특별한 개입이 없어도 활동을 통한 배움이 영유아에게 일어날 수 있다는 확신을 가져야 한다. 따라서 영유아가 동작활동에 더욱 몰입할 수 있는 자유로운 환경을 구성해 주는 것은 교사의 중요한 역할이다.

- 환경적 지원을 할 때는 심미적·창의적 감수성을 키워 줄 수 있도록 공간과 자료를 제공해 주는 것이 중요하다.
- 영유아가 자신의 생각과 느낌을 더욱 풍부하게 확장해 나갈 수 있도록 동작활동 선택과 확장을 지원하기 위한 환경을 제공해 주어야 한다.

- 빗소리와 비가 내리는 모습에 대한 영유아들의 관심을 확장시켜 주기 위해 교실 내에 빗방울 모양 교구와 콩, 채반, 스프링 드럼 등 다양한 악기를 제공해 준다.
- 비 내리는 모습과 비가 내리는 날을 동작으로 표현할 수 있도록 끝이 둥그런 비닐우산과 리듬막대를 제공해 준다.

3) 놀이 및 활동 계획자

교사는 놀이 및 활동 계획자로서 영유아의 동작 놀이와 활동을 적극적으로 지원해 줄 수 있다. 즉, 영유아들이 무슨 행동을 하고 어떤 말을 해야 하는지 알려 주거나 적극적으로 지시해 주는 역할을 한다. 단, 지나친 개입을 통해 영유아의 동작 놀이와 활동을 통제하지 않도록 주의해야 한다.

- 동작교육이 자연스럽게 일어나는 자유놀이와 대 · 소집단 활동뿐만 아니라 일상생활에서 동작활동이 일어날 수 있도록 계획해야 한다.
- 동작 경험을 균형 있게 발달시킬 수 있도록 동작의 구성요소가 포함된 다양한 동작활동을 계획하고, 교구, 기자재, 소품 등도 적절히 활용해야 한다.

- 비 오는 상황에 대한 영유아의 관심을 높이기 위해 교실 내 천장에 다양한 높이로 빗방울을 매달아 주는 놀이를 계획한다.
- 교사는 〈빗방울〉(김성균 작사 · 작곡) 노래를 부르며 영유아들이 몸으로 빗방울을 표현해 보는 창의적 동작활동인 '빗방울이 되어요.'를 계획한다.

4) 놀이 및 활동 안내자

교사는 놀이 및 활동 안내자로서 영유아의 동작 놀이와 활동에 더 많은 영향을 미칠 수 있다. 새로운 동작 놀이 및 활동의 주제와 방향을 제안하거나 기존의 동작 놀이 및 활동이 더 확장될 수 있도록 다음 단계로의 방법을 소개할 수 있다.

- 영유아가 동작 놀이와 활동을 지속하기 어려워하거나 진행되는 동작 놀이와 활동

이 반복되어 지루해지기 시작할 때 새로운 아이디어를 제시하여 동작 놀이와 활동의 진행 방향을 바꾸거나 놀이와 활동에 활력을 불어넣기도 한다.

- 영유아가 주도적으로 동작 놀이와 활동의 흐름을 조절해 가도록 최소한의 역할을 유지한다.
- 교사는 동작 놀이와 활동에 필요한 기술, 적절한 상호작용 방법, 언어적 · 사회적 기술 등 긍정적인 모델링을 제공할 수 있다.

- 교사는 바닥에 동그라미 모양을 15~20개 놓고 〈빗방울〉 노랫말에 맞추어 몸으로 표현해 보도록 한다.

"바닥에 있는 동그라미를 이용하여 빗방울이 떨어지는 것을 표현하려면 어떻게 하면 좋을까?"
"○○이가 동그라미 위에 두 발로 뛰니까 빗방울이 똑똑똑 떨어지는 것 같네."
"'주룩' '죽'은 어떻게 표현하면 좋을까?"
"○○이가 동그라미에서 내려와 발을 미끄러지게 가니까 빗방울이 주룩 내리는 것 같구나."

5) 기록 및 평가자

동작 놀이와 활동을 실행하는 교사는 스스로가 끊임없이 새로운 아이디어를 찾는 노력을 해야 하며, 영유아의 창의적 사고와 표현의 모델이 되어야 한다. 또한 동작 놀이와 활동에서 수립한 목표와 계획에 따라 활동이 실행되었는지를 평가하고 영유아의 동작능력 및 운동기술의 발달수준, 진보를 평가하여 그 결과를 다음 활동계획에 반영해야 한다. 이를 위해 교사는 자신의 교수 행위에 대해 반성적으로 사고하는 과정이 필요하며, 영유아의 동작능력 발달에 대한 사전평가 및 주기적 평가가 이루어져야 한다. 이러한 평가 및 기록은 개정 누리과정과 표준보육과정의 목표 및 영역별 목표와 내용에 기반하여 영유아의 성장 변화 및 교육과정 운영에 대한 판단의 근거로 삼을 수 있다.

- 동작 놀이와 활동을 통해 영유아의 배움을 잘 기록하고 평가하기 위해서 교사는 결과가 아닌 과정에 주목해야 한다.
- 기록 및 평가에 있어서 틀에 맞춘 과도한 문서화를 요구하지 않으므로 형식과 분량에 있어 기관별 · 학급별로 자율성을 가지고 진행한다.

- 진행된 주제 및 놀이나 활동에 따라 평가를 함에 있어서 단편적인 동작활동 에피소드보다는 전개된 동작놀이와 일상생활, 활동에 대한 누적된 기록을 총체적으로 고려해야 한다.

- 유아의 동작활동에 대한 평가
  - 비 오는 날과 음악의 느낌에 대해 다양하게 표현하는가?
  - 음악에 맞춰서 빗방울의 움직임을 신체로 다양하게 표현하는가?
- 교사의 지원에 대한 평가
  - 빗방울 소리 악기 및 자료를 적절하게 지원해 주었는가?
  - 신체표현을 위해 충분한 공간을 지원해 주었는가?

되돌아보기

1. 정리해 봅시다.

- 직접적 접근법은 시범과 모방을 사용하는 지시적 교수법으로 효율적으로 시간을 사용하고 즉각적 평가가 가능한 장점이 있는 반면, 창의성을 제한하고 기술 획득에 초점을 두게 되어 학습과정을 통해 얻는 배움은 경험하지 못한다.
- 간접적 접근법인 안내 발견 접근법은 교사가 정답으로 안내하는 적절한 질문들을 하여 유아들이 과제를 발견하고 수행하도록 이끄는 방법이고, 탐색법은 유아들이 자신만의 방법과 속도에 맞추어 교사가 제시한 과제를 풀기 위해 해답을 찾아 나가는 방법이다.
- 영유아동작교육을 위한 교사의 역할은 관찰자, 환경지원자, 놀이 및 활동 계획자, 놀이 및 활동 안내자, 기록 및 평가자이다.

2. 생각(또는 활동)해 봅시다.

- '팝콘이 되어 보기' 창의적 동작을 하려고 합니다. 간접적 접근법인 안내 발견 접근법과 탐색법으로 상호작용할 수 있는 내용을 생각해 보세요.

- 3세를 대상으로 평균대를 활용한 신체활동을 확장하려고 합니다. 탐색법으로 상호작용할 수 있는 내용을 생각해 보세요(예: 동작의 구성요소 활용하기, 동작에 한도를 두기, 유아들이 선택한 반응에 대해 다시 반응해 주기 등).

제5장

영유아동작교육의 계획과 운영

● 학습목표 ●

- 영유아 동작활동 계획안을 작성할 수 있다.
- 실내외 자유놀이시간의 동작활동 운영 방법에 대해 이해한다.
- 대 · 소집단 활동시간의 동작활동 운영 방법에 대해 이해한다.

1. 동작활동 계획하기

영유아에게 질 높은 동작활동을 제공하기 위해서는 교사의 교육적 의도를 담은 동작활동이 계획되어야 한다.

1) 동작활동계획안 작성 요소

동작활동계획안 구성 시 활동목표는 현실적 · 구체적이어야 하며, 주제, 대상연령, 활동유형, 활동자료, 집단형태, 활동 공간 및 시간 등을 고려하여 계획안을 작성해야 한다. 이러한 동작활동계획안의 작성 및 실행이 교육활동의 모든 성공을 가져다주는 것은 아니지만 교사들은 활동계획안의 작성을 통하여 활동에 대한 전체적인 윤곽을 그리고 발생할 수 있는 문제를 예측하고 대처할 수 있게 된다. 영유아를 위한 동작활동 과정을 포함한 계획안 작성 요소를 소개하면 〈표 5-1〉과 같다.

■ 표 5-1 ■ 동작활동계획안 작성 요소

<table>
<tr><th>요소</th><th colspan="3">내용</th></tr>
<tr><td>활동
개요</td><td colspan="3">주제, 활동명, 활동유형, 동작의 구성요소, 활동시간, 집단형태, 대형, 대상연령, 활동목표, 교육과정 관련 요소, 활동자료, 사전활동</td></tr>
<tr><td rowspan="3">활동
과정</td><td>도입</td><td>영유아가 동작활동에 관심을 가질 수 있도록 하는 데 도움이 되는 방법을 계획하여 동작활동 참여에 집중할 수 있도록 한다.
• 동작활동 시작 전에 같은 활동을 계획하여 동작활동이 시작됨을 예측할 수 있도록 돕기
• 동작활동 전에 경험한 사전활동, 손유희, 배운 노래, 간단한 게임, 수수께끼 등을 통한 주의집중하기
• 주제와 관련된 특정 도입 활동 계획하기
• 영유아들의 사전 경험과 연계한 이야기 나누기
• 주 활동인 동작활동 소개하기
• 주의집중 및 활동 진행시간을 고려, 도입은 3~5분을 넘지 않도록 구성하기</td><td rowspan="3">준비물
및
유의점
작성하기</td></tr>
<tr><td>전개</td><td>교사가 계획한 동작활동이 이루어지는 과정으로 영유아가 동작활동을 충분히 경험할 수 있도록 시간을 여유 있게 운영한다.
• 모델링 보여 주기: 교사나 또래가 동작을 몸으로 표현하거나 기본 운동 기술을 보여 주기
• 영유아가 활동에 관심 가지고 참여할 수 있도록 확산적 질문으로 언어적 상호작용을 제공하기
• 동작자료, 기구와 소도구 등을 준비해 주고, 스스로 활동을 경험하도록 자유롭고 허용적인 분위기 조성하기
• 영유아의 활동 모습을 자세히 관찰하여 칭찬과 격려 제공하기
• 사용한 동작자료, 기구와 소도구 정리하기</td></tr>
<tr><td>평가
및
마무리</td><td>활동을 정리하며 전체적인 평가가 이루어지는 시간이 되어야 한다.
• 동작활동이 모든 영유아가 참여하고 즐겁고 신나는 경험이 될 수 있도록 정리하기
• 동작활동 후 자신의 느낌, 생각 등을 표현하고 이야기 나눌 수 있는 기회 제공하기
• 연계되는 확장활동이 있으면 자연스럽게 소개한 후 전이하기</td></tr>
<tr><td>활동
평가</td><td colspan="3">유아들이 성취할 내용, 교사가 중점적으로 관찰할 내용</td></tr>
</table>

2) 동작활동계획안 작성 방법

동작활동계획안은 영유아의 교육의 질을 결정하는 중요한 계획이므로 교육의 목표와 내용, 방법, 평가에 대한 기술뿐만 아니라 교사의 발문과 예상되는 반응, 준비물 및 유의점 등 교수활동 전반에 관한 계획을 수립해야 한다. 교사는 주제와 담당하고 있는 학급의 특성, 교수매체 등을 고려하고 도입, 전개, 평가 및 마무리 과정의 전체적인 흐름에 근거하여 활동계획안을 자세하게 기술하는 것이 바람직하다. 무엇보다도 교사는 동작활동을 계획하는 단계에서 활동의 주제와 목표, 주 개념, 교육과정 관련 요소 작성에 주의를 기울여야 하는데, 주제를 중심으로 계열성을 가지고 흐름에 맞게 기술해야 한다. 다시 말해, 교육활동을 통해 달성하고자 하는 활동목표와 교육과정 관련 요소가 일치하는지 등을 정확하게 파악하고 기술할 필요가 있다.

또한 영유아의 연령별 발달적 특성을 고려하여 작성해야 한다. 영아의 경우 개별 활동, 유아의 경우 대·소집단 활동이 바람직하다. 영유아 동작활동계획안 작성 방법을 제시하면 〈표 5-2〉와 같다.

■ 표 5-2 ■ 영유아 동작활동계획안 작성 방법

번호	항목	설명
1	주제	활동과 관련된 주제를 기록한다. 주제는 영유아의 경험과 흥미에 따라 다를 수 있다.
2	활동명	계획하는 활동의 제목을 기록한다.
3	활동유형	활동이 이루어지는 활동유형을 기록한다. 동작활동의 세부적인 유형은 기본동작, 창의적 동작, 리듬 동작, 신체활동으로, 이 중에 선택해서 기록한다.
4	동작의 구성요소	동작의 구성요소인 신체인식, 공간인식, 노력, 관계 중에서 기록한다. 활동에서 주로 다루어지는 동작의 구성요소를 선택해서 기록한다.
5	활동시간	활동이 이루어지는 시간을 기록한다. 연령에 따라 차이가 날 수 있으며, 5세 대집단 동작활동의 경우에도 25분을 넘지 않는 것이 바람직하다.
6	집단형태	학급 전체 유아를 대상으로 할 경우 대집단, 6~10명으로 나누어서 진행할 경우에는 소집단으로 기록한다. 자유놀이시간에 이루어질 경우는 개별이나 소집단으로 기록한다.
7	대형	동작활동의 특성과 참여 영유아의 수에 따라 달라질 수 있다. 반원형, 원형, 자유대형, 편대형 중 적합한 유형을 선택해서 기록한다.
8	대상연령	활동을 제공할 대상 영유아의 연령을 만으로 기록한다.

9	활동목표	활동목표는 지식(인지적 요소), 기술(행동적 요소), 태도(정의적 요소)를 균형 잡힌 형태로 제시하고, 활동의 전개과정이 유추되도록 기술한다. 동작교육과 관련된 목표를 반드시 기록한다.
10	교육과정 관련 요소	활동의 목표와 내용이 교육과정(표준보육과정, 누리과정)의 어느 영역과 관련되어 있는지를 파악하여 기록한다.
11	활동자료	활동에 필요한 준비물 및 교재교구를 기록한다. 관련 사진을 함께 제시해도 좋다.
12	사전활동	본 활동 실시 전에 계획한 활동과 관련되어 실시한 활동을 기록한다.
13	도입	주의집중과 계획한 활동을 소개하는 내용으로 기록한다. 이 시간은 최대 5분을 넘기지 않는 것이 좋다.
14	전개	본 활동을 구체적으로 전개하는 과정으로 언어적 상호작용에 주안점을 두고 기록한다. 기록방법은 활동의 전반적 흐름을 번호를 매겨 기술하고 각 단계에서 교사가 활용할 수 있는 언어적 상호작용의 전략들을 간략히 기술하는 방식으로 계획한다. 이때 질문은 유아들이 '예' '아니요' 형식의 단답형보다는 서술적으로 대답할 수 있도록 개방형 질문을 사용하는 것이 효과적이다.
15	평가 및 마무리	평가와 전이활동으로 기록한다. 활동을 정리하면서 유아들의 생각과 느낌, 좋았던 점과 어려웠던 점에 대해 이야기 나누는 과정을 기록한다. 다음 활동으로 전이하는 내용도 기록한다.
16	준비물	활동을 전개하면서 필요한 준비물 및 교재교구를 전개 내용 오른쪽에 기록한다.
17	유의점	활동을 전개하면서 유의해야 할 점이나 참고해야 할 내용 등을 기록한다.
18	활동평가	활동목표에 대해 유아들이 성취할 내용과 교사가 중점적으로 관찰할 내용을 기록한다.
19	확장활동	본 활동과 연계할 수 있는 사후 활동을 기록한다.

출처: 장은주, 남옥선(2018), pp. 163-165 재구성.

영유아 동작활동계획안 작성 방법을 고려한 동작활동계획안의 예를 영아와 유아로 나누어 제시하면 〈표 5-3〉 및 〈표 5-4〉와 같다.

표 5-3 영아 동작활동계획안

주제[1]	나는요			활동명[2]	북소리에 맞추어 걷기
활동유형[3]	기본 동작 (이동 동작)	동작의 구성요소[4]	• 신체인식: 몸 전체의 움직임 • 노력: 시간	활동시간[5]	10분
집단형태[6]	개별, 소집단	대형[7]	자유대형	대상연령[8]	2세

활동목표[9]	• 신체를 균형 있게 움직이며 안정된 자세로 걸을 수 있다. • 북소리를 들으며 빠르기에 맞추어 걸을 수 있다. • 신체를 움직이며 즐거움을 느낀다.	
교육과정 관련 요소[10]	• 신체운동 〉 신체활동 즐기기 〉 기본 운동을 즐긴다. • 예술경험 〉 창의적으로 표현하기 〉 움직임과 춤으로 자유롭게 표현한다.	
활동자료[11]	북, 북채, 색선	
사전활동[12]	음악에 맞춰 자유롭게 걷기를 해 본다.	
활동과정	활동내용	준비물[16]
도입[13] (2분)	1. 손뼉치기로 주의집중을 한다. 2. 북에 대해 탐색하고 이야기 나눈다. • 이름이 무엇일까? • 어떤 소리가 날까? • 북소리를 들으니 어떤 소리가 나니? • (북의 옆면을 치며) 이 소리는 어떠니? 3. 활동을 소개한다. • 오늘은 북소리에 맞춰 걸어 볼 거야.	북, 북채
전개[14] (6분)	4. 북소리에 맞추어 손뼉을 쳐 본다. • 북소리가 어떻게 들렸니? • 그럼 손뼉을 어떻게 치는 것이 좋을까? • 북소리에 맞추어 천천히(빠르게) 손뼉을 쳐 보자. • 북의 옆면을 치면 손뼉을 멈추어 보자. 5. 제자리에 서서 북소리에 맞추어 다리를 움직여 본다. • 북소리에 맞추어 느린 걸음(빠른 걸음)을 해 보자. • 북의 옆면을 치면 걸음을 멈추어 보자. 6. 북소리에 맞추어 걸어 본다. • (빠른 북소리) 빠르게 걸어 보자. • (느린 북소리) 천천히 걸어 보자.	
마무리[15] (2분)	7. 활동에 내한 생각과 느낌을 이야기 나눈다. • 북소리에 맞추어 걸어 보니 어땠니? • 어떻게 움직일 때가 가장 즐거웠니? • 어떤 점이 어려웠니? 8. 다음 활동으로 전이한다.	
유의점[17]	• 영아들이 북소리를 듣고 빠르기의 차이를 구분할 수 있도록 교사가 명확하게 북을 쳐 준다. • 영아들이 어떤 방향으로 걸어야 할지 시각적으로 명확하게 알 수 있도록 색선을 이용할 수 있다.	
활동평가[18]	• 북소리에 맞추어 걸을 수 있는가? • 북소리의 빠르기를 걷기로 표현할 수 있는가?	
확장활동[19]	• 큰북 소리에는 크고 무거운 발걸음, 작은북 소리에는 작고 가벼운 걸음으로 걸어 본다. • 피아노 소리에 맞추어 다양한 걷기를 해 본다.	

※ 위 첨자 번호 1~19는 〈표 5-2〉의 영유아 동작활동계획안 작성 방법의 번호를 의미한다.

■ 표 5-4 ■ 유아 동작활동계획안

<table>
<tr><td>주제[1]</td><td colspan="3">동식물과 자연</td><td>활동명[2]</td><td>달팽이집을 지읍시다</td></tr>
<tr><td>활동유형[3]</td><td>리듬 동작</td><td>동작의 구성요소[4]</td><td>• 공간인식: 방향, 힘
• 관계: 파트너와 그룹과의 관계</td><td>활동시간[5]</td><td>15분</td></tr>
<tr><td>집단형태[6]</td><td>소집단</td><td>대형[7]</td><td>원 대형</td><td>대상연령[8]</td><td>3세</td></tr>
<tr><td>활동목표[9]</td><td colspan="5">• 여러 명이 협력하여 율동하는 즐거움과 일체감을 느낀다.
• 〈달팽이집〉 노랫말에 따라 신체로 적절하게 조절하여 움직인다.</td></tr>
<tr><td>교육과정 관련 요소[10]</td><td colspan="5">• 신체운동 · 건강 〉 신체활동 즐기기 〉 신체 움직임을 조절한다.</td></tr>
<tr><td>활동자료[11]</td><td colspan="5">달팽이 그림 주의집중자료, 인형을 매단 우산</td></tr>
<tr><td>사전활동[12]</td><td colspan="5">과학영역이나 실외에서 달팽이를 관찰한다.</td></tr>
<tr><td>활동과정</td><td colspan="4">활동내용</td><td>준비물[16]</td></tr>
<tr><td>도입[13]
(3분)</td><td colspan="4">1. 달팽이 그린 그림의 부분 보고 전체 맞추기로 주의집중을 한다.
2. 달팽이 그림 자료를 보며 달팽이에 대해 이야기 나눈다.
• 달팽이를 본 적이 있니?
• 달팽이는 어떻게 움직일까?
• 달팽이집은 어떻게 생겼니?
3. 활동을 소개한다.
• 오늘은 '달팽이집'이라는 율동을 해 볼거야.</td><td>달팽이 그린 그림의 부분 보고 전체 맞추기 자료</td></tr>
<tr><td>전개[14]
(10분)</td><td colspan="4">4. 〈달팽이집〉 노래를 들려준다.
• 어떤 느낌이 드니?
• 어떤 노랫말이 기억이 나니?
• '점점 좁게' '점점 넓게'는 어떻게 표현하면 좋을까?
5. 인형을 매단 우산을 활용하여 노랫말을 표현해 본다.
• 인형들이 노래에 맞추어 어떻게 움직이는지 보자(우산의 안쪽 면이 아이들을 향하게 하고 '달팽이집을 지읍시다.' 부분에서는 활짝 편 채로 돌린다. '점점 좁게' 부분에서는 우산을 천천히 접고, '점점 넓게' 부분에서는 다시 우산을 펴서 인형들의 간격이 넓어지게 한다).
• 친구들이 함께 달팽이집을 만들려면 어떻게 해야 할까?
• 점점 좁게 집을 지으려면, 점점 넓게 집을 지으려면 어떻게 해야 할까?
6. 제자리에 앉아서 노랫말에 맞춰 움직여 본다.
• '점점 넓게'는 큰 소리로, '점점 좁게'는 작은 소리로 노래하며 검지손가락으로 달팽이집을 지어 보자.</td><td>인형을 매단 우산</td></tr>
</table>

	• '점점 넓게'는 몸을 크게, '점점 좁게'는 몸을 움츠리며 달팽이집을 지어 보자. • 양손으로 '점점 크게'와 '점점 작게' 부분을 표현하며 달팽이집을 지어 보자. 7. 다 함께 나와 원을 만들어 율동을 한다. • 모두 큰 원을 만들어 보자. • 노랫말에 맞추어 천천히 달팽이집을 지어 보자.
평가 및 마무리[15] (2분)	8. 활동에 대한 생각과 느낌을 이야기 나눈다. • 다 함께 달팽이집을 만들어 보니 어땠니? • 어떻게 움직일 때 가장 즐거웠니? • 어떤 점이 어려웠니? 9. 다음 활동으로 전이한다. • 다음은 자유놀이 시간이야. 교실에 도착한 사람들은 자유롭게 놀이하도록 하자. • 자기 이름에 '이' 자가 들어 있는 사람은 먼저 일어나서 줄 서자.
유의점[17]	• 점점 크게 원을 만들 때 너무 멀리 가면 원이 끊어지므로 유의한다. • 점점 좁게 원을 만들 때 서로 부딪혀서 다치지 않도록 유의한다.
활동평가[18]	• 여러 명이 동일한 동작을 박자와 리듬에 맞추어 수행할 수 있는가? • 노랫말에 나오는 지시에 따라 신체를 조절하여 반응할 수 있는가?
확장활동[19]	• 다양한 원율동을 한다. • 크레센도(점점 크게), 데크레센도(점점 작게)를 적용한 노래 부르기, 악기 다루기 활동을 한다. • 과학영역에서 달팽이를 관찰할 수 있다. • 바깥놀이터에서 달팽이 미끄럼을 탈 수 있다.

※ 위 첨자 번호 1~19는 〈표 5-2〉의 영유아 동작활동계획안 작성 방법의 번호를 의미한다.

활동자료

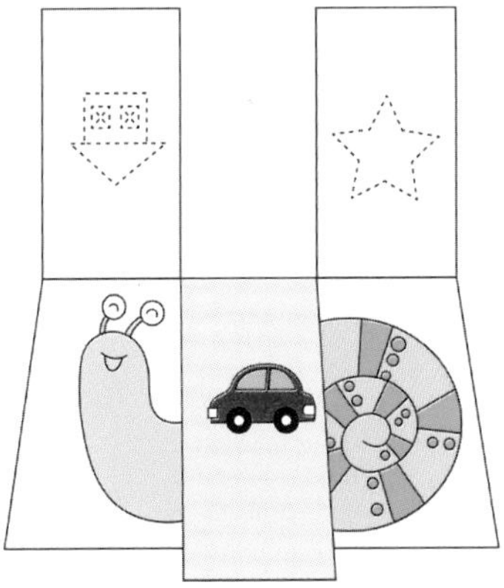
달팽이 그림

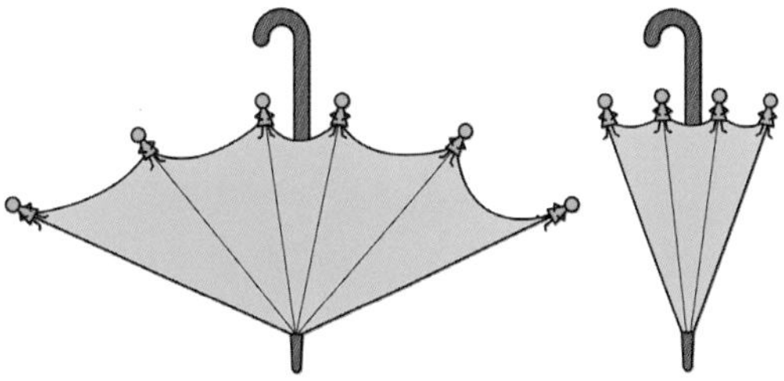
인형을 매단 우산

활동 방법

① 달팽이집을 집시다. 어여쁘게 집시다.

원을 만든 후 한쪽 방향으로 손잡고 둥글게 돌아간다.

② 점점 좁게 점점 좁게

잡은 손을 안으로 밀며 걸어 들어간다.

③ 점점 넓게 점점 넓게

잡은 손을 넓게 벌리며 걸어 나온다.

④ 달팽이집을 집시다. 어여쁘게 집시다.

①과 반대 방향으로 손잡고 둥글게 돌아간다.

〈달팽이집〉

경쾌하게
G C G
달 – 팽 이 집 을 집 시 다
5
D G D G
어 여 쁘 게 집 시 다
9
G C G D
점 점 좁 게 점 점 좁 게
13
G C G D
점 점 넓 게 점 점 넓 게
17
G C G
달 – 팽 이 집 을 집 시 다
21
D G D G
어 여 쁘 게 집 시 다

2. 동작활동 운영하기

1) 일과 중 동작활동 실행하기

(1) 자유놀이시간의 동작활동

자유놀이시간의 동작활동은 실내 및 실외에서 이루어질 수 있다. 실내에서는 주로 음률영역을 중심으로 동작 경험이 이루어지는데, 이러한 시간은 영유아의 개별적 흥미와 요구에 의해 스스로 놀이를 선택하고 주도적인 탐구와 표현을 통해 자연스럽게 동작교육이 일어나는 하루 일과 중 중요한 시간이다. 실외에서는 실내에서 할 수 없는 보다 다양한 동작 경험을 할 수 있다. 자유놀이시간에 이루어지는 동작활동에서 고려해야 할 점들을 살펴보면 다음과 같다.

① 실내 자유놀이시간

◆ 다양한 교재교구 준비 및 교체하기

음률영역에서 영유아의 동작 경험의 질을 높이고 다양한 동작 경험이 일어나도록 발달에 적합한 악기뿐 아니라 음악 감상 교구 및 다양한 신체표현 도구도 함께 준비되어야 한다. 다양한 리본막대, 스카프, 공, 고무밴드 등을 비치할 수 있고, 화보나 그림 등도 제공하면 좋다. 또한 음률영역의 교구장이나 동작자료를 교체해 주면 영유아의 동작활동에 대한 관심과 참여가 높아질 수 있다.

◆ 교사가 적절히 개입하기

음률영역에서의 동작활동은 영유아가 개별 또는 또래와 함께 율동을 하거나 신체를 표현하는 활동으로 일어날 수 있지만, 교사의 개입에 따라 집단으로 이루어지기도 한다. 영유아들이 놀이하는 과정에 교사가 개입하여 그동안 배웠던 노래에 맞추어 율동을 하거나 창의적 표현활동을 한다면, 보다 많은 영유아가 음악활동에 참여할 것이다.

◆ 활동 및 공간 통합하기

다른 흥미영역의 활동과 통합적으로 동작활동이 이루어질 수도 있는데, 예를 들어 역할놀이영역에서 영화관 놀이를 하며 영화에 나오는 음악에 맞춰 창의적으로 신체표현을 하거나, 배운 노래에 맞추어 율동공연을 할 수 있다. 교실뿐만 아니라 소음이 많이 생기고 충분한 공간 확보가 필요한 점을 고려하여 독립적이고 보다 여유 있는 공간인 복도나 베란다를 이용하여 음률영역을 구성하고 동작활동을 안내할 수도 있다.

그림 5-1 신체표현 도구가 비치된 음률영역
출처: 아이코리아부속 새세대유치원.

그림 5-2 베란다에 설치된 음률영역
출처: 아이코리아부속 새세대유치원.

◆ 개방되고 안전한 공간 제공하기

리듬 동작 및 창의적 동작 경험뿐만 아니라 다양한 운동 경험을 제공하기 위해 영아의 경우 교실 내에 신체영역을 구성할 수 있다. 오르고 내리기, 타고 밀기, 뛰고 기기 등을 할 수 있는 시설과 설비를 제공할 수 있다. 교사가 계획하여 수행하는 대집단활동으로 신체활동이 이루어지는 공간으로는 유희실, 강당 등이 있다. 이러한 공간들은 충분

그림 5-3 영아반 신체영역
출처: 구립 보림어린이집.

그림 5-4 유희실
출처: 아이코리아부속 새세대유치원.

그림 5-5 강당
출처: 세종어린이집.

히 넓고 개방된 공간이기 때문에 큰 기구 및 도구들을 비치할 수 있다는 장점이 있지만 안전한 공간이어야 하고, 비치되어 있는 소품이나 기구, 도구들은 영유아들이 흥미를 유지할 수 있도록 적절한 시기에 교체해 주는 것이 필요하다(김지영, 황혜경, 이영애, 김선희, 성연승, 2013).

② 실외 자유놀이시간

실외환경도 동작활동을 위해 매우 중요하다. 영유아들이 실외놀이를 하면서 자유롭게 탐색하고 활발하게 움직이는 가운데 창의적인 신체표현 및 운동능력이 발달된다. 실외놀이는 실내놀이와 연계되거나 확장되어 이루어질 수 있고, 실내에서는 할 수 없었던 활동적이고 도전적인 동작활동을 실행할 수 있다. 영유아들은 실외에 고정된 시설물인 정글짐, 그네, 시소, 미끄럼틀, 흔들다리, 줄타기, 징검다리 등에서 기어오르고 매달리고 뛰는 등의 다양한 운동놀이를 경험하면서 기본 운동 기술 및 기초 체력을 향상시킨다. 이 외에도 이동사다리, 널빤지, 흔들배, 평균대, 트램펄린, 자전거, 공, 막대, 줄 등의 기구 및 소도구 등을 이용할 수 있다. 이러한 기구 및 소도구들은 비, 눈, 먼지로부터 보호하여 오래 사용할 수 있고 영유아의 정리정돈 습관을 기를 수 있도록 사용 후 창고 속에 정리 · 보관해야 한다.

그림 5-6 실외놀이 영역

출처: 아이코리아부속 새세대유치원.

그림 5-7 실외놀이 영역

출처: 전원유치원.

(2) 대 · 소집단 활동시간의 동작활동

교사는 영유아들의 흥미와 발달, 진행되는 주제 등을 고려하여 영유아에 필요한 내용을 의도적으로 선정하고 대 · 소집단 형태로 수업을 운영한다. 대 · 소집단 활동시간의 동작활동은 교사의 구체적인 계획과 영유아와의 상호작용이 중요하다. 대 · 소집단으로 이루어지는 동작활동에서 고려해야 할 점들을 살펴보면 다음과 같다.

① 즐거운 동작 경험이 되도록 한다.

◆ 다양한 목소리 활용과 이름 불러 주기

영유아들이 동작하기를 원하는 방향으로 목소리를 다양하게 활용하면 보다 효과적이면서도 즐겁게 참여할 수 있다. 예를 들어, 천천히 움직이기를 원할 때는 천천히 말하고, 큰 동작을 하기 원할 때는 큰 목소리로 말하면 더 실감 나고 재미있게 참여할 수 있을 것이다. 그리고 다른 하루 일과에서와 마찬가지로 동작활동을 할 때도 영유아들의 이름을 긍정적인 톤으로 불러 주면 좀 더 자신감을 갖고 인정받는다고 느끼며 즐거운 동작 경험을 하게 될 것이다.

◆ 적절한 수준의 에너지 활용하기

과도한 에너지를 활용하는 동작활동을 지속하면 지치거나 좌절하여 피곤하다는 생각을 할 수 있다. 반대로 너무 적은 에너지만 소모하는 동작활동이 지속되면 지루하거나 산만해지는 결과를 낳을 수도 있다. 따라서 매우 동적인 활동과 덜 동적인 활동을 적절하게 조절해 가며 적용할 때 모두가 즐겁게 참여할 수 있을 것이다.

〈매우 동적인 활동과 덜 동적인 활동의 예〉

- 큰 동작과 작은 동작
- 이동 동작과 비이동 동작
- 어려운 동작과 쉬운 동작
- 일반공간에서의 동작과 개인공간에서의 동작
- 에너지 소모가 많은 동작과 에너지 소모가 적은 동작

② 안전한 동작 경험이 되도록 한다.

◆ 안전한 장소 찾기

안전한 동작 경험이 되기 위해 무엇보다 안전한 장소가 필요하다. 시멘트 바닥과 같이 충격을 가할 수 있는 바닥은 적합하지 않으며, 마음껏 뛰어도 다치지 않도록 안전에

방을 해야 한다. 따라서 목재 바닥이나 카펫 혹은 매트가 깔린 바닥 등 뛸 때 충격을 최소화시킬 수 있는 바닥으로 이루어진 공간이 필요하고, 뾰족하거나 튀어나온 공간이 없도록 해야 한다.

◆ 규칙 적용하기

영유아들에게는 적절한 규칙을 적용하여 안전한 환경을 제공해 주는 것이 필요하다. 동작 경험도 기본적인 규칙 안에서 이루어지도록 해야 하며, 영유아들에게도 규칙이 왜 필요한지 함께 이야기하고 함께 정해 보는 과정이 필요하다. 동작 경험에서 적용하면 효과적인 규칙 두 가지는 다음과 같다.

• 개인공간 확보하기

자신의 개인공간을 확보하고 다른 사람의 개인공간을 존중해 주며 동작활동을 해야 한다. 개인공간을 확보하는 방법으로는 양팔을 넓게 벌리고 한 바퀴 돌아 옆 사람과 부딪히지 않게 서기, 각자 커다란 비눗방울 속에 있다고 생각하고 다른 사람의 비눗방울 터트리지 않기, 개인용 깔개나 후프를 제공하여 개인공간 인지하기 등이 있다.

• 상시 신호 정하기

동작 경험은 소란스럽고 흥분될 가능성이 높으며, 교사의 질문, 지시 등을 듣지 못할 수도 있다. 이를 해결하기 위해 영유아와 의논하여 신호악기를 정할 수 있다. 신호악기로 적절한 신호를 보내 영유아들이 잠시 멈추고 교사를 주목할 수 있도록 하는 것이 필요하다. 일반적으로 시각적 신호보다는 청각적 신호가 더 유용하며, 너무 시끄러운 신호보다는 적절하게 집중시킬 수 있는 신호가 바람직하다. 예를 들어, 트라이앵글, 탬버린을 활용할 수 있다. 함께 정한 이 소리가 들리면, 하던 행동을 멈추고 교사를 바라보도록 규칙을 정하는 것이다.

◆ 공간에 경계 정하기

영유아들이 안전하게 동작을 하기 위해서는 방해되는 물건이 없이 정리정돈이 잘 되어 있어야 하며, 몸을 자유롭게 움직일 수 있는 개방된 공간이 제공되어야 한다. 영유아교육기관에서 공간에 경계를 정하는 방법을 알아보면 다음과 같다.

• 강당이나 유희실, 체육실 등 넓은 공간 이용하기

공간이 넓으면 자유롭게 움직일 수는 있지만 큰 공간에 압도되어 동작활동이 방해를 받을 수도 있다. 따라서 교사의 목소리와 상시 신호가 잘 전달될 수 있는 범위 안에서 튀어나온 벽이나 높낮이가 다른 층계 등을 제외시킨 공간에 표시를 해 두어 그 안에서 움직이도록 하는 것이 바람직하다. 마스킹테이프 등으로 네모 모양의 틀을 만들거나, 도구를 활용하여 적당한 간격을 두고 배치한 후 그 안에서 활동하도록 할 수 있다.

• 교실 이용하기

교실에서 동작활동을 할 경우에는 최대한 넓게 공간을 확보하기 위해 책상과 의자 등 가구를 재배치해야 한다. 영유아들과 함께 공간을 준비할 수 있다.

③ 능동적인 동작 경험이 되도록 한다.

◆ 자발적인 참여를 격려하고 개방적인 분위기 만들기

영유아기는 발달 특성상 기본 동작 및 리듬 동작을 할 때나 기구와 소도구를 활용할 때 서툰 모습을 보인다. 이때 교사는 영유아에게 정확하고 완벽한 동작표현을 요구하기보다는 동작활동을 즐길 수 있는 분위기를 조성해야 한다. 영유아가 기본 동작이나 리듬 동작을 정확히 표현하지 못하더라도, 교사는 영유아가 자발적으로 동작활동에 참여하도록 격려하고 영유아의 표현을 인정해 주며 수정해 주거나, 시범을 보여 줄 수 있어야 한다. 또한 영유아의 다양한 표현과 자발적인 참여를 유도할 수 있도록 개방적 분위기를 만들어야 한다. 폐쇄적이고 긴장되어 있는 상태에서는 상상적 표현이 어렵기 때문에 영유아들이 자신의 잠재적인 능력을 발휘할 수 있고 자신의 생각을 자유롭게 표현할 수 있는 분위기를 조성해야 한다.

◆ 수용적이지만 과장되지 않은 표현 사용하기

영유아들은 칭찬을 통해 성장하고 행동을 하는 동기부여가 된다. 그러나 무조건적인 칭찬은 독이 될 수 있다. 동작활동을 할 때도 "잘했어. 멋져."라는 추상적인 칭찬보다는 "○○가 팔을 힘차게 흔들며 성큼성큼 걸어가고 있네."와 같이 영유아들이 하는 행동 그대로를 언어로 묘사해 주고 "팔을 넓게 벌릴 수도 있구나."와 같이 다양한 시도에 대해 수용적 반응을 보여 줄 수 있다. 이와 같이 수용적이지만 과장되지 않은 표현을 통해 영유아들은 자신이 인정과 관심을 받고 있다고 느끼게 될 것이다. 또한 자신감을 갖고 보다 능동적인 참여를 하게 될 것이다.

◆ 도전과제 사용하기

Vygotsky는 근접발달지대 안에서 성인이나 능력 있는 또래와의 협동을 통해 잠재적 발달수준이 최대한 끌어올려질 수 있다고 하였다(Berk & Winsler, 1997). 이를 동작활동에 적용해 본다면, 영유아 스스로 잘 해낼 수 있는 과제뿐 아니라 교사의 지도나 또래의 시범 등을 통해 약간의 수준 높은 과제를 제공한다면 영유아들은 능동적으로 도전해 보고자 할 것이다. 도전과정에서 잘못된 반응을 보일 경우에는 계속적으로 경험해 볼 수 있는 유사과제를 제시하거나 정확한 반응을 보인 또래의 시범을 보여 주는 방법 등을 사용하여 영유아의 발달을 도모해야 한다.

④ 효과적인 동작 경험이 되도록 한다.

◆ 융통성 있는 시간 계획하기

영유아교육기관의 유아반 하루 일과는 동적인 활동과 정적인 활동을 교차 배치하여 구성하는 것이 바람직하다. 동작활동은 동적인 활동에 속하며, 일반적으로 대집단으로 이루어진다. 동작교육 시간은 영유아의 연령뿐 아니라 활동시기가 학기 초인지 학기 말인지에 따라 달라질 수 있고, 활동의 형태와 내용에 따라 달라질 수 있다. 영유아들은 예측할 수 있는 일과를 통해 안정감을 느끼므로 매일 같은 시간대에 동작 경험이 이루어지는 것이 바람직하다. 동작교육 수업시간에 대해서는 상이한 의견들이 있는데, 실행하는 과정에서 동작활동 시간은 날씨의 변화, 영유아들의 흥미, 참여 정도, 피로감 등을 고려하여 계획보다 짧게 또는 길게 소요될 수 있다. 따라서 교사는 융통성을 가지고 계획하는 것이 필요한데, 이를 위해 실제로 할 내용보다 더 많은 것을 계획하는 것이 효과적이다. 예를 들어, 기본 동작을 할 경우 확장할 수 있는 내용들을 계획해 놓기, 영유아들이 평소에 좋아했던 동작활동 목록 작성해 놓기 등을 활용할 수 있다.

◆ 집중되고 개방된 장소 찾기

동작활동 운영을 위한 장소는 영유아가 충분히 움직일 수 있는 개인공간과 일반공간, 실내와 실외 공간 등 다양하며, 개방되고 안전한 공간이어야 한다(Pica, 2010). 효과적인 동작 경험이 되도록 하기 위해, 첫째, 집중할 수 있는 장소가 필요하다. 소음이나 다양한 물건으로 인해 주의를 산만하게 만드는 장소는 적합하지 않다. 영유아들의 주의가 주변 환경으로 인해 산만해지지 않고 집중될 수 있는 공간이 필요하다. 둘째, 개방된 장소가 필요하다. 개인공간이 충분히 확보되고 서로 부딪히지 않으면서 이동할 수 있는 일반공간이 있어야 한다.

◆ 적절한 복장 격려하기

일반적으로 유아교육기관에서 체육시간이라는 이름으로 활동을 할 때는 체육복을 입고 참여한다. 그러나 그 외에 다양한 동작활동을 할 때는 각기 다른 복장으로 참여할 가능성이 높다. 몸을 자유롭게 움직여도 불편하지 않은 복장을 하고 활동에 참여하는 것은 안전을 위해서도 매우 중요하다. 따라서 가정의 협조를 구해 각자의 여벌의 옷을 유아교육기관에 준비해 두어 필요할 때 환복하고 참여하도록 한다. 또한 대부분 실내화를 신고 활동에 참여하는데, 맨발로 활동하면 발도 튼튼하게 할 뿐 아니라 신체균형도 증진시킬 수 있으며 부상의 위험도 적다. 만약 치마를 입고 와서 타이즈를 신은 영유아가 있다면 타이즈보다는 실내화를 신는 것이 훨씬 더 안전하게 참여할 수 있으므로 주의해야 한다.

⑤ 이완을 활용한 효과적인 마무리를 한다.

동작활동은 에너지를 발산하고 몸의 근육을 일정하게 긴장시키는 역할을 한다. 따라서 몸의 근육과 긴장을 풀어 이완시킨 후 다음 활동으로 넘어가는 것이 바람직하다. 이완은 활발하게 움직인 후 차분함을 선사하며 긴장을 풀어 준다. 움직임과 멈춤의 차이를 인지할 수 있도록 돕고, 신체와 정서를 조절할 수 있도록 해 준다. 다음에서는 동작활동 후 마무리 단계에서 사용할 수 있는 이완의 방법을 소개하고자 한다.

◆ 상상하기

케이크, 솜인형과 같이 부드러운 것, 젖은 행주, 삶은 국수 등 빳빳하거나 딱딱한 것에서 부드러워지는 것에 대한 상상을 하며 그것이 되어 보는 것이다. 또한 평화로운 장면을 상상하게 하는 방법도 있다. 예를 들어, '고요한 바다 위에 누워 있다고 상상하기' '아무도 없는 나무 밑 긴 의자 위에 누워 시원한 바람을 맞고 있다고 상상하기' 등의 방법을 사용할 수 있다.

◆ 음악 사용하기

영유아들은 편안한 자세로 앉거나 눕게 하고 부드럽고 느린 곡을 들려준다.

◆ 녹아내리기

아이스크림, 얼음조각 등 녹아내릴 수 있는 것이 되어 본다. 자신의 몸이 딱딱한 아이스크림이나 얼음조각에서 서서히 녹아내리는 과정을 표현함으로써 몸 전체가 이완되며 편안해지는 과정을 느낄 수 있다.

◆ 스트레칭하며 심호흡하기

숨을 깊게 들이마셔서 몸을 팽창시켰다가 숨을 길게 내쉬면서 몸을 수축시킨다. 이렇게 심호흡만 하는 것도 효과적이지만, 허리 구부리기, 팔 뻗기 등 신체를 스트레칭하면서 심호흡하면 더 효과적으로 몸을 이완시킬 수 있다.

2) 영유아의 경험과 흥미를 지원하는 동작활동 제공하기

2019 개정 누리과정과 제4차 어린이집 표준보육과정에서는 '영유아 · 놀이 중심' 교육을 강조하고 있다. 교사는 세밀한 관찰을 통해 영유아의 흥미를 발견하고 영유아들이 자신의 경험과 연계하여 주도하며 놀이할 수 있도록 적절한 방법으로 지원해야 한다. 이 장에서는 영유아의 경험과 흥미를 반영하여 동작활동으로 연계할 수 있는 다양한 접근방법에 대한 예를 제시하였다.

(1) 놀이터에서 햇빛에 비친 자신과 친구의 그림자를 쫓아 뛰어노는 영유아들

① 영유아의 경험

맑은 날 실외놀이터에서 영유아들이 신나게 놀고 있다. 우연히 A 유아는 친구가 움직일 때마다 기다란 그림자가 따라 움직이는 것을 보고 흥미를 보인다. "어, 이거 뭐야? 모양이 계속 바뀌네." "내 옆에도 있다."라고 말하며 그림자를 쫓아 뛰어다닌다. 다른 친구들이 그 모습을 보고 놀이에 동참한다. "내 거랑 너 거랑 모양이 달라." "길어졌다. 다시 짧아졌다." 이날 반 친구들은 서로의 그림자 잡기 놀이도 하고 사람이 아닌 사물에 비친 그림자도 보면서 모양과 길이가 각기 다른 것에 대해 흥미를 느끼며 놀이한다.

② 교사의 고민

그림자 놀이는 오래전부터 행해져 온 놀이이다. 예전에는 촛불을 통해 비춰진 그림자 놀이부터 손전등으로 하는 놀이까지 다양한 형태로 놀이가 이루어졌다. 그림자 놀이는 과학활동으로 연계하여 적용될 수 있는 흥미 있는 주제이기도 하지만, 그림자의 모양과 길이에 관심을 갖는 데 착안하여 동작활동으로 연계할 수 있다.

그림자의 다양한 모양과 길이를 동작의 구성요소와 연결하여 적용하는 방법에는 어떤 것이 있을까?

③ 동작 환경과 동작활동으로 지원하기

- 동작 환경으로 지원
  - 반 영유아들이 원하는 멈춤 동작을 한 것을 사진으로 찍은 뒤 각자 그림자 사진을 만들고 이름을 붙여 벽면에 게시한다.
- 동작활동으로 지원
  - 문학활동과 연계하여 동작활동으로 지원하기

    〈동화 '피터팬' 들려주기〉

    ▷피터팬이 자신의 그림자를 찾아 웬디의 집에 들어가고 서랍 속에 피터팬의 그림자를 보관해 둔 웬디는 그림자를 잃어버리지 않도록 꿰매어 준다는 내용이 포함되어 있어, 그림자에 관심을 갖게 하는 데 도움이 될 수 있다.

▷영유아들의 그림자 모양을 발견하려면 어떻게 해야 하는지 탐색해 보고, 서로의 그림자 모양을 신체로 표현해 본다[동작의 구성요소: 신체인식(신체모양)].

– 과학활동과 연계하여 동작활동으로 지원하기

〈그림자 투사하기〉

▷OHP(투시물 환등기)를 이용하여 스크린에 비친 모양을 신체로 표현해 보기[환등기 위에 다양한 사물, 동물, 사람 등의 그림을 올려놓을 수 있다[동작의 구성요소: 신체인식(신체 모양)].

▷유아들이 스크린 뒤에서 표현하고 싶은 대상을 몸으로 표현하면 똑같이 따라서 표현해 보고 무엇인지 알아맞히기[동작의 구성요소: 신체인식(몸 전체의 행위), 관계(파트너와 그룹과의 관계)]를 할 수 있다.

(2) 간접 음악감상으로 들려주는 음악에 관심을 보이는 영유아들

① 영유아의 경험

아침에 영유아들이 등원할 때 다양한 음악을 틀어 놓았다. 영유아들은 교실에 들어오면서 음악의 다양한 요소에 따라 걸음걸이가 달라지고 목소리로 흥얼거리거나 특별한 제스처를 취하는 등 다양한 반응을 보인다.

② 교사의 고민

음악은 다양한 음악적 요소의 조합에 따라 느낌과 정서가 달라지며, 다른 반응을 일으킨다. 어떤 음악을 들으면 손뼉을 치고 싶고, 어떤 음악을 들으면 춤을 추고 싶으며, 어떤 음악을 들으면 고개를 까딱까딱하고 싶어진다.

음악에 반응하는 유아들의 신체적 반응을 어떻게 확장시켜 줄 수 있을까?

③ 동작 환경과 동작활동으로 지원하기

• 동작 환경으로 지원

– 계절, 날씨, 유아들이 관심 갖는 주제에 따라 다른 음악을 선정하여 배경음악으로 틀어 놓는다.

– 다양한 음악적 요소를 경험하도록 하기 위해, 빠르기와 셈여림이 다른 음악, 악기의 조합이 다른 음악, 장르가 다른 음악, 성악곡과 기악곡 등 다양한 형태의 음악을 선정하여 들려준다.

• 동작활동으로 지원

– 다양한 형태의 음악을 들려주고 춤으로 표현하기

▷음악의 빠르기, 셈여림, 악기의 음색, 멜로디의 흐름 등 음악적 요소에 따라 느껴지는 정서를 춤으로 표현해 본다.

▷악기의 종류, 악기의 조합에 따라 느껴지는 정서를 춤으로 표현해 본다.

▷세계 여러 나라의 민속음악을 듣고, 느껴지는 정서의 차이를 춤으로 표현해 본다.

▷친구가 표현하는 춤을 보고 어떤 느낌을 표현한 것인지 이야기 나누어 본다.

▷표현을 확장시켜 주기 위해 다양한 소품을 활용할 수 있다.

되돌아보기

1. 정리해 봅시다.

• 동작활동은 실내외 자유놀이시간과 대 · 소집단 활동시간에 이루어질 수 있다. 자유놀이시간에 이루어지는 동작활동에서는 다양한 교재교구 준비 및 교체하기, 교사가 적절히 개입하기, 활동 및 공간 통합하기, 개방되고 안전한 공간 제공하기 등이 고려되어야 한다.

• 대 · 소집단 활동시간에 이루어지는 동작활동은 즐거운 동작 경험, 안전한 동작 경험, 능동적인 동작 경험, 효과적인 동작 경험이 되도록 해야 한다. 또한 이완을 활용해 효과적으로 마무리해야 한다.

2. 생각(또는 활동)해 봅시다.

• 다음에 제시된 영유아의 경험을 읽어 보고, 교사가 동작 환경과 동작 놀이 및 활동으로 지원해 줄 수 있는 방법을 생각해 보세요.

〈자신이 아는 춤을 흉내 내며 놀이하는 영유아들〉

영유아의 경험
주말에 발레공연을 보고 온 영유아들이 발레동작을 흉내 내며 춤을 춘다. 그 모습을 본 다른 영유아가 아이돌 댄스 가수가 추는 춤을 모방하며 춤을 춘다.

교사의 고민

동작 환경으로 지원

동작 놀이 및 활동으로 지원

〈다양한 구름 모양에 관심을 갖는 영유아들〉

영유아의 경험
한 주간 날씨가 매우 맑은 편이다. 매일매일의 하늘 모습이 달라졌는데, 특히 구름 모양이 매일 시시각각으로 변한다. 실외놀이를 할 때 영유아들은 움직이고 달라지는 구름 모양에 관심이 많다.
교사의 고민
동작 환경으로 지원
동작 놀이 및 활동으로 지원

제6장

영유아동작교육의 평가

●학습목표●

- 놀이 중심 동작활동 평가 방법에 대해 이해한다.
- 영유아 대상 동작활동 평가 방법에 대해 이해한다.
- 교사 대상 동작활동 평가 방법에 대해 이해한다.

영유아동작교육에서 평가는 상당히 중요하다. 평가는 동작활동의 결과가 무엇인지 알도록 하기 위한 체계적인 분석이다. 영유아동작교육의 평가의 목적을 구체적으로 살펴보면 다음과 같다.

- 영유아의 신체 및 기본 운동 발달 정도, 동작의 구성요소 탐색과 다양한 신체표현 및 창작 능력, 동작활동에 대한 성향과 태도 등을 구체적으로 파악한다.
- 교사는 학급에 속한 모든 영유아의 활동 수준과 참여 정도를 파악하고 교사의 준비와 실행이 잘 이행되었는지를 판단하여 다음 활동계획에 반영함으로써 발달수준을 반영한 체계적인 지도가 이루어질 수 있도록 해야 한다.
- 부모에게 자녀의 신체 및 기본 운동 발달 정도나 동작활동 참여 정도를 알려 주고, 가정과 동작 경험이 연계될 수 있는 활동이나 정보를 제공하여 동작교육의 효과를 높인다.

영유아동작교육은 기본 동작, 창의적 동작, 리듬 동작, 기구와 소도구를 활용한 신체활동 등 다양한 방법으로 표현되고 있다. 이러한 여러 형태의 동작활동은 영유아의 신체 및 운동 발달에 긍정적 영향을 줄 수 있어야 하고, 영유아가 능동적으로 참여하여 창의적인 표현을 할 수 있어야 하며, 영유아의 심미적 잠재력과 풍부한 감수성을 높일 수 있는 활동이어야 한다. 따라서 영유아 동작활동의 세부적인 평가 내용은 다음과 같다(방은영, 2015).

- 교사가 계획하고 설정하였던 교육목표를 영유아가 제대로 성취하였는가에 대한 평가를 한다.
- 동작활동의 전개과정에서 계획대로 진행되지 않았던 점이 있는가를 되새기고 점검해 보는 평가를 한다.
- 동작활동을 위해 영유아에게 제공된 환경으로서 공간이나 시간, 소도구나 활동자료가 영유아 발달에 적합하고 유용하였는가에 대한 평가를 한다.
- 수행과정에서 영유아가 즐겁게 동작활동에 참여하였는가에 대한 평가를 한다.

영유아동작교육 평가를 개정 누리과정 및 표준보육과정에 따른 놀이 중심 평가, 영유아 대상 평가, 교사 자신의 평가로 구분하여 살펴보면 다음과 같다.

1. 놀이 중심 평가

놀이가 중심이 되는 동작활동이 이루어지도록 교사가 지원하기 위해서는 먼저 교사의 관찰이 필요하다. 놀이 중심 평가는 영유아의 놀이 관찰내용을 바탕으로 놀이의 흐름을 기록하는 것으로 영유아들의 놀이를 되돌아보며 어떤 의미가 있는지 생각해 볼 수 있는 시간을 제공하고, 이 과정을 통해 교사는 영유아를 더 잘 이해할 수 있게 된다. 영유아가 관심 있는 놀이가 무엇인지, 어떤 상황에서 놀이를 즐기는지, 또는 놀이를 하면서 경험하는 문제, 갈등과 해결을 중심으로 기록하여 놀이 지원이 이루어지도록 한다. 놀이의 흐름을 기록할 때는 간단한 메모, 사진, 영상, 작품 수집 등 다양한 방법으로 기록할 수 있다. 구체적으로 살펴보면 다음과 같다(경기도교육청, 2019; 교육부, 보건복지부, 2020).

1) 놀이 흐름 기록하기

교사의 선호에 따라 영유아들의 놀이를 저널 형식, 사진, 단어, 주제망 또는 의미 있는 주제 중심으로 기록하는 등 다양한 방식으로 기록할 수 있다.

(1) 저널로 놀이 흐름 기록하기

■ 표 6-1 ■ 저널로 놀이 흐름을 기록한 사례

20○○년 ○월 ○일 ○요일	
놀이의 흐름	유아들이 교실에 있는 스펀지 블록을 가지고 발로 차거나 손으로 던지고 받는 놀이를 한다. 교사는 그 모습을 보고 놀고 싶은 대로 놀 수 있도록 공을 제공하였다. 처음에 유아들은 공을 보며 믿기지 않는 표정도 지었고, 어떤 유아는 "이건 어떻게 놀아요?"라고 물어보기도 하였다. 교사가 "너희들이 하고 싶은 공놀이를 하면 돼."라고 말하자, 유아들은 공을 가지고 굴리면서 놀다가 튕기기도 하고 차 보거나 친구에게 패스하는 등 나름대로 다양한 놀이를 하였다. 하지만 공간의 제한으로 공놀이가 매끄럽게 이루어지지 못하자, 불편함을 표현한다. 다른 놀이를 하던 친구들도 방해가 된다고 표현한다.
오늘의 놀이 기록	민준이와 수철이는 공 주고받기를 한다. 민준: 이게 잘 안 돼? 수철: 너무 세게 던져서 그런가? 생각처럼 공 주고받기가 순조롭게 되지 않자, 교사가 유아들에게 묻는다. 교사: 다시 던져 볼까? 민준: 잘 안 돼요. 수철: 나도 안 돼요. (옆에 서 있는 친구를 살짝 밀어내며) 교사: 여기 사람이 너무 많아서 그래. 〈교사의 고민〉 • 유아들이 공간이 좁다고 한다. 교실에서의 공놀이를 계속 허용해야 할까? • 공놀이를 허용한다면 나머지 유아들은 어쩌지? • 활동적인 놀이를 하다가 다치지는 않을까? • 공놀이를 원하는 유아들과 교실에서 조용한 놀이를 원하는 유아들의 요구를 동시에 충족하는 방법은 없을까? → 아! 복도! 복도 공간을 활용하자. 교사가 복도로 통하는 문을 열어 놓는다.

	수철: 선생님이 문을 열어 놓았어. 민준: 우리 그럼 나가 보자. 수철: 여기 좋은데! 민준: 야! 이쪽으로 날려 봐. 교실에서 교사와 새로운 공을 만든 유아들이 교실을 누비며 공 차기를 시도한다. 민준: 친구들이 더 넓은 곳으로 가서 공놀이를 하고 있네. 수철: 그러면 우리도 가 보자. 교사의 안내로 새로운 공을 만든 유아들이 복도로 이동한다. 보다 넓어진 공간으로 이동한 유아들은 마음껏 활용할 수 있는 공간이 마음에 든다. 복도로 나간 유아들은 더 마음껏 라켓을 휘두르고 더 멀리 풍선을 던질 수 있게 된다. 수철: 여기서는 라켓으로 쳐도 괜찮네. 민준: 넓으니까 좋다. 수철과 민준은 공을 다루는 거리와 방법을 변형하기도 한다. 수철: 조금 멀리서 보낼까? 민준: 뒤로, 조금 더 뒤로. 공을 치는 다양한 방법을 생각해 낸다. 민준: 너 골프 알아? 골프? 수철: 어. 알아, 골프. 민준: 그럼 골프처럼 해 볼까? 수철: 좋아.
교사의 지원	• 공놀이를 할 수 있도록 공 제공하기 • 공놀이를 위한 복도 공간 활용하기 • 다양한 방식의 공놀이 소품 지원하기
놀이의 해석 및 의미	처음에 공을 제공할 때는 유아들끼리 트러블이 생기면 어쩌나 하는 걱정도 있었고, 여러 물건이 공으로 인해 망가질까 봐 걱정도 많이 하였다. 하지만 유아들이 공마다 특징을 잘 알고 있었으며, 조심히 놀이하려고 하는 모습을 보여 주었고 필요한 규칙은 서로 이야기하며 정하는 모습을 보여 주어 '괜한 걱정을 했구나.'라는 생각을 하였다.

(2) 단어로 놀이 흐름 기록하기

■ 표 6-2 ■ 단어로 놀이 흐름을 기록한 사례

20○○년 ○월 ○일 ○요일
〈놀이의 흐름〉 교실에서 스펀지 블록으로 던지고 차기 놀이하기 → 교사가 공을 제공하여 공으로 놀이하기 → 친구와 함께 다양한 공으로 놀이하기 → 공놀이 소품(라켓) 제공하기 → 공놀이 소품(라켓)으로 놀이하기 → 공간의 제한으로 공놀이의 어려움이 발생하고, 공놀이가 친구들의 놀이를 방해함 → 문제해결을 위한 교사의 지원 필요

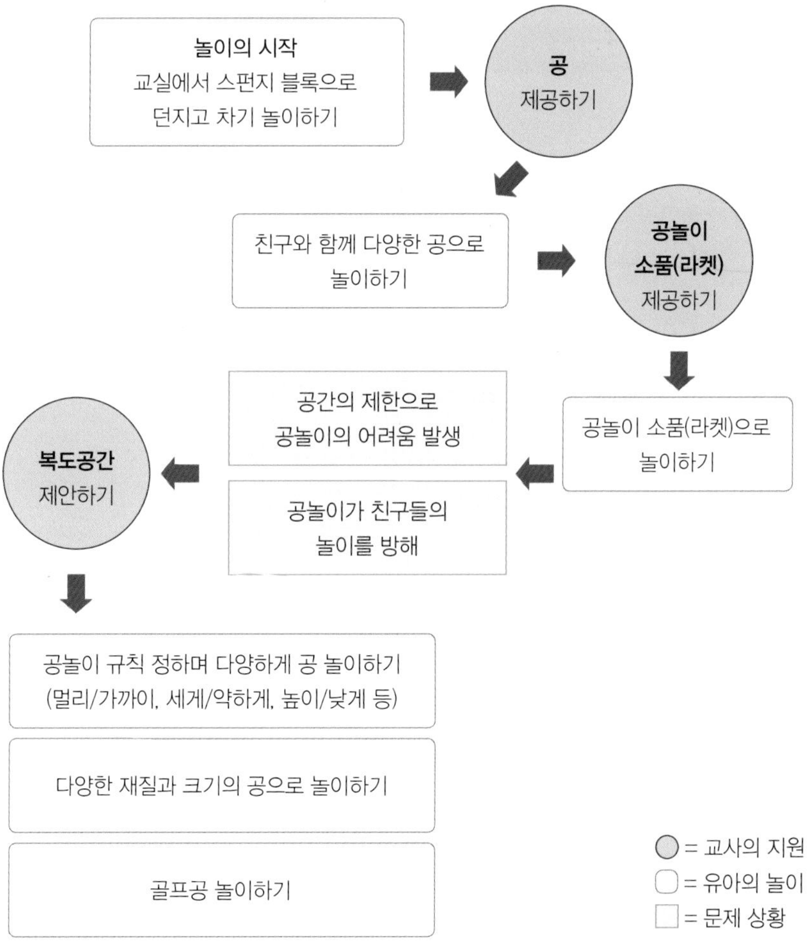

2) 개별 유아 놀이 기록하기

영유아마다 관심과 흥미가 다르므로, 개별 영유아에게 의미가 있는 놀이 상황이라면 별도의 놀이 기록을 하는 것이 좋다. 놀이 흐름과 확장의 과정을 기록으로 남기면 개별 영유아의 성장 과정을 이해할 수 있는 자료가 된다.

■ 표 6-3 ■ 개별 유아 놀이를 기록한 사례

유아명: ○○○

• 9월 3일

	놀이관찰 내용		해석 및 지원 내용
1	• 쌓기놀이영역에서 준수와 라켓으로 공을 주고받는 놀이를 하고 있음. 옆에서 놀이하는 진영이를 밀치기도 함	➡	• 공간의 제한으로 공놀이가 잘 안 된다고 이야기함. 다른 놀이를 하는 유아들을 밀치고 있어 갈등이 발생함. 교실 공간에서 복도 공간으로 옮겨 공놀이를 할 수 있도록 지원함 • 풍선 등 다양한 모양과 재질의 공을 제공함
2	• 복도에서 공을 바꿔 가며 다양하게 공놀이를 함 "여기서는 라켓으로 쳐도 괜찮네." "넓으니까 좋다." "조금 멀리서 보낼까?" "뒤로, 조금 더 뒤로." • 공을 치는 다양한 방법을 생각해 냄 "너 골프 알아? 골프." "어. 알아, 골프." "그럼 골프처럼 해 볼까?" "좋아."	➡	• 복도로 공간을 이동하자, 공을 다루는 거리와 방법을 변형하여 공놀이를 함 • 골프채, 작은 공을 제공함

• 9월 4일

	놀이관찰 내용		해석 및 지원 내용
1	• 바깥놀이 나가서 공놀이를 해도 되냐고 교사에게 물어봄. 공과 라켓을 교실에서 가지고 나감	➡	• 복도에서 놀이할 때보다 공을 다루는 거리와 방법을 더 다양하게 변형하여 공놀이를 함

2	• 더 많은 친구들과 함께 공놀이를 함 "우리도 해도 돼?" "그래, 같이 하자." "여럿이서 하니까 더 재미있어요."	➡	• 바깥놀이터로 나오니 공놀이를 함께 하는 인원이 많아짐. 2명이 하는 놀이에서 4~5명이 하는 공놀이로 확장됨 • 자신들이 만든 공도 가지고 나가서 공놀이를 할 수 있도록 제안함

※ 개별 유아로 기록하여 누적하면 추후 유아이해자료로 활용하기 쉬움
※ 놀이관찰 내용은 날짜와 장소 등을 포함하여 기록함
※ 해석 및 지원 내용은 교사의 생각과 고민 또는 해석 및 지원 방안을 기록함
※ 양식은 자유롭게 작성할 수 있으며, 접착 메모지를 활용하여 나중에 옮겨 붙이거나 바로 간단하게 기록할 수도 있음

3) 유아 스스로 놀이 기록하기

유아들이 놀이하면서 자연스럽게 기록을 하거나 놀이의 과정에 대해 벽면에 흔적을 남길 수도 있다. 놀이 상황을 벽면에 게시해 자신들이 남긴 놀이 기록을 들여다보며 즐거움도 느끼고, 의미 있는 발견을 하기도 하며, 새로운 놀이를 발전시키기도 한다.

■ 표 6-4 ■ 유아 스스로 놀이를 기록한 사례

놀이 장면	교사 지원
복도에서 다양한 공을 활용하여 공놀이를 하는 유아들	• 다양한 크기와 재질의 공과 라켓 외에 골프채 등의 신체활동 소도구 제공 • 공놀이에 관심 있는 유아들에게 카메라를 제공하여 유아 스스로 놀이 상황을 기록
놀이 확장	
유아들은 다양한 공을 가지고 공을 던지고 받는 활동뿐만 아니라 골프채나 막대기로 공 굴리기, 목표물에 공 넣기 등 공을 활용한 다양한 활동에 참여하는 경험을 글, 사진, 동영상, 그림 등으로 기록 남기기를 즐겨 함	

2. 영유아 대상 평가

영유아 대상 평가는 영유아의 발달 수준이나 교육성취 및 참여 수준을 파악하는 데 쓰인다. 평가의 내용은 관찰기록이나 표준화된 검사지를 통해서 이루어질 수 있다. 이때 평가 결과나 점수에 대한 등급 매김이 아니라 영유아의 신체 및 운동 발달, 신체표현 능력 발달 정도를 파악하여 다양한 동작활동을 실시하고, 영유아가 동작활동을 즐기는 태도를 촉진하는 데 초점을 둔다. 이러한 평가를 통해 영유아의 발달이나 성취 수준에 대한 정보를 얻을 수 있으며, 부모와의 상담 자료로 사용할 수 있다.

영유아 평가의 대표적인 방법인 관찰은 교사가 영유아의 발달 수준을 파악하고 행동 특성을 평가할 수 있는 가장 직접적이고 기본적인 방법이다. 교육현장에서의 관찰이 유용하고 의미 있는 평가 수단이 되기 위해서는 관찰에 대한 지식과 관찰능력 증진을 위한 교사의 계속적인 노력과 훈련이 필수적이다. 영유아교육기관에서 영유아 대상 평가 방법으로 주로 실행하고 있는 관찰법인 일화기록, 평정척도법, 행동목록법, 포트폴리오 평가에 대해 구체적으로 살펴보면 다음과 같다.

1) 일화기록

일화기록은 영유아의 동작활동 상황, 동작활동에서의 상호작용 등 눈에 띄는 행동이나 사건에 초점을 맞추어 기록하는 방법이다. 특별한 준비나 계획, 시간이나 사건에 제한 없이 언제 어디서나 관찰하고 기록하는 것이 가능하기 때문에, 교사가 현장에서 사용하기 편리하다.

■ 표 6-5 ■ 영유아 일화 관찰기록지

일화 관찰 기록	
관찰 유아: 김준수	생년월일: 20○○. ○○. ○○. (남)
관찰일: 20○○. ○. ○○.	관찰자: ○○○
장면: 강당에서 공 막대로 굴리기(7분 55초)	
기록: 준수가 강당 구석에 세워져 있는 긴 막대기를 잡아서 공 없이 야구 놀이를 한다. “나 야구 잘해요.” “공으로 야구해야지.” 옆에 있는 고무공을 높은 곳에 올려놓은 후 막대기로 그 공을 친다. 민	

수는 한번에 막대로 공을 맞추지 못하고 헛스윙을 몇 번 한 후 공을 친다. 계속 공 굴리기를 하지만 막대로 공을 잘 못 맞혀 헛스윙이 많고 멀리 간 공을 자주 주워 온다. "이거 (공이) 너무 멀리 가요." "나 저기에 보낼 건데…… 자꾸 멀리 가요."라며 어려움을 호소한다. 옆에 있던 굵은 막대로 공 굴리기를 한다. "이건 너무 무거워. 잘 안 굴러가." 강당을 이리저리 돌아다닌다. 한쪽 구석에 있는 짧고 가벼운 막대를 찾은 후 막대를 바꿔서 공 굴리기를 한다. "이게 훨씬 잘 돼요." 막대기로 공을 굴려 매트 속으로 공을 넣은 후 "와~ 골인!"이라고 말하고 폴짝폴짝 뛰며 기뻐한다.

관찰의 초점

- 힘과 방향을 조절하여 막대기로 공을 굴릴 수 있다.
- 다양한 신체 도구를 활용할 수 있다.

2) 평정척도법

평정척도법은 영유아의 신체적 자아개념이나 창의적 신체표현력의 질적인 차이를 평가할 때 사용하는 방법으로, 연속성이 있는 단계로 수량화된 점수나 가치가 부여된 관찰지에 평정하는 것을 말한다. 영유아를 위해 계획된 동작활동이 영유아의 수준에 적합한지, 영유아의 능력을 얼마나 향상시킬 수 있는지 확인하기 위해서는 동작능력을 평가할 수 있는 척도가 필요하다. 각 항목을 기록할 때의 판단은 직접적인 관찰이나 기존에 수집된 자료를 바탕으로 할 수 있다. 이는 영유아의 현재와 이전 행동을 비교할 때 사용하고, 관찰자의 판단에 따라 등급이나 점수로 구분해서 평가하며, 연 2회 이상 평가해야만 발달의 변화를 알 수 있다.

(1) 신체적 자아개념 평가

영유아는 성장하면서 자신의 신체능력을 알게 되고 신체 각 부분을 발견하며, 신체 사용에 대해 학습하게 된다. 영유아는 이러한 신체활동의 경험이 긍정적인지 부정적인지에 따라 다르게 성장할 수 있다(Pangrazi, 1982). 신체적 자아개념 평가는 영유아가 자신의 신체에 대해 어떻게 생각하는지 알 수 있는 지침으로 제공하며, 이러한 정보를 토대로 동작활동을 계획할 수 있다. Marsh, Richards, Johnson, Roche와 Tremayne(1994)의 신체적 자아 기술 질문지(Physical Self-Description Questionnaire: PSDQ)를 참고하여 황순각(2003)이 재구성한 신체적 자아개념 질문지는 〈표 6-6〉과 같다. 연령에 따라 척도의 점수는 다르게 할 수 있으며, 신체적 자아개념 검사도구의 점수는 최저 17점에서 최고 68점까지이다.

■ 표 6-6 ■ 영유아의 신체적 자아개념 질문지

이름: 성별: 연령:

- 검사는 영유아와 검사자 1:1 면접으로 실시한다.
- 영유아와 면접을 실시하기 전, 친밀감을 형성하기 위해 2분 정도 신상에 관한 질문을 하여 영유아의 긴장을 완화시킨 후 다음과 같이 말한다.

  "이제부터 재미있는 게임을 하려고 하는데 선생님이 물어보면 ○○가 생각나는 대로 말하면 돼요."

문항	아니다	조금 그렇다	조금 많이 그렇다	많이 그렇다
1. 나는 너무 뚱뚱하다.	①	②	③	④
2. 내 몸을 구부리고 비틀고 돌리기를 잘할 수 있다(몸으로 보여 주면서).	①	②	③	④
3. 나는 감기에 잘 걸린다.	①	②	③	④
4. (허리가 어디에 있는지 짚어 보게 한 후) 내 허리가 너무 뚱뚱하다.	①	②	③	④
5. 나는 운동을 잘한다.	①	②	③	④
6. 나는 힘이 세다.	①	②	③	④
7. 나는 바깥놀이운동(미끄럼 타기, 그네, 철봉, 시소)이 쉽다.	①	②	③	④
8. 처음 보는 놀이를 할 때 자신이 있다.	①	②	③	④
9. 나는 내 친구들보다 세다.	①	②	③	④
10. 나의 몸무게는 많이 나간다.	①	②	③	④
11. 나는 못생겼다.	①	②	③	④
12. 나는 자주 아프다.	①	②	③	④
13. 나는 내 친구들보다 운동을 잘한다.	①	②	③	④
14. 나는 오래 운동을 하면 힘들다.	①	②	③	④
15. 나는 병이 걸렸을 때 낫는 데 오래 걸린다.	①	②	③	④
16. 친구들보다 아파서 병원에 자주 간다.	①	②	③	④
17. 나는 무거운 물건을 잘 든다.	①	②	③	④
총점				점

출처: 황순각(2003).

(2) 지각운동능력 평가

지각운동능력 발달은 움직임 활동에 의존하는 것이고, 지각운동능력은 학습될 수 있다(Gallahue, 1993). 운동과 감각은 인간 발달의 기초적 구성요소로서 서로 분리될 수 없는 관계이다. 영유아는 오감각을 통해 끊임없이 환경의 자극을 받으며 그 자극을 깨닫는 지각력을 흡수하고 저장하여 미래에 사용할 수 있게 된다. 적절한 양의 움직임과 질적 수준의 운동은 영유아의 지각능력을 확장시키는 데 영향을 주고, 영유아가 갖는 운동과 지각 학습 경험이 많을수록 지각과 운동의 연결이 정교해지고 다양한 운동 상황에 반응하는 적응력도 발달한다(Kephart, 1971).

지각운동능력 검사도구는 황순각(2003)이 개발한 내용으로, 신체지각, 공간지각, 방향지각, 시간지각의 4개 하위 영역, 총 19개 문항으로 구성되어 있다(〈표 6-7〉 참조).

■ 표 6-7 ■ 지각운동능력 검사지

영역	하위 개념		평가항목	점수		
				상	중	하
신체지각	신체 모양	둥근 모양	1. 팔, 다리, 몸으로 동그라미 모양을 만들어 보자.	③	②	①
		곡선 모양	2. (곡선 모양을 제시하며) 몸으로 이 모양을 만들어 보자.	③	②	①
		세모 모양	3. 몸으로 세모 모양을 만들어 보자.	③	②	①
		네모 모양	4. 몸으로 네모 모양을 만들어 보자.	③	②	①
	신체 범위	가까이	5. 귀와 무릎을 가깝게 해 보자.	③	②	①
		멀리	6. 손과 발을 멀리 떨어뜨려 보자.	③	②	①
공간지각	공간 위치	높게	7. 서거나 눕거나 앉아서 두 발을 최고로 높이 올려 보자.	③	②	①
		낮게	8. 배꼽이 다른 부분보다 밑에 있게 만들어 보자.	③	②	①
	공간 범위	좁게	9. 목표물 주위를 걸어 다니다가 목표물과 가깝게 서 보자.	③	②	①
		넓게	10. 목표물 주위를 걸어 다니다가 목표물과 넓게 서 보자.	③	②	①
	공간 관계	옆에	11. 훌라후프에 몸이 닿지 않게 통과해 보자(30cm 간격 2개).	③	②	①

방향지각	양측성	앞/뒤	12. 눈 감고 앞으로/뒤로 가 보자.	③	②	①
		오른쪽/왼쪽	13. 눈 감고 오른쪽/왼쪽으로 가 보자.	③	②	①
		위/아래	14. 오른손은 위로 올리고, 왼손은 아래로 내려 보자.	③	②	①
	방향성	앞/뒤, 오른쪽/왼쪽, 대각선	15. 화살표 방향대로 걸어 보자.	③	②	①
시간지각	속도	빠르게/느리게	16. 리듬막대에 맞추어 손뼉을 쳐 보자.	③	②	①
	리듬	박자	17. 교사의 시범을 본 후 하나, 둘, 셋에 뛰어 보자 (4회).	③	②	①
	동시성	눈-손 협응	18. 풍선 치기를 한 손으로 다섯 번씩 해 보자.	③	②	①
		눈-발 협응	19. 2m 앞에서 굴려 준 공을 발로 차 보자.	③	②	①
총점				점		

〈평가 방법〉
상(③): 3초 이내에 정확하게 수행
중(②): 3초 이내에 다른 친구를 보고 정확하게 수행하거나 생각한 다음 비슷하게 수행
하(①): 3초가 지난 후에 수행하거나 수행하지 못함

출처: 황순각(2003).

(3) 동작능력 평가

교사는 유아 개개인의 동작능력 발달 정도를 평가할 수 있다. 단위동작활동 시간을 통해 혹은 매일의 일과 속에서 유아의 동작능력을 관찰할 수 있다. 동작능력 평가는 활동 전에 미리 관찰할 유아를 선택하고 선택한 유아의 움직임을 보면서 관찰할 수 있다(〈표 6-8〉 참조).

■ 표 6-8 ■ 동작능력 평가지

활동명: 유아 이름:			
문항	전혀 그렇지 그렇다	그렇다	아주 그렇다
1. 흥미와 관심을 가지고 활동에 즐겁게 참여하는가?	①	②	③
2. 활동이 진행되는 동안 활동에 집중했는가?	①	②	③
3. 활동에서 제시하고 있는 대상의 특성에 맞게 표현하는가?	①	②	③
4. 전신이나 신체의 부분을 다양하게 활용하여 움직일 수 있는가?	①	②	③
5. 교사의 신호에 맞추어 적절하게 움직이는가?	①	②	③
6. 동작의 구성요소(신체인식, 공간인식, 노력, 관계)에 적합하게 움직이는가?	①	②	③
7. 기본 동작을 적절하게 사용하는가?	①	②	③
8. 다른 유아의 움직임에 관심을 보이는가?	①	②	③
9. 자신감을 가지고 적극적으로 표현하는가?	①	②	③
10. 교사의 언어적 상호작용에 적합하게 반응하는가?	①	②	③
총점	점		

출처: 김은심(2020).

(4) 창의적 신체표현능력 평가

창의적 신체표현능력은 계획된 동작 탐색 시간과 창작의 과정을 거친 후 결과를 평가하고 이어지는 신체표현에 대해 계속 생각해 보는 것으로 표현능력 발달에 중요한 영향을 미친다(전경미, 1996). 창의적 신체표현능력 평가지는 Laban(1975)에 의해 제안된 동작의 구성요소를 바탕으로 김은심(1995)이 제작하였다. 이 평가지는 동작의 다양성, 동작의 방향 변화와 방향성, 동작 지속 시간의 시간성과 흐름 변화, 표현 동작과 내용의 일치도를 알아보는 다섯 가지 하위 요인으로 구성되어 있다(〈표 6-9〉 참조).

■ 표 6-9 ■ 창의적 신체표현능력 평가지

유아 이름:	성별: 남, 여	관찰 날짜:
관점	**평정 내용**	**점수**
동작의 다양성	주제에 따른 동작 표현의 종류는 어떠한가? (공간에서의 몸의 구성)	⑤ 매우 다양하다. ④ 다양하다. ③ 평범하다. ② 단순하다. ① 매우 단순하다.
동작의 방향성	주제에 따른 동작 표현에서 방향 변화의 수는 어떠한가? (앞, 뒤, 옆, 위, 아래, 낮게, 높게 동작의 방향에 변화를 주는 공간 활용 능력)	⑤ 매우 다양하다. ④ 다양하다. ③ 평범하다. ② 단순하다. ① 매우 단순하다.
동작의 시간성	주제에 따른 동작 표현의 내용을 지속성 있게 표현하는 시간은 어떠한가? (길고 짧음)	⑤ 매우 길다(5분). ④ 길다(4분). ③ 보통이다(3분). ② 짧다(2분). ① 매우 짧다(1분).
동작의 흐름 변화	주제에 따른 동작 표현에서 신체 부분 간의 연속적인 연결 그리고 동작과 동작 간의 흐름 변화는 어떠한가? (연속적, 비연속적, 끊김)	⑤ 매우 연속적이다. ④ 연속적이다. ③ 보통이다. ② 비연속적이다. ① 매우 비연속적이다.
동작의 표현성	동작과 내용에 다른 표현의 일치 정도는 어떠한가? (일치, 불일치)	⑤ 매우 일치한다. ④ 일치한다. ③ 보통이다. ② 불일치한다. ① 매우 불일치한다.
총점		**점**

출처: 김은심(1995).

3) 행동목록법

행동목록법은 사전에 작성해 놓은 행동목록표를 가지고 특정 행동의 출현 여부에 관심이 있을 때 사용하고, 'O' 'X'로 기록한다. 관찰 대상의 현재 상태를 평가하여 단순히 '예' '아니요'의 형태로 기록하는 것이 가장 일반적이지만, 시간에 따라 기본 동작 행동과 동작활동에 대한 태도의 변화를 알고자 할 때는 같은 행동목록을 반복하여 사용할 수도 있다(〈표 6-10〉 참조).

■ 표 6-10 ■ 영유아의 기본동작능력 행동목록표

분류요인	평가 관점	예	아니요
한 발로 균형 잡기	① 30초 동안 한 발로 균형을 잡을 수 있는가?		
	② 균형을 잡기 위해서 팔을 조정하는가?		
	③ 눈을 감고 10초 동안 한 발로 균형을 잡을 수 있는가?		
	④ 양팔을 머리 위로 쭉 뻗고 들린 발을 무릎에 대고 설 수 있는가?		
	⑤ 각 발로 설 수 있는가?		
건너뛰기	① 오른발을 사용하여 건너뛸 수 있는가?		
	② 왼발을 사용하여 건너뛸 수 있는가?		
	③ 쉽게 높이를 조절할 수 있는가? (높이/낮게 건너뛰기)		
	④ 쉽게 거리를 조절할 수 있는가? (멀리/가까이 건너뛰기)		
	⑤ 다리와 함께 팔을 적절히 사용하는가? (팔과 다리를 반대로 사용하는가?)		
점프하기	① 다리를 굽힐 때 팔을 뒤로 흔들고 다리를 펼 때 앞으로 흔들 수 있는가?		
	② 점프할 때 두 발 모두 균형 있게 사용하는가?		
	③ 점프할 때 두 팔 모두 균형 있게 사용하는가?		
	④ 양팔을 동시에 사용해서 이륙하고 착륙하는가?		
	⑤ 유연하며 리듬 있게 점프하는가? (지나치게 힘이 들어가거나 경직되어 있지는 않는가?)		
앙감질 하기	① 한 발에서 다른 발로 쉽게 교대하며 뛸 수 있는가?		
	② 오른쪽 발만 사용할 수 있는가?		
	③ 왼쪽 발만 사용할 수 있는가?		
	④ 양발을 동시에 사용해서 이륙하고 착륙할 때는 한 발로 할 수 있는가?		
	⑤ 신체의 양쪽 면을 부드럽게 바꾸며 할 수 있는가?		

말뛰기	① 오른쪽 발을 사용할 수 있는가?		
	② 왼쪽 발을 사용할 수 있는가?		
	③ 동작이 부드럽고 유연한가?		
	④ 앞에 가는 발뒤꿈치에 다른 발의 앞꿈치를 대고 동작할 수 있는가?		
	⑤ 신체의 양쪽 면을 부드럽게 바꾸며 할 수 있는가?		
미끄러지기	① 오른쪽 방향으로 똑같이 잘 미끄러지는가?		
	② 왼쪽 방향으로 똑같이 잘 미끄러지는가?		
	③ 오른발을 앞으로 내밀면서 엇갈리게 바꾸며 할 수 있는가?		
	④ 왼발을 앞으로 내밀면서 엇갈리게 바꾸며 할 수 있는가?		
	⑤ 부드럽고 율동적으로 미끄러지는가?		
스키핑하기	① 부드럽고 율동적으로 할 수 있는가?		
	② 신체의 오른쪽 발을 부드럽게 바꾸며 할 수 있는가?		
	③ 신체의 왼쪽 발을 부드럽게 바꾸며 할 수 있는가?		
	④ 충분히 무릎을 들어 올리는가?		
	⑤ 적절한 팔 동작을 하는가?		

출처: 오연주, 김혜옥, 이경실, 권영희(2013).

4) 포트폴리오

영유아의 동작활동을 포트폴리오 형식으로 관찰, 기록, 수집, 평가하면 영유아의 신체 · 기본 운동 발달 및 기초 체력에 대한 진보 상황을 파악할 수 있다. 개인 파일을 통해 영유아가 경험한 동작활동 자료와 활동에 기초하여 영유아의 생각, 표현, 발달의 정도 및 학습성취도를 종합적으로 평가한다. 포트폴리오 평가를 체계적으로 활용한다면 영유아의 능력에 대한 총체적이고 심층적인 평가가 이루어질 수 있다(남기원, 김남연, 김명정, 2017).

■ 표 6-11 ■ 영유아의 동작활동 포트폴리오 평가양식지

영유아명	○○○	생년월일	년 월 일
주제	생활도구	소주제	집에서 사용하는 도구
활동명	'빨래가 되어 보아요' 신체표현하기	관찰일시	년 월 일
활동목표	• 음악에 맞추어 신체를 자유롭게 움직일 수 있다. • 빨래의 다양한 움직임을 신체를 이용하여 창의적으로 표현한다.		
평가내용	빨래가 움직이는 모습을 창의적으로 표현하기 • 동작의 다양성: 공간에서의 몸의 구성 • 동작의 방향성: 앞, 뒤, 위, 아래, 옆 • 동작의 흐름 변화: 연속적, 비연속적, 끊김 • 동작의 표현성: 일치, 불일치		
평가 방법	사진(작업표본), 일화기록법, 행동목록법		

3. 교사 자신의 평가

동작활동 후 교사는 자신이 계획한 활동내용, 활동자료 등이 활동 진행에 적절하게 사용되었는지, 영유아들의 반응이 어떠하였는지, 상호작용은 적절하게 이루어졌는지, 진행상의 문제점은 없었는지, 준비가 미흡한 점은 없었는지 등을 평가하여야 한다.

1) 교사가 계획한 동작활동에 대한 평가

교사 평가는 동작교육의 효과를 높이기 위해 자신이 준비하고 실행한 수업이 계획대로 잘 이루어졌는지, 영유아에게 어떤 영향을 주었는지 등을 평가하는 것으로, 평가 결과는 다음 활동에 반영하게 된다(김성재, 2007). 영유아동작교육에 대한 평가는 교사가 계획하고 활동한 내용 전반에 대한 평가로, 평가 내용을 구체적으로 제시하면 다음과 같다(윤영배, 2019).

- 영유아의 연령, 흥미, 발달 수준에 적합하였는가?
- 주제와 연관된 활동내용이었는가?
- 신체, 언어, 인지, 정서, 사회성, 창의성, 음악성 등 전인적 발달을 촉진하는 활동이

었는가?

- 활동의 교육목표에 도달하였는가?
- 영유아가 스스로 참여하였는가?
- 충분한 시간이 제공되었는가?
- 그림자료, 음악자료, 기구, 소도구 등 사용한 교수자료는 적절하였는가?
- 동작의 구성요소를 찾아 활용하도록 적절하고 확산적인 질문을 사용하였는가?
- 기본 동작, 창의적 동작, 리듬 동작, 기구와 소도구를 활용한 신체활동 등 다양한 활동이 이루어졌는가?
- 활동과정이 도입, 전개, 마무리로 이루어졌는가?
- 동작활동을 다른 영역의 활동으로 확장하도록 유도하였는가?

■ 표 6-12 ■ 동작활동 지도 평가표

동작활동 지도 평가표			
활동명:	주제:	대상연령:	교사:

범주	내용	그렇다	아니다
활동 선정	• 주제와 연계되는가?		
	• 유아들의 신체 발달에 적절한가?		
환경	• 활동을 할 수 있는 충분한 공간이 확보되어 있는가?		
	• 유아들의 안전이 고려되는 공간인가?		
교수매체	• 활동을 설명하기 위해서 적절한 매체(그림, 사진 등)를 사용하는가?		
	• 활동을 위한 기구와 자료가 유용하게 활용되었는가?		
사전 경험	• 적절한 사전 경험이 있었는가?		
동작활동 지도 과정	• 창의적 동작활동의 경우 이야기의 내용이나 음악의 느낌을 몸으로 표현하는가?		
	• 동작의 요소인 신체인식, 공간인식, 노력, 관계가 다양하게 구성되었는가?		
	• 활동 속에 기본 운동 기술이 다양하게 포함되었는가?		
	• 유아 혹은 교사가 시범을 보이는가?		
	• 유아가 하는 동작 중 틀린 부분을 수정해 주는가?		
	• 개별 또는 소집단으로 나누어 활동을 해 보는가?		
	• 전체 집단이 함께 활동을 해 보는가?		
	• 교사의 언어적 · 비언어적 상호작용이 유아의 표현을 확장하는가?		

	• 방향, 속도, 앞 유아와의 거리 등에 주의를 두어 유아의 안전을 고려하는가?		
	• 동작활동에 참여하고 싶어 하지 않는 유아들을 배려하는가?		
마무리	• 동작활동시간에 대한 평가를 하는가?		
	• 동작활동시간이 끝났음을 알리고 다음 활동을 소개하는가?		
우수한 점			
보완할 점			

출처: 심성경, 함은숙(2015), p. 147 재구성.

2) 교사 자신의 동작교육역량 평가

동작을 지도하는 교사의 효능감은 영유아의 동작활동 및 교육내용에 영향을 미친다. 동작교수효능감(movement teaching efficacy belief)은 교사 자신이 동작을 효과적으로 지도할 수 있는지의 능력에 관한 신념이다(김은심, 박수미, 2003). 동작교수효능감이 높은 교사는 기본 동작 및 동작의 요소에 대한 이해를 토대로 효과적인 동작활동을 제공할 수 있다. 교사는 수시로 자신의 동작교수효능감을 점검하여 동작교육의 질을 향상시키도록 노력해야 한다. 교사의 동작교육 역량을 평가할 수 있는 도구로는 동작교수효능감 검사도구(양지애, 2008)가 있다. 이 도구는 총 21문항으로 구성되어 있으며, 점수가 높을수록 유아동작교육에 대한 교수효능감이 높음을 의미한다(〈표 6-13〉 참조).

■ 표 6-13 ■ 교사의 동작교수효능감 검사도구

문항	전혀 그렇지 않다	그렇지 않다	보통이다	그렇다	매우 그렇다
1. 유아가 평소보다 동작활동에 관심을 가지고 적극적으로 참여하는 것은 교사가 특별한 노력을 기울였기 때문이다.	①	②	③	④	⑤
2. 나는 항상 더 나은 동작교수방법을 알아내고자 노력한다.	①	②	③	④	⑤
3. 내가 열심히 노력을 해도 다른 영역의 활동(예를 들어, 수학, 과학, 미술 등)에 비해 동작활동을 잘 지도하지 못한다.	①	②	③	④	⑤
4. 유아의 동작활동에 대한 관심이 증가하고 동작능력이 향상된다면, 이는 교사가 효과적인 동작교수방법을 사용했기 때문이다.	①	②	③	④	⑤

5. 나는 동작교육에 대한 지식과 개념을 효과적으로 가르치는 방법에 대해 잘 알고 있다.	①	②	③	④	⑤
6. 나는 스스로 동작활동을 효과적으로 지도하지 못한다고 생각한다.	①	②	③	④	⑤
7. 동작활동에 대한 유아의 흥미와 성취가 낮은 이유는 동작교육을 적절하게 하지 못했기 때문이다.	①	②	③	④	⑤
8. 나는 유아의 발달 특성과 수준에 맞는 동작교육을 잘하고 있다.	①	②	③	④	⑤
9. 유아가 동작에 관한 지식이 부족하다고 해도 교사가 유아의 발달에 적합한 활동을 준비하고 환경을 잘 조성하면 향상될 수 있다고 생각한다.	①	②	③	④	⑤
10. 동작활동에 흥미가 없던 유아가 동작활동에 관심을 가지고 적극적으로 참여하게 된다면, 그것은 교사가 더 많은 관심과 노력을 기울였기 때문이다.	①	②	③	④	⑤
11. 나는 동작교육에 필요한 지식과 개념을 충분히 알고 있다.	①	②	③	④	⑤
12. 동작활동에 대한 유아의 흥미와 성취 정도는 교사에게 책임이 있다.	①	②	③	④	⑤
13. 유아의 동작에 대한 긍정적 태도와 지식의 습득 정도는 교사에 의해 좌우된다.	①	②	③	④	⑤
14. 나는 동작활동을 지도할 때에 다양한 소도구와 기자재 등을 사용하는 데 어려움을 느낀다.	①	②	③	④	⑤
15. 나는 유아의 동작에 관한 다양한 질문에 잘 반응하고 대답해 줄 수 있다.	①	②	③	④	⑤
16. 내가 유아동작교육을 잘 지도할 수 있는지에 대해 자신이 없다.	①	②	③	④	⑤
17. 구체적이고 적절한 방법으로 동작에 대한 지식과 개념을 설명해도 유아가 잘 이해하지 못할 경우에 당황스러울 때가 있다.	①	②	③	④	⑤
18. 동작활동을 하는 동안 유아들이 여러 가지 질문을 하면 적극적으로 반응하고 상호작용한다.	①	②	③	④	⑤
19. 나는 동작활동에 대한 유아의 관심을 유도하기 위하여 어떻게 해야 할지 잘 알지 못한다.	①	②	③	④	⑤
20. 유치원에서 나에게 동작활동 연구수업을 맡긴다면 무척 부담스러울 것 같다.	①	②	③	④	⑤
21. 교사가 아무리 훌륭한 동작교수 자료와 방법으로 동작활동을 진행하더라도 모든 유아가 잘 이해하고 즐기기는 어렵다.	①	②	③	④	⑤
총점					점

〈동작교수효능감의 하위 요인 및 채점 방법〉

하위 요인	문항 수	문항번호
동작교수 결과기대효능감	8	1, 4, 7, 9, 10, 12, 13, 21*
개인적 동작교수효능감	13	2, 3*, 5, 6*, 8, 11, 14*, 15, 16*, 17*, 18, 19*, 20*

※ 부정적인 문항의 경우 *로 표기하였고, 이 문항은 역채점하여 측정함

출처: 양지애(2008).

되돌아보기

1. 정리해 봅시다.

- 동작놀이와 활동을 평가할 때는 간단한 메모, 사진, 영상, 작품 수집 등 다양한 방법으로 평가자료를 수집할 수 있다.
- 영유아를 대상으로 하는 동작활동 평가 방법으로는 관찰법인 일화기록, 평정척도법, 행동목록법, 포트폴리오 평가가 있다.
- 교사를 대상으로 하는 동작활동 평가 방법으로는 교사가 계획한 동작활동에 대한 평가, 교사 자신의 동작교육 역량 평가가 있다.

2. 생각(또는 활동)해 봅시다.

- 동료의 동작활동 모의수업을 관찰한 후 기록하고 평가해 봅시다.

동작활동 지도 평가표

활동명:	주제:	대상연령:	교사:

범주	내용	그렇다	아니다
활동 선정	• 주제와 연계되는가?		
	• 유아들의 신체 발달에 적절한가?		
환경	• 활동을 할 수 있는 충분한 공간이 확보되어 있는가?		
	• 유아들의 안전이 고려되는 공간인가?		
교수매체	• 활동을 설명하기 위해서 적절한 매체(그림, 사진 등)를 사용하는가?		
	• 활동을 위한 기구와 자료가 유용하게 활용되었는가?		
사전 경험	• 적절한 사전 경험이 있었는가?		
동작활동 지도 과정	• 창의적 동작활동의 경우 이야기의 내용이나 음악의 느낌을 몸으로 표현하는가?		
	• 동작의 요소인 신체인식, 공간인식, 노력, 관계가 다양하게 구성되었는가?		
	• 활동 속에 기본 운동 기술이 다양하게 포함되었는가?		
	• 유아 혹은 교사가 시범을 보이는가?		
	• 유아가 하는 동작 중 틀린 부분을 수정해 주는가?		
	• 개별 또는 소집단으로 나누어 활동을 해 보는가?		
	• 전체 집단이 함께 활동을 해 보는가?		
	• 교사의 언어적 · 비언어적 상호작용이 유아의 표현을 확장하는가?		

	• 방향, 속도, 앞 유아와의 거리 등에 주의를 두어 유아의 안전을 고려하는가?		
	• 동작활동에 참여하고 싶어 하지 않는 유아들을 배려하는가?		
마무리	• 동작활동시간에 대한 평가를 하는가?		
	• 동작활동시간이 끝났음을 알리고 다음 활동을 소개하는가?		
우수한 점			
보완할 점			

참고문헌

경기도교육청(2019). 놀이 2019: 놀이로 유아의 삶을 담다.

교육부, 보건복지부(2019). 3~5세 연령별 누리과정 해설서.

교육부, 보건복지부(2020). 2019 개정누리과정 놀이운영사례집 '유아의 삶, 놀이로 물들다'.

교육인적자원부(2006). 가족과 함께 하는 유아체력증진 프로그램.

국립국어원(2020). 국립국어원 표준국어대사전. https://stdict.korean.go.kr (2021. 2. 13. '동작' 검색).

김경란, 안미숙, 신원애, 정옥경(2020). 창의성 중심 유아동작교육(개정판). 경기: 어가.

김성재(2007). 발달적 게임과 교육체조를 통합한 유아동작교육활동의 적용효과. 중앙대학교 대학원 박사학위논문.

김은심(1995). 통합적 동작교수방법이 유아의 기본동작능력과 창의적 사고 및 신체표현능력에 미치는 효과. 중앙대학교 대학원 박사하위논문.

김은심(2020). 유아 동작교육의 이론과 실제(제3판). 서울: 창지사.

김은심, 박수미(2003) 유치원 교사의 동작교수 효능감에 따른 동작교육에 대한 태도 및 교수 실제에 관한 연구. 유아교육연구, 23(2), 241-267.

김지영, 황혜경, 이영애, 김선희, 성연승(2013). 영유아동작교육. 경기: 양서원.

남기원, 김남연, 김명정(2017). 영유아음악교육. 경기: 공동체.

박정민, 박미경(2017). 영유아 신체활동 지도(증보판). 서울: 창지사.

방은영(2015). 누리과정에 기초한 유아동작교육. 경기: 공동체.

보건복지부(2020). 제4차 어린이집 표준보육과정 해설서.

보건복지부 질병관리본부(2018). 2017 국민건강통계.

서울대학교 체육연구소(1991). 운동은 요람에서부터(유아편). 서울: 국민생활체육협의회.

서울특별시교육청유아교육진흥원(2019). 놀이 연속성에 기초한 놀이 지원.

심성경, 함은숙(2015). 유아교육기관 현장관찰 및 평가. 경기: 공동체.

양지애(2008). 유치원 교사의 동작 교수효능감에 영향을 미치는 요인. 덕성여자대학교 대학원 석사학위논문.

오연주, 김혜옥, 이경실, 권영희(2013). 유아 동작교육의 이론과 실제(개정증보판). 서울: 창지사.

윤애희, 박정민(1999). 유아체육교육의 이론과 실제. 서울: 창지사.

윤영배(2019). 영유아 음악교육. 서울: 동문사.

이정환, 김희진(2013). 영유아 교육의 교수학습방법(제2판). 서울: 파란마음.

장은주, 남옥선(2018). 유아음악교육. 경기: 양서원.

전경미(1996). 동작활동이 유아의 기본운동능력 및 신체표현 능력에 미치는 영향. 원광대학교 교육대학원 석사학위논문.

전경원(2000). 유아 종합 창의성검사. 서울: 학지사심리검사연구소.

전인옥, 이영(2013). 유아동작교육(개정판). 서울: 한국방송통신대학교 출판부.

홍용희, 이한영, 최혜로, 원영신(2001). 유아를 위한 동작 교육의 이론과 실제. 서울: 다음세대.

황순각(2003). 유아신체활동: 이론과 실제. 서울: 양서원.

American Alliance for Health, Physical Education, Recreation, and Dance (AAHPERD). (1989). *Physical best program*. Reston, VA: Author.

Berk, E. L., & Winsler, A. (1997). 어린이들의 학습에 비계 설정(scaffolding): 비고스키와 유아교육 (*Scaffolding children's learning: Vygotsky and early childhood education*). (홍용희 역). 서울: 창지사. (원저는 1995년에 출판).

Blair, S. N. (1992). Are American children and youth fit? The need for better data. *Research Quarterly for Exercise and Sport, 63*(2), 120-123.

Bucher, C. A. (1974). *Dimensions of physical education*. Saint Louis: The C. V. Mosby Co.

Gallahue, D. L. (1976). *Motor development and movement experiences for young children*. New York, NY: John Wiley & Sons.

Gallahue, D. L. (1993). *Developmental physical education for today's children* (2nd ed.). USA: Wm. C. Brown communication, Inc.

Gallahue, D. L., & Cleland-Donnelly, F. (2003). *Developmental physical education for all children*. Champaign, IL: Human Kinetics.

Gerhardt, L. (1973). *Moving and knowing: The young child orients himself in space*.

Englewood Cliffs, NJ: Prentice-Hall.

Graham, G., Holt-Hale, S., & Parker, M. (2006). *Children moving: A reflective approach to teaching physical education*. New York: McGraw-Hill.

Hannaford, C. (2005). *Smart moves: Why learning is not all in your head*. Arlington, VA: Great Ocean.

Izard, C. E., & Malatesta, C. Z. (1987). Perspectives on emotional development 1: Differential emotions theory of early emotional development. In J. D. Osofsky (Ed.), *Handbook of infant development* (pp. 494-555). New York: Wiley.

Jellen, H. G., & Urban, K. K. (1986). The TCT-DP(Test for Creative Thinking-Drawing Production): An instrument that can be applied to most age and ability groups. *The Creative Child and Adult Quarterly, 10*(3), 138-155.

Kephart, N. C. (1971). *The slow learner in the classroom*. Columbus, Ohio: Charles E. Merrill Publishing Company.

Klein, J. (1990). Young children and learning. In W. J. Stinson (Ed.), *Moving and learning for the young child* (pp. 23-30). Reston, VA: AAHPERD.

Laban, R. (1963). *Modern educational dance* (2nd ed.). London: MacDonald & Evans.

Laban, R. (1975). *Modern educational dance* (3rd ed.). Boston: Plays, INC.

Marsh, H. W., Richards, G., Johnson, S., Roche, L., & Tremayne, P. (1994). Physical self-description questionnaire: Psychometric properties and multitrait? Multimethod analysis of relations to existing instruments. *Journal of Sport & Exercise Psychology, 16*, 270-305.

Mosston, M., & Ashworth, S. (1990). *The spectrum of teaching styles: From command to discovery*. New York: Longman.

National Association for Sport and Physical Education (NASPE). (2002). *Active start: A statement of physical activity guidelines for children birth to five years*. Reston, VA: Author.

Pangrazi, R, P. (1982). Physical education self-concept and achievement. *Journal of Physical Education, Recreation and Dance, 11*(2), 16-18.

Pica, R. (2003). *Experiences in movement: Birth to age eight* (3rd ed.). Clifton Park, NY: Delmar Learning.

Pica, R. (2010). (출생부터 8세까지) 유아를 위한 동작 · 음악교육 (*Experiences in movement & music: Birth to age 8*). (김은심 역). 경기: 정민사. (원저는 2009년에 출판).

Purcell, T. M. (1994). *Teaching children dance: Becoming a master teacher*. Champaign:

Human Kinetics.

Reynolds, G., & Jones, E. (1997). *Master players: Learning from children at play*. New York: Teacher College Press.

Seefeldt, V. (1987). Selling the potential rather than the record. *Journal of Physical Education, Recreation and Dance, 58*(7), 42-43.

네이버 지식백과–문화원형백과 https://terms.naver.com/entry.nhn?docId=1804036&cid=49395&categoryId=49395 (2021. 2. 13. '민들레' 검색).

네이버 지식백과–한국민족문화대백과 https://terms.naver.com/entry.nhn?docId=555156&cid=46640&categoryId=46640 (2021. 2. 13. '민들레' 검색).

[사진 출처]

구립보림어린이집

세종어린이집

아이코리아부속 새세대유치원

전원유치원

제3부

영유아동작교육의 실제

제7장

기본 동작

● 학습목표 ●

- 기본 동작을 실행해 보는 과정을 통해 실제적 지식을 습득한다.
- 다양한 기본 동작을 수행할 수 있다.

활동 1 걷기

활동 2 달리기

활동 3 점프하기(높이뛰기)

활동 4 앙감질

활동 5 스키핑

활동 6 말뛰기

활동 7 미끄러지기

활동 8 구부리고 뻗기

활동 9 흔들기

활동 10 꼬기

활동 1 걷기

활동유형	기본 동작(이동 동작)	동작의 구성요소	• 신체인식: 몸 전체의 움직임 • 공간인식: 방향 • 노력: 시간, 힘
활동명	걷기(walking)	대상연령	3세
활동목표	• 속도와 강도를 다르게 하여 걸을 수 있다. • 방향을 바꾸어 걸을 수 있다.		
활동자료	• 신호악기 • 음악: 피아노나 〈행진곡〉 음원		
활동과정	활동내용		
도입	1. 손뼉치기(박수놀이)로 주의집중한다. • 다 같이 박수 5번 시작(짝짝짝짝짝) • 다 같이 박수 3번 시작(짝짝짝) • 다 같이 박수 1번 시작(짝) • 다 같이 박수 0번 시작(___) 2. 피아노나 4/4박자 음악(예: 행진곡)에 맞춰 신체로 반응한다. • 음악 소리에 맞춰 손뼉을 쳐 보자. • 음악 소리가 빨라지면 손뼉을 어떻게 쳐야 할까? 발을 어떻게 굴러야 할까? • 음악 소리가 느려지면 손뼉을 어떻게 쳐야 할까? 발을 어떻게 굴러야 할까? 3. 활동을 소개한다. • 오늘은 걷기 활동을 해 볼 거야.		
전개	4. 음악에 맞추어 걸어 본다. • 음악을 듣고 음악 소리에 맞춰 걸어 보자. 5. 빠르기와 셈여림이 다른 피아노 소리에 맞춰 걸어 본다. • 빠르기가 어떤지 잘 듣고 걸어 보자. • 이번에는 소리의 크기가 다를 거야. 강한 소리가 날 때는 어떻게 걸으면 좋을까? 소리가 약하게 날 때는 어떻게 걸어 볼까? • 이번에는 빠르기와 셈여림이 섞여 있어. 잘 듣고 걸어 보자(예: 빠르고 강하게, 빠르고 여리게 등). 6. 방향을 바꾸어 가며 걸어 본다. • 걸어가다가 신호음(예: 탬버린, '쾅' 하는 피아노 소리)이 들리면 방향을 바꾸어 걸어 보자. 7. 이완활동을 한다. • 다 같이 양팔을 크게 벌리면서 숨 쉬어 보자.		

평가 및 마무리	8. 활동에 대한 생각과 느낌을 이야기 나눈다. • 오늘은 빠르게 느리게, 힘 있게 부드럽게 걸어 보았는데 어땠니? • 방향을 조절하면서도 걸어 보았는데 어땠니? 9. 다음 활동으로 전이한다.
유의점	• 신호악기는 명확한 소리가 나는 것으로 선택한다. • 빠르기와 셈여림이 다른 피아노 반주에 맞춰 걷기활동을 할 때는 예측 가능하게 반주(예: 2마디 느리게, 2마디 빠르게, 다시 2마디 느리게, 2마디 빠르게)하다가 점차 변화를 주는 것이 효과적이다. • 활동 공간에 비해 인원이 많을 경우에는 반 그룹씩 나누어 활동한다.
활동평가	• 팔과 다리를 엇갈리며 걸을 수 있는가? • 속도와 강도를 조절하여 걸을 수 있는가?
확장활동	• 피아노나 음원 대신 북소리에 맞춰 걸어 본다. • 줄을 놓거나 선을 그어 놓고 따라 걸어 본다. • 발끝으로 걸어 본다.

〈유치원 행진곡〉

※ 이 악보는 『어린이 춤곡』(이은화, 김순세 공편, 형설출판사, 1996)에서 참고하였음

확장활동자료

〈놀람 교향곡〉

Haydn 곡

〈줄 따라 걷자〉

佐藤亘弘 곡

활동 2 달리기

활동유형	기본 동작(이동 동작)	**동작의 구성요소**	• 신체인식: 몸 전체의 움직임 • 노력: 시간
활동명	달리기(running)	**대상연령**	4세
활동목표	• 음악의 리듬과 빠르기에 맞춰 팔과 다리를 엇갈리며 달릴 수 있다.		
활동자료	• 신호악기 • 음악: 피아노나 〈달리기〉 음원		
활동과정	**활동내용**		
도입	1. 〈달리기〉 음악으로 주의집중한다. • 이 음악에 맞춰서 어떻게 움직일 수 있을까? 2. 활동을 소개한다. • 이 음악은 달리기를 하도록 만든 곡이야. • 음악을 들으면서 제자리에 앉아서 달리기를 해 보자.		
전개	3. 유아들 중 한 명이 나와 달리기 동작 시범을 보여 준다. • 달리기 동작을 보여 줄 사람 있니? 4. 유아 두 명이 나와 달리기와 빠르게 걷기를 한다. • 달리기와 빠르게 걷기는 어떤 점이 다를까? • 한 명은 달려 보고 한 명은 빠르게 걸어 보자. 5. 달리기와 빠르게 걷기의 차이점을 말해 준 후 약속을 정한다. • 달리기를 하면 두 발이 동시에 공중에 뜰 때가 있대. 빠르게 걷기와 다른 점이야. • 안전하게 달리기를 하려면 어떤 약속이 필요할까? (예: 같은 방향으로 달린다.) 6. 반 그룹씩 나와 달리기를 한다. 7. 전체가 나와 달리기를 한다. 8. 이완활동을 한다. • 다 같이 천천히 걸어 보자. 걸음을 멈추고 양팔을 크게 벌리면서 숨 쉬어 보자.		
평가 및 마무리	9. 활동에 대한 생각과 느낌을 이야기 나눈다. • 음악에 맞춰 달려 보았는데 어땠니? 10. 다음 활동으로 전이한다.		
유의점	• 공간을 충분히 활용하기에 인원이 많으면 전체 활동은 지양한다.		
활동평가	• 음악의 빠르기에 맞춰 팔과 다리를 엇갈리며 달릴 수 있는가?		
확장활동	• 빠르기가 다른 음악에 맞춰 달리기를 한다.		

〈달리기〉

※ 이 악보는『어린이 춤곡』(이은화, 김순세 공편, 형설출판사, 1996)에서 참고하였음

활동 3 점프하기(높이뛰기)

활동유형	기본 동작(이동 동작)	동작의 구성요소	• 신체인식: 몸 전체의 움직임, 신체 부분의 움직임 • 공간인식: 수준 • 노력: 힘
활동명	점프하기(높이뛰기, jumping)	대상연령	4세
활동목표	• 두 발을 모아 높이 뛸 수 있다. • 유연하게 바닥에 착지할 수 있다.		
활동자료	• 신호악기 • 음악: 피아노나 〈높이뛰기〉 음원		
활동과정	활동내용		
도입	1. 간단한 손유희로 주의집중한다. 2. 피아노 연주나 음원을 듣고 소리 크기를 확인한다. • 선생님이 음악을 들려줄 텐데 더 세게 강조해서 연주되는 부분이 있어. 어떤 부분인지 잘 들어 보자. • 어떤 부분이 세게 연주된 것 같니? (각 마디의 첫 음이 세게 강조되어 연주된다.) 3. 활동을 소개한다. • 오늘은 이 음악에 맞춰 높이 뛰어 볼 거야. • 어느 부분에서 높이 뛰면 좋을까? (유아들의 의견대로 해 보고 교사도 제안할 수 있다.)		
전개	4. 한 명이 나와 시범을 보인다. • 너희 중 한 명이 나와서 어떻게 높이 뛸 수 있는지 해 보자. • 높이 뛰었다가 내려올 때 무릎을 어떻게 하면 좋을까? (무릎을 구부리면서 내려온다.) 5. 반 그룹씩 나와 높이뛰기를 한다. 6. 전체가 나와 높이뛰기를 한다. 7. 이완활동을 한다. • 팔을 위로 쭉 뻗어 보자. 한쪽 다리를 앞으로 내밀고 살짝 누르듯이 아래로 내려가 보자.		
평가 및 마무리	8. 활동에 대한 생각과 느낌을 이야기 나눈다. • 제자리에서 높이뛰기를 해 보았는데 어땠니? • 어떻게 하면 높이뛰기를 잘 할 수 있을까? 9. 다음 활동으로 전이한다.		
유의점	• 점프할 때 팔은 자유롭게 움직인다. • 음원을 사용하는 경우 높이 뛰는 부분에서 신호악기를 연주한다.		
활동평가	• 음악의 악센트에 맞춰 높이 뛸 수 있는가? • 무릎을 구부리고 착지할 수 있는가?		
확장활동	• 〈높이 뛰세요〉 음악에 맞춰 높이뛰기를 한다('기본 동작 응용' 활동 2 참고). • 〈높이뛰기〉 음악에 맞춰 걷거나 달리다가 높이뛰기를 한다(1, 3, 5, 7마디는 걷거나 달리기, 2, 4, 6, 8마디는 높이뛰기).		

〈높이뛰기〉

김진영 곡

활동 4 앙감질

활동유형	기본 동작(이동 동작)	동작의 구성요소	• 신체인식: 몸 전체의 움직임
활동명	앙감질(hopping)	대상연령	4세
활동목표	• 균형을 잡고 한 발로 뛸 수 있다.		
활동자료	• 음악: 피아노나 〈앙감질〉 음원		
활동과정	활동내용		
도입	1. 〈앙감질〉 음악으로 주의집중한다. • 이 음악에 맞춰서 어떻게 움직일 수 있을까? 2. 활동을 소개한다. • 오늘은 한 발로 뛰어 볼 거야. 한 발로 뛰는 것을 앙감질이라고 해. • 한 발로 뛰다가 넘어질 것 같으면 어떻게 하면 좋을까? (예: 발을 바꿔 뛴다.)		
전개	3. 일정한 박에 맞춰 제자리에서 손이나 발로 앙감질을 한다. • 이번에는 일정한 박에 맞춰 발을 바꿔 볼 거야. • 먼저, 손으로 해 보자. 네 박마다 오른손, 왼손을 바꾸어 가며 무릎을 쳐 볼 거야. • 이번에는 앉은 상태에서 발을 바꾸어 가며 앙감질을 해 보자. 4. 한 명이 나와 시범을 보인다. • 누가 나와서 앙감질을 해 볼까? 5. 반 그룹씩 나와 자유롭게 발을 바꿔 가며 앙감질을 한다. • 한 발로 앙감질을 하다가 넘어질 것 같으면 다른 발로 뛰어 보자. 6. 반 그룹씩 나와 박에 맞춰 발을 바꿔 가며 앙감질을 한다. • 처음에는 4박마다 발을 바꿔 보자. • 이번에는 2박마다 바꿔 보자. 7. 이완활동을 한다. • 다리를 구부렸다 펴 보자. 허리를 오른쪽으로 쭉 돌려 보고, 이번에는 반대로 왼쪽으로 쭉 돌려 보자.		
평가 및 마무리	8. 활동에 대한 생각과 느낌을 이야기 나눈다. • 발을 바꿔 가며 뛰어 보았는데 어땠니? 9. 다음 활동으로 전이한다.		
유의점	• 유아들의 수준에 따라 8박마다 앙감질을 해 본다. • 박에 맞춰 앙감질을 할 때는 말(예: 하나 둘, 하나 둘)과 리듬막대로 박을 맞춰 주면 효과적이다.		
활동평가	• 한 발로 균형을 잡고 뛸 수 있는가? • 넘어지지 않고 한 발로 몇 번을 뛸 수 있는가?		
확장활동	• 빠르기가 다른 음악에 맞춰 앙감질을 한다.		

〈앙감질〉

※ 이 악보는 『어린이 춤곡』(이은화, 김순세 공편, 형설출판사, 1996)에서 참고하였음

활동 5 스키핑

활동유형	기본 동작(이동 동작)	동작의 구성요소	• 신체인식: 몸 전체의 움직임
활동명	스키핑(skipping)	대상연령	5세
활동목표	• 불규칙적인 리듬에 맞춰 양발로 뛸 수 있다.		
활동자료	• 음악: 피아노나 〈스키핑〉 음원		
활동과정	활동내용		
도입	1. 양손을 사용해 불규칙적인 리듬으로 책상을 두드리며 주의집중한다. • 선생님이 방금 쳤던 리듬과 아주 잘 어울리는 음악을 준비해 왔어. 2. 피아노 연주나 음원을 듣고 느낌과 움직이는 방법에 대해 이야기 나눈다. • 어떤 느낌이 들었어? • 이 음악에 맞춰 어떻게 움직일 수 있을까? 3. 몇 명의 유아가 음악에 맞춰 자유롭게 움직여 본다. • 너희들이 느끼는 대로 움직여 보자(교사는 스키핑 동작과 가까운 동작이 있는지 관찰한다). 4. 음악과 가장 잘 어울리는 움직임에 대해 이야기한다. • 친구들이 음악에 맞춰 움직여 보았는데 어떤 움직임이 가장 잘 어울리는 것 같아? 왜 그렇게 생각했니? 5. 활동을 소개한다. • 오늘은 스키핑이라는 동작을 해 볼 거야.		
전개	6. 교사가 시범을 보인다. • 선생님이 한번 해 볼 텐데 팔과 다리가 어떻게 움직이는지 잘 보자. 7. 스키핑 동작에 대해 이야기 나눈다. • 선생님이 움직일 때 팔이 어떻게 움직였니? • 다리는 어떻게 움직였니? 8. 스키핑할 때 약속을 정한다. • 안전하게 스키핑을 하려면 어떤 약속이 필요할까? (예: 같은 방향으로 달린다.) • 달리기 했을 때처럼 부딪히지 않고 안전하게 움직이기 위해 한 방향으로만 스키핑하도록 하자. 9. 반 그룹이 나와 스키핑을 한다. • 친구들이 어떻게 움직이는지 잘 보자. 10. 이완활동을 한다. • 양팔을 크게 벌리면서 숨 쉬어 보자. 한번 더 숨 쉬어 보자. 11. 나머지 반 그룹이 나와 스키핑을 한다. 12. 이완활동을 한다.		

평가 및 마무리	13. 활동에 대한 생각과 느낌을 이야기 나눈다. • 음악에 맞춰 스키핑이라는 동작을 해 보았는데 어땠니? 14. 다음 활동으로 전이한다.
유의점	• 양발을 엇갈려서 하는 스키핑 동작이 잘 안 될 때는 옆으로 스키핑이나 같은 발을 일정하게 앞으로 먼저 내딛고 움직이는 스키핑을 먼저 시도한다.
활동평가	• 양발을 번갈아 가며 불규칙적인 리듬에 맞춰 뛸 수 있는가?
확장활동	• 스키핑 동작이 포함된 다양한 리듬 동작을 한다.

〈스키핑〉

Burns 곡

〈옆으로 스키핑〉

※ 이 악보는『어린이 춤곡』(이은화, 김순세 공편, 형설출판사, 1996)에서 참고하였음

활동 6 말뛰기

활동유형	기본 동작(이동 동작)	동작의 구성요소	• 신체인식: 몸 전체의 움직임
활동명	말뛰기(gallopping)	대상연령	4세
활동목표	• 특정한 리듬에 맞춰 말이 달리는 것처럼 뛸 수 있다.		
활동자료	• 말 · 호랑이 · 토끼 · 강아지 사진, 말이 달리는 동영상 • 음악: 피아노나 〈말뛰기〉 음원		
활동과정	활동내용		
도입	1. 〈말뛰기〉 음악으로 주의집중한다. • 음악이 어떻니? 2. 〈말뛰기〉 음악에 대해 이야기 나눈다. • 이 음악은 어떤 동물이 달리는 것을 나타낸 음악이야. • 여기 앞에 어떤 동물들이 있니? – 호랑이, 말, 토끼, 강아지 • 여기 앞에 있는 동물들 중에 어떤 동물이 달리는 것을 표현한 것인지 알아맞혀 보자. 왜 그렇게 생각했니? 3. 말에 대한 사전 경험에 대해 이야기 나눈다. • 말이 달리는 것을 본 적이 있니? 4. 말이 달리는 동영상을 본다. • 말이 달리는 동영상을 보여 줄 텐데, 다리의 움직임에 집중해서 보면 좋을 것 같아. 5. 말이 달릴 때 다리의 움직임에 대해 이야기 나눈다. • 말이 달릴 때 다리가 어떻게 움직였니? 6. 활동을 소개한다. • 오늘은 말처럼 뛰는 말뛰기를 해 볼 거야.		
전개	7. 손으로 무릎을 치며 말이 달릴 때 다리의 움직임을 흉내 낸다. • 우리 두 손이 말의 다리라고 생각하고 말이 달릴 때 움직이는 것처럼 무릎을 두드려 볼까? 8. 교사가 시범을 보인다. • 선생님이 말뛰기를 해 볼 텐데, 다리가 어떻게 움직이는지 잘 보자. 9. 말뛰기 동작에 대해 이야기 나눈다. • 선생님이 움직일 때 다리가 어떻게 움직였니? • 그래. 한 발을 먼저 내딛고 바로 다른 발을 따라 붙이면 돼. 10. 말뛰기를 할 때 지킬 약속을 정한다. • 말뛰기도 스키핑 할 때처럼 같은 방향으로 움직이도록 하자. 11. 반 그룹이 나와 말뛰기를 한다. 12. 이완활동을 한다. • 다리를 쭉 펴고 자리에 앉아 보자. 다리를 두드려 보자. 13. 나머지 반 그룹이 나와 말뛰기를 한다. 14. 이완활동을 한다.		

평가 및 마무리	15. 활동에 대한 생각과 느낌을 이야기 나눈다. • 말처럼 뛰어 보았는데 어땠니? 16. 다음 활동으로 전이한다.
유의점	• 처음에는 각자 편한 발을 먼저 내딛다가, 익숙해지면 발을 바꾸어 가며 말뛰기를 한다.
활동평가	• 말이 달리는 것처럼 불규칙한 리듬에 맞춰 뛸 수 있는가?
확장활동	• 빠르기가 다른 음악에 맞춰 말뛰기를 한다.

〈말뛰기〉

Spaulding 곡

※ 이 악보는 『어린이 춤곡』(이은화, 김순세 공편, 형설출판사, 1996)에서 참고하였음

활동 7 미끄러지기

활동유형	기본 동작(이동 동작)	동작의 구성요소	• 신체인식: 몸 전체의 움직임 • 노력: 힘
활동명	미끄러지기(sliding)	대상연령	5세
활동목표	• 양 다리를 엇갈려 부드럽게 미끄러질 수 있다.		
활동자료	• 피겨스케이팅 동영상 자료나 사진자료 • 음악: 피아노나 〈얼음 지치기〉 음원		
활동과정	활동내용		
도입	1. 간단한 손유희로 주의집중한다. 2. 미끄러지기 음악에 대해 이야기 나눈다. • 선생님이 어떤 음악을 들려줄 텐데, 이 음악은 겨울에 어떤 놀이를 하는 모습을 음악으로 표현한 거야. 어떤 놀이일까? • 왜 그렇게 생각했니? 3. 스케이트에 대한 사전 경험에 대해 이야기 나눈다. • 스케이트를 타 본 적이 있니? • 어디서 탔었니? • 탈 때 기분은 어땠어? • 스케이트가 미끄러질 때 느낌은 어떠니? 4. 활동을 소개한다. • 오늘은 얼음 위에서 스케이트 타듯이 미끄러지기 활동을 해 볼 거야.		
전개	5. 스케이트 탈 때 움직임에 대해 이야기 나눈다. • 스케이트 타는 동영상을 준비해 왔어. 팔과 다리를 어떻게 움직이는지 잘 보자. • 팔을 어떻게 움직이니? 다리는 어떻게 움직이니? • 얼음 위에서 미끄러지는 모습이 어떤 것 같아? 6. 유아들 중 몇 명이 나와서 스케이트 동작 시범을 보여 준다. • 스케이트 타듯이 미끄러지는 동작을 보여 줄 사람 있니? 7. 반 그룹씩 나와 미끄러지기를 한다. • 음악에 맞춰 자유롭게 양다리를 엇갈려 미끄러지기를 해 보자. 8. 전체가 나와 미끄러지기를 한다. 9. 다양한 피겨 스케이팅 동작을 한다. • 얼음 위에서 할 수 있는 다양한 동작을 자유롭게 해 보자. • 이번에는 얼음 위에서 빙그르르 돌아 보자. • 한쪽 다리를 뒤로 높게 뻗으며 미끄러져 보자. • 뒤로도 미끄러져 볼까? 10. 이완활동을 한다. • 온몸을 최대한 크게 펴 보자. 다시 몸을 작게 웅크렸다가 크게 펴 보자.		

평가 및 마무리	11. 활동에 대한 생각과 느낌을 이야기 나눈다. • 스케이트 타듯이 미끄러지기 동작을 해 보았는데 어땠니? 12. 다음 활동으로 전이한다.
유의점	• 앞으로 미끄러지기, 뒤로 미끄러지기, 돌기, 엉덩방아 찧기 등 다양한 표현을 격려한다.
활동평가	• 양다리를 번갈아 가며 부드럽게 미끄러지듯이 앞으로 나아갈 수 있는가?
확장활동	• 트랙을 그려 놓고 경기하듯이 스피드 스케이팅 동작으로 미끄러지기 동작을 한다.

〈얼음 지치기〉

Roeder 곡

※ 이 악보는『어린이 춤곡』(이은화, 김순세 공편, 형설출판사, 1996)에서 참고하였음

활동 8 구부리고 뻗기

활동유형	기본 동작(비이동 동작)	동작의 구성요소	• 신체인식: 신체 부분의 움직임, 신체 모양
활동명	구부리고 뻗기 (bending and stretching)	대상연령	3세
활동목표	• 다양한 신체 부분을 유연하게 구부리고 뻗을 수 있다.		
활동자료	• 구부러진 모양의 사물 사진, 쭉 뻗은 모양의 사물 사진 • 음악: Neil Stacey의 〈Ballad For Vukovar〉 음원		
활동과정	활동내용		
도입	1. 수수께끼로 주의집중한다. • 수수께끼를 듣고 아는 사람은 손만 들어 보자. ▷ 이것은 물건입니다. ▷ 이것은 길이가 길고 끝은 구부러져 있습니다. ▷ 이것은 땅을 짚고 다니는 물건입니다. 이것은 무엇일까요? – 지팡이 2. 지팡이의 모양에 대해 이야기 나눈다. • 지팡이 모양이 어떻게 생겼니? 3. 활동을 소개한다. • 오늘은 지팡이처럼 몸을 구부리기도 하고 쭉 뻗어 보는 활동을 할 거야.		
전개	4. 구부러진 모양이나 쭉 뻗은 모양의 사물을 찾아보고 동작으로 해 본다. • 주변에 있는 물건들 중 구부러진 모양의 물건에는 어떤 것이 있을까? • 쭉 뻗은 모양의 물건에는 어떤 것이 있을까? • 친구들 앞에서 그 물건을 몸으로 표현해 보자. ○○처럼 우리도 구부려 보자. 5. 반 그룹씩 나와 활동을 한다. • 이번에는 우리 몸을 다양한 방법으로 구부렸다 뻗어 볼 거야. ▷ 팔을 안으로 구부렸다 펴 보자. ▷ 다리를 뒤로 구부렸다 펴 보자. ▷ 오른팔을 위로 쭉 뻗어 보자. 왼팔을 위로 쭉 뻗어 보자. ▷ 이번에는 양팔을 동시에 위로 쭉 뻗어 보자. ▷ 허리를 아래로 천천히 구부려 보자. 다시 천천히 제자리로 와 보자. ▷ 이번에는 허리를 뒤로 천천히 구부려 보자. 다시 천천히 제자리로 와 보자. • 또 어떤 부분을 구부리거나 펼 수 있을까?		

평가 및 마무리	6. 활동에 대한 생각과 느낌을 이야기 나눈다. • 다양한 방법으로 몸을 구부리기도 하고 쭉 펴 보기도 했는데 어땠니? 7. 다음 활동으로 전이한다.
유의점	• 유아들이 찾은 구부러진 모양의 물건과 쭉 뻗은 모양의 물건을 자유롭게 표현하도록 격려한다.
활동평가	• 양팔과 양다리를 유연하게 구부리고 뻗을 수 있는가?
확장활동	• 신체가 구부러진 모양과 다양한 신체 부위를 쭉 뻗은 모양의 그림이나 사진을 보고 그대로 해 본다.

활동 9 흔들기

<table>
<tr><td>활동유형</td><td>기본 동작(비이동 동작)</td><td>동작의 구성요소</td><td>• 신체인식: 신체 부분의 움직임
• 노력: 힘</td></tr>
<tr><td>활동명</td><td>흔들기(swaying)</td><td>대상연령</td><td>4세</td></tr>
<tr><td>활동목표</td><td colspan="3">• 다양한 신체 부분을 여러 가지 방법으로 흔들 수 있다.</td></tr>
<tr><td>활동자료</td><td colspan="3">• 괘종시계 소리와 사진
• 음악: Rubinstein의 〈Melody 바장조 작품번호 3-1〉 음원</td></tr>
<tr><td>활동과정</td><td colspan="3">활동내용</td></tr>
<tr><td>도입</td><td colspan="3">1. 소리 듣고 알아맞히기로 주의집중한다.
• 이 소리는 무슨 소리일까? – 시계 소리
2. 괘종시계에 대해 이야기 나눈다.
• 이 시계 이름을 혹시 알고 있니?
• 이 시계는 벽에 거는 시계로, '괘종시계'라고 해. 그런데 괘종시계에는 이런 것(추를 가리키며)이 달려 있어. 이게 무엇일까?
• 이건 추라고 하는데, 추가 움직이는 걸 본 사람 있니?
3. 활동을 소개한다.
• 오늘은 이 시계의 추가 흔들거리는 것처럼 몸을 흔들어 볼 거야.</td></tr>
<tr><td>전개</td><td colspan="3">4. 우리 몸 중에 흔들 수 있는 부분에 대해 이야기 나눈다.
• 우리 몸의 어떤 부분을 흔들 수 있을까? (예: 목, 팔, 다리, 몸통 등)
5. 반 그룹씩 나와 흔들기를 한다.
▷ 목을 앞뒤로 부드럽게 흔들어 보자. 목을 양옆으로 부드럽게 흔들어 보자.
▷ 이번에는 목을 앞뒤로 좀 더 강하게 흔들어 보자. 양옆으로 강하게 흔들어 보자.
▷ 양팔을 서로 엇갈려 가며 옆으로 부드럽게 흔들어 보자. 이번에는 앞뒤로 부드럽게 흔들어 보자.
▷ 이번에는 양팔을 강하게 흔들어 보자.
▷ 다리를 앞뒤로 부드럽게 흔들어 보자.
▷ 이번에는 다리를 강하게 흔들어 보자.
▷ 몸 전체를 양옆으로 부드럽게 흔들어 보자.
▷ 이번에는 몸 전체를 강하게 양옆으로 흔들어 보자.
6. 이완활동을 한다.
• 목을 천천히 오른쪽으로 돌려 보자. 이번에는 왼쪽으로 돌려 보자.
• 양팔을 위로 쭉 뻗어 보자.</td></tr>
<tr><td>평가 및 마무리</td><td colspan="3">7. 활동에 대한 생각과 느낌을 이야기 나눈다.
• 우리 몸의 다양한 부분을 강하게 또는 약하게 흔들어 보았는데 어땠니?
8. 다음 활동으로 전이한다.</td></tr>
</table>

유의점	• 강하게 흔들 때 근육이 많이 긴장될 수 있으므로 부드럽게 흔들어 본 후 강하게 흔들어 보는 단계로 활동을 하는 것이 효과적이다.
활동평가	• 몸의 근육을 긴장시켜 강하게 흔들 수 있는가? • 몸을 유연하게 하여 가볍고 부드럽게 흔들 수 있는가?
확장활동	• 우리 주변 물건들 중 흔들거리는 것을 찾아보고 몸으로 표현한다. • 〈흔들흔들〉에 맞추어 리듬 동작을 한다.

확장활동자료

〈흔들흔들〉

김진영 작사 · 작곡

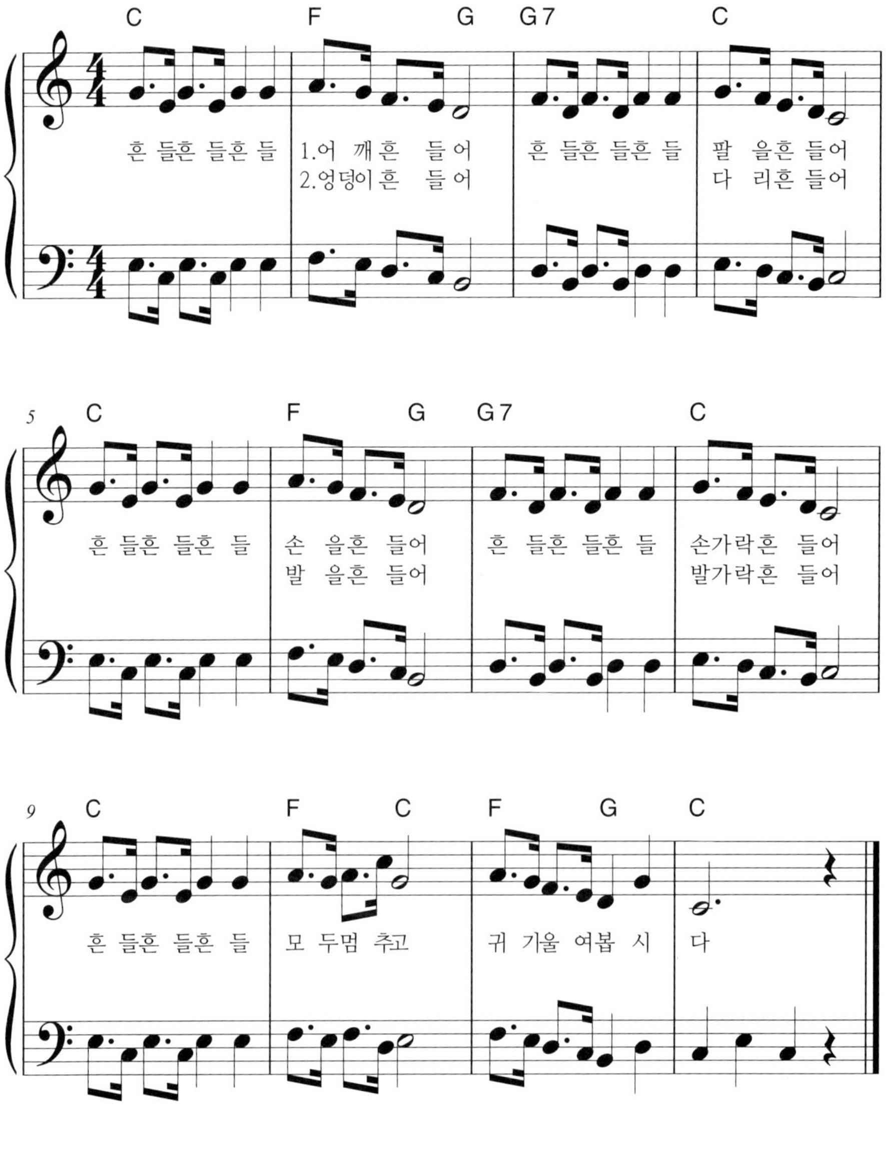

활동 10 꼬기

활동유형	기본 동작(비이동 동작)	동작의 구성요소	• 신체인식: 신체 부분의 움직임
활동명	꼬기(twisting)	대상연령	5세
활동목표	• 다양한 신체 부분을 여러 가지 방법으로 꼬아 볼 수 있다.		
활동자료	• 꽈배기(실물) • 음악: Daquin의 〈뻐꾸기〉 음원		
활동과정	활동내용		
도입	1. 꽈배기로 주의집중한다. ▷ (가려진 접시에 담긴 꽈배기를 보고) 와! 맛있겠다. 선생님 앞에 있는 접시에 맛있는 게 있네. 무엇일까? ▷ 색깔은 갈색이고 조금 길쭉한데 배배 꼬여 있네. 무엇일까? – 꽈배기 2. 꽈배기를 보며 이야기 나눈다. • 너희들 모두 이 빵 먹어 봤니? • 이름이 무엇일까? • 왜 꽈배기라고 이름이 붙었을까? 3. 활동을 소개한다. • 오늘은 이 꽈배기 모양처럼 우리 몸을 꼬아 볼 거야.		
전개	4. 우리 몸 중에 꼬아 볼 수 있는 부분을 찾아본다. • 우리 몸의 어떤 부분을 꼬아 볼 수 있을까? (예: 팔, 다리, 몸통 등) 5. 반 그룹씩 나와 꼬기를 한다. ▷ 내가 꼬아 볼 수 있는 방법대로 양팔을 꼬아 보자. 꼰 상태에서 양팔을 위로 높이 올려 보자. ▷ 팔을 풀지 말고 그 상태로 다리도 꼬아 보자. ▷ 팔과 다리를 꼰 상태에서 몸을 한쪽으로 돌려 보자. ▷ 이번에는 반대 방향으로 꼬아 볼까? ▷ 조금 전에 꼬았던 방향과 반대 방향으로 양팔을 꼬아 보자. 꼰 상태에서 양팔을 위로 높이 올려 보자. ▷ 팔을 풀지 말고 그 상태로 다리도 꼬아 보자. ▷ 팔과 다리를 꼰 상태에서 몸을 한쪽으로 돌려 보자. ▷ 이번에는 모두 제자리에 앉아 보자. ▷ 앉은 상태에서는 몸을 어떻게 꼬아 볼 수 있을까? ▷ 너희들이 꼬아 볼 수 있는 방법을 찾아 꼬아 보자.		

	6. 이완활동을 한다. • 누워서 몸을 최대한 쭉 뻗어 보자. 힘을 뺐다가 다시 쭉 뻗어 보자.
평가 및 마무리	7. 활동에 대한 생각과 느낌을 이야기 나눈다. • 우리 몸의 다양한 부분을 꼬아 보았는데 어땠니? 8. 다음 활동으로 전이한다.
유의점	• 교사의 지시대로 꼬아 볼 수도 있지만 유아들이 탐색하며 찾아볼 수 있도록 한다. • 몸을 제대로 꼬아 신체의 당김을 느껴 볼 수 있도록 한다.
활동평가	• 신체의 일부분을 꼬아 볼 수 있는가?
확장활동	• 우리 주변 물건들 중 꼬인 것을 찾아보고 몸으로 표현한다. • 색깔(또는 모양)과 신체 부위 중 오른손, 왼손, 오른발, 왼발만 표시되어 있는 동작돌림판을 돌려서 나온 색깔(모양)과 신체 부위로만 움직이는 활동을 한다.

제8장

기본 동작 응용

● 학습목표 ●

- 기본 동작을 응용해 보는 과정을 통해 실제적 지식을 습득한다.
- 다양한 기본 응용 동작을 수행할 수 있다.

활동 1 곰 사냥을 떠나자

<table>
<tr><td>활동유형</td><td>기본 동작</td><td>동작의
구성요소</td><td>• 노력: 시간, 힘</td></tr>
<tr><td>활동명</td><td>곰 사냥을 떠나자</td><td>대상연령</td><td>4세</td></tr>
<tr><td>활동목표</td><td colspan="3">• 다양한 상황에 따른 걷기를 경험한다.
• 동작의 요소에 따른 다양한 걷기를 경험한다.</td></tr>
<tr><td>활동자료</td><td colspan="3">• 도입: 풀밭, 강물, 진흙탕, 숲, 눈보라 치는 길, 동굴 길 그림자료
• 전개: 곰 가면, 배경효과음(풀잎 스치는 소리, 물 흐르는 소리, 진흙 밟는 소리, 숲속 소리, 눈보라 치는 소리, 동굴 울리는 소리 등)</td></tr>
<tr><td>활동과정</td><td colspan="3">활동내용</td></tr>
<tr><td>도입</td><td colspan="3">1. 〈굴속의 곰〉 노래로 주의집중한다.
2. 사전활동으로 들었던 동화(『곰 사냥을 떠나자』)에 대해 이야기 나눈다.
• 곰 사냥을 떠난 다섯 남매는 어떤 길을 지나갔었니?
–풀밭, 강물, 진흙탕, 숲, 눈보라 치는 길, 동굴
3. 활동을 소개한다.
• 오늘은 동화 속 남매가 되어 다양한 길을 걸어서 곰을 잡으러 떠나 볼 거야.</td></tr>
<tr><td>전개</td><td colspan="3">4. 각 길을 걸을 때 신체표현 방법에 대해 생각해 본다.
• 너희들이 곰을 잡으러 풀밭을 지나갈 때는 어떨까? 몸을 어떻게 움직여야 할까?
5. 곰 역할과 동굴을 정한다.
• 곰이 되어 보고 싶은 사람 있니?
• 동굴은 어떻게 꾸미면 좋을까?
6. 반 그룹이 나와 활동을 한다.
• 바닥에 앉아 있는 사람들 먼저 나와 곰 잡으러 갈 준비를 하자.
• 곰은 동굴에서 숨어 있자.
• 앉아 있는 사람들은 각 길을 지날 때마다 "곰 잡으러 간단다. 큰 곰 잡으러 간단다."라고 말해 주는 거야.

〈활동 방법〉
교사: 날씨가 정말 좋은 날 ○○반 아이들은 곰을 잡으러 떠납니다.
다 같이: 곰 잡으러 간단다. 큰 곰 잡으러 간단다. (교사와 유아가 함께 리듬감 있는 말투로 말한다.)
교사: 어라, 풀밭이네요. 모두 팔을 쭉쭉 뻗어 풀밭을 헤치며 힘차게 걸어가요.
다 같이: 곰 잡으러 간단다. 큰 곰 잡으러 간단다. (교사와 유아가 함께 리듬감 있는 말투로 말한다.)
교사: 어라, 강이네요. 모두 강을 헤엄치며 지나가요.
다 같이: 곰 잡으러 간단다. 큰 곰 잡으러 간단다. (교사와 유아가 함께 리듬감 있는 말투로 말한다.)
교사: 어라, 진흙탕이네요. 모두 진흙탕을 밟고 무겁게 무겁게 걸어가요.
다 같이: 곰 잡으러 간단다. 큰 곰 잡으러 간단다. (교사와 유아가 함께 리듬감 있는 말투로 말한다.)
교사: 어라, 숲이네요. 모두 숲을 뚫고 빠르게 걸어가요. (교사와 유아가 함께 리듬감 있는 말투로 말한다.)</td></tr>
</table>

	다 같이: 곰 잡으러 간단다. 큰 곰 잡으러 간단다. (교사와 유아가 함께 리듬감 있는 말투로 말한다.) 교사: 어라, 눈보라가 치고 있어요. 다 같이 눈보라를 헤치고 성큼성큼 걸어가요. 다 같이: 곰 잡으러 간단다. 큰 곰 잡으러 간단다. (교사와 유아가 함께 리듬감 있는 말투로 말한다.) 교사: 어라, 동굴이 나타났어요. 혹시 동굴 안에 곰이 살지도 몰라요. 다 같이 살금살금 걸어가요. 으악! 진짜 곰이 보여요. 어서 피해서 동굴을 빠져나가야겠어요. 다 같이 살금살금 걸어서 동굴을 빠져나왔어요. ~~~ 다시 눈보라를 헤치며 성큼성큼 걸어가고~~~ 숲을 뚫고 빠르게 걸어서~~~ 진흙탕을 밟고 처벅처벅 무겁게 걸어가요~~~ 그리고 다시 강물을 헤엄쳐 건너고~~~ 풀밭을 헤치며 힘차게 걸어서 집에 도착했어요. 모두 너무 힘든 하루였어요. "다시는 곰 잡으러 가지 않을 테야."라고 말하며 침대에 누워 잠이 듭니다. 7. 활동한 반 그룹에 대한 평가를 한다. • 다양한 길을 걸어가는 모습을 표현해 보았는데, 어떤 것들이 재미있었니? • 걸어가는 것을 표현할 때 어려운 점은 없었니? 8. 나머지 반 그룹이 나와 활동을 한다. 9. 활동한 반 그룹에 대한 평가를 한다.
평가 및 마무리	10. 활동에 대한 생각과 느낌을 이야기 나눈다. • 오늘은 동화 속 내용에 따라 다양한 상황 속의 걷기를 해 보았는데 어땠니? 11. 다음 활동으로 전이한다.
유의점	• 다양한 길을 꾸며서 이동하거나, 길을 상상하여 활동한다. • 각 길을 걸을 때 유아가 상상한 대로 걸어 볼 수 있다. • 곰은 나와서 활동하는 반 그룹에 속하지 않은 유아 중에 부탁한다.
활동평가	• 빠르고 느리게, 가볍고 무겁게 걸을 수 있는가?
확장활동	• 책에 나온 길 외에 다양한 길(예: 돌밭길, 뾰족한 길, 미끄러운 길 등)을 걸어 보는 활동을 한다.

활동자료

곰 가면

활동 2 높이 뛰세요

활동유형	기본 동작	동작의 구성요소	• 신체인식: 몸 전체의 움직임 • 공간인식: 수준
활동명	높이 뛰세요	대상연령	3세
활동목표	• 신체를 조절하여 다양한 이동 동작을 할 수 있다.		
활동자료	• 음악: 피아노나 〈높이 뛰세요〉 음원		
활동과정	활동내용		
도입	1. 〈높이 뛰세요〉 음악으로 주의집중한다. • 지금 들어 본 노래는 몸을 움직일 수 있도록 만들어진 노래야. • 어떻게 움직일 수 있을까? 2. 활동을 소개한다. • 오늘은 지금 들어 본 노래 〈높이 뛰세요〉에 맞춰 움직여 보는 활동을 할 거야.		
전개	3. 원하는 유아가 나와 노랫말에 맞춰 몸을 움직여 본다. • 앞에 나와서 노랫말에 맞춰 움직여 볼 사람 있니? 4. 다 함께 기본 동작을 확인한다. • 빙글빙글 도는 것은 어떻게 몸으로 표현할 수 있을까? • 흔들흔들 몸을 흔들다가 앉는 것은 어떻게 표현할 수 있을까? 5. 반 그룹씩 나와 활동을 한다. 6. 전체가 나와 활동을 한다. 7. 이완활동을 한다. • 다 같이 엎드려서 팔과 다리를 쭉 뻗어 보자. • 엎드린 상태에서 엉덩이를 뒤로 쭉 빼 보자. 다시 앞으로 쭉 엎드려 보자.		
평가 및 마무리	8. 활동에 대한 생각과 느낌을 이야기 나눈다. • 노래에 맞춰 다양한 이동 동작을 해 보았는데 어땠니? 9. 다음 활동으로 전이한다.		
유의점	• 노랫말에서 제시하는 기본 동작을 잘 수행하는지 유의하며 진행한다.		
활동평가	• 다양한 이동 동작을 바르게 할 수 있는가?		
확장활동	• 처음에는 노랫말 그대로 움직여 보다가, 다양한 기본 동작으로 노랫말을 바꾸어 본다.		

〈높이 뛰세요〉

김진영 작사 · 작곡

활동 3 동대문을 열어라

활동유형	기본 동작	동작의 구성요소	• 공간인식: 일반공간, 경로
활동명	동대문을 열어라	대상연령	5세
활동목표	• 일반공간을 활용하여 다양한 경로를 이동하며 이동 동작을 할 수 있다.		
활동자료	• 탬버린 • 음악: 〈동대문 놀이〉 음원		
활동과정	활동내용		
도입	1. 〈동대문 놀이〉 노래로 주의집중한다. 2. 동대문 놀이에 대해 이야기 나눈다. • 이 노래에 맞춰 동대문 놀이를 해 본 적 있니? • 어떻게 하는 놀이인지 누가 이야기해 줄까? (유아들의 설명을 들은 후 교사가 정리해 준다.) 〈놀이 방법〉 ① 기차처럼 한 줄로 서서 대문 주변을 돌기도 하고 대문 안을 지나가기도 한다. ② "~열두 시가 되면은 문을 닫는다"라고 노래 부르며 올렸던 두 손을 내리면서 대문을 닫는다. ③ 대문 안에 갇힌 유아가 있으면 대문 역할을 하는 유아 중 한 명과 역할을 바꾼다. 3. 활동을 소개한다. • 오늘은 동대문 놀이를 하면서 기본 동작을 해 볼 거야. • 선생님이 제시하는 기본 동작대로 움직이다가 이 소리(탬버린 흔드는 소리)가 들리면 모든 동작을 멈추고 선생님을 바라보는 거야.		
전개	4. 기본 동작을 확인한다. • 다 같이 제자리에서 일어나 보자. • 앙감질은 어떻게 했었지? • 다 같이 두 발 모아 뛰어 보자. • 저기 앞에 줄이 그어진 곳까지 스키핑을 하면서 가 보자. • 다시 제자리로 말뛰기를 하면서 와 보자. 5. (자리에 앉아서) 대문 역할을 할 유아를 정한다. • 오늘은 두 명씩 총 네 개의 대문을 만들어 볼 거야. 그래서 여덟 명이 필요한데, 대문을 해 보고 싶은 사람 손 들어 보자. 6. 대문 위치를 정하고 기차처럼 한 줄로 선다. 7. 다 함께 활동을 한다.		

	• 먼저, 천천히 걷기! "동동 동대문을 열어라 남남 남대문을 열어라 열두 시가 되면은 문을 닫는다." (탬버린 흔들기) ⇒ 누가 잡혔을까? 잡힌 사람은 대문 맡은 사람 중 한 명과 바꾸자. • 다시 기차 출발할 건데, 이번엔 옆으로 걷기! "동동 동대문을 열어라 남남 남대문을 열어라 열두 시가 되면은 문을 닫는다." (탬버린 흔들기) ⇒ 누가 잡혔을까? 잡힌 사람은 대문 맡은 사람 중 한 명과 바꾸자. ※ 빠르게 걷기, 옆으로 걷기, 앙감질하기, 스키핑하기, 말뛰기하기 등 다양한 이동 동작을 하며 놀이한다. 8. 이완활동을 한다. • 다 같이 양팔을 위로 올리며 크게 숨 쉬어 보자.
평가 및 마무리	9. 활동에 대한 생각과 느낌을 이야기 나눈다. • 다양한 이동 동작을 하면서 동대문 놀이를 해 보았는데 어땠니? 10. 다음 활동으로 전이한다.
유의점	• 사전활동으로 동대문 놀이를 한 후 본 활동을 하는 것이 효과적이다. • 기본 동작을 확인할 때 교사가 모델링을 해 주면 효과적이다. • 대문에 갇힌 유아와 역할을 바꿀 유아는 유아들끼리 알아서 정한다. 대문을 맡은 유아 두 명이 모두 바꾸기 원할 때는 가위바위보를 할 수 있다. • 음원 없이 다 함께 노래를 부르면서 할 수 있다.
활동평가	• 정해진 일반공간 안에서 자유롭게 경로를 이동하며 다양한 이동 동작을 할 수 있는가?
확장활동	• 실외자유놀이 시간에 해 본다. • 〈대문놀이〉 노래에 맞춰 해 본다.

〈동대문 놀이〉

전래동요

확장활동자료

〈대문놀이〉

전래동요

활동 4 숲속 동물들의 장기자랑

활동유형	기본 동작	동작의 구성요소	• 신체인식: 몸 전체의 움직임
활동명	숲속 동물들의 장기자랑	대상연령	5세
활동목표	• 동물의 특성을 반영하여 다양한 이동 동작을 할 수 있다.		
활동자료	• 도입: 이야기 자료(숲 풍경 삼각대 자료, 동물 막대인형자료), • 전개: 동물 머리띠, 숲속 무대를 생각할 수 있는 공간 • 음악: Saint Saens의 〈동물의 사육제〉 중 '거북이' 음원, 동요 〈산토끼〉 MR, 기본 동작 〈말뛰기〉 음원, 동요 〈아기 다람쥐 또미〉 MR, 〈다섯 원숭이〉 MR		
활동과정	활동내용		
도입	1. 토끼 막대인형자료로 주의집중한다. ▷토끼: 안녕, 난 토끼야. 오늘 숲속에서 동물들의 장기자랑이 열리는데, 나도 참가하거든. 정말 재밌을 것 같아. 너희들도 같이 보러 갈래? 선생님께서는 사회를 봐 주시면 정말 좋을 것 같아요. ▷교사: 그래, 좋아. 그럼 같이 출발해 볼까? 출발!!! 2. '숲속 동물들의 장기자랑' 이야기를 들려준다. • 교사: 숲에 도착했다. (숲 풍경 삼각대 자료를 보여 주며) • 토끼: 나도 장기자랑에 참가해야 하니까 들어갈게. 잘 지켜봐 줘. 교사: 토끼가 이야기한 것처럼 곧 숲속 동물들의 장기자랑이 열릴 거예요. 모두 기대해 보자. 사회자(교사): 지금부터 숲속 동물들의 장기자랑을 시작하겠습니다. 첫 번째 참가자는 거북이입니다. 나와 주세요. (거북이 등장) 거북이: (앞으로 엉금엉금 기어가서 한 바퀴를 천천히 기어서 돌기) 사회자: 네. 첫 번째 참가자였던 거북이님은 누구보다 천천히 기어가서 한 바퀴를 멋지게 돌았습니다. 박수!!! 사회자: 두 번째 참가자는 토끼입니다. 나와 주세요. (토끼 등장) 토끼: (깡총깡총 점프하고, 달리기) 사회자: 네. 두 번째 참가자였던 토끼님은 정말 발랄하게 높이 뛰고 멋진 달리기를 보여 주셨습니다. 박수!!! 사회자: 세 번째 참가자는 말입니다. 나와 주세요. (말 등장) 말: (다그닥 다그닥 말뛰기를 하며 무대 주변을 두 바퀴 돌기) 사회자: 네. 세 번째 참가자였던 말님은 앞발과 뒷발을 엇갈려 가며 멋지게 말뛰기를 해 주셨습니다. 박수!!! 사회자: 네 번째 참가자는 다람쥐입니다. 나와 주세요. (다람쥐 등장)		

	다람쥐: (즐겁게 스키핑하며 지그재그로 뜀) 사회자: 네 번째 참가자였던 다람쥐님은 정말 즐겁게 지그재그로 스키핑을 해 주셨습니다. 박수!!! 사회자: 이제 마지막 참가자를 소개하겠습니다. 원숭이입니다. 나와 주세요. (원숭이 등장) 원숭이: (우끼끼끼 발을 바꿔 가며 앙감질을 함) 사회자: 마지막 참가자였던 원숭이님은 정말 균형을 잘 잡네요. 앙감질을 멋지게 해 주셨습니다. 박수!!! 사회자: 자, 그럼 오늘의 우승자를 발표하겠습니다. 오늘의 우승자는 ○○유치원 어린이 여러분이 뽑아 주세요. (뽑은 대로 우승자 발표) 3. 활동을 소개한다. • 이야기 잘 들었니? • 오늘은 이 이야기 속의 동물들이 되어 다양한 기본 동작을 해 볼 거야.
전개	4. 동화 내용과 동작을 회상하고 유아 중 몇 명이 동작 시범을 보여 준다. • 어떤 동물들이 나왔었니? • 스키핑은 어떻게 하는 건지 친구들 앞에서 보여 줄 사람 있니? 5. 동물 역할을 정한다. • 먼저, 바닥에 앉은 사람들 중 어떤 동물을 맡고 싶은지 생각해 보자. • '저는 원숭이를 하고 싶어요' 하는 사람 손 들어 보자. • '저는 거북이가 되어 볼래요.' 하는 사람 손 들어 보자. 6. 다섯 명 혹은 열 명씩 나와 활동을 한다. • 각자 머리띠를 쓰고 무대 주변에 빙 둘러 서 보자. • 앉아 있는 사람들은 모두 관객이 되는 거야. 관객들은 장기자랑을 할 때마다 박수를 열심히 쳐 주자.
평가 및 마무리	7. 활동에 대한 생각과 느낌을 이야기 나눈다. • 오늘은 이야기 속 주인공이 되어 다양한 기본 동작을 해 보았는데 어땠니? 8. 다음 활동으로 전이한다.
유의점	• 반 인원을 고려하여 각 동물당 맡을 유아 수를 정한다. 다섯 명씩 활동을 할 수도 있고, 한 동물당 두 명씩 맡아 활동을 할 수도 있다. • 동물자료를 제작할 때는 동물의 실제 크기와 비율을 고려하여 제작한다.
활동평가	• 동물의 특성을 반영한 이동 동작을 할 수 있는가?
확장활동	• 숲속 동물들의 다양한 움직임과 모습을 표현하는 창의적 동작을 한다.

활동 공간

숲속 무대 공간

활동자료

숲 풍경 삼각대와 동물 막대인형자료들

동물 머리띠

활동 5 세계 여러 나라의 인사

활동유형	기본 동작	동작의 구성요소	• 신체인식: 몸 전체의 움직임 • 노력: 흐름
활동명	세계 여러 나라의 인사	대상연령	5세
활동목표	• 자유롭게 이동 동작을 하다가 몸을 조절하여 멈출 수 있다. • 세계 여러 나라의 인사법을 안다.		
활동자료	• 도입: 국기 막대자료(프랑스, 미국, 태국, 티베트), 인사법 융판자료 • 전개: 국기 막대자료 • 음악: Dvorak의 〈유모레스크〉 피아노 연주 음원		

활동과정	활동내용
도입	1. 〈세계의 아침인사〉 노래로 주의집중한다. 2. 세계 여러 나라의 인사법에 대해 이야기 나눈다. • 우리나라 사람들은 서로 만났을 때 어떻게 인사하니? – (머리와 허리를 숙이며) 안녕하세요? • 다른 나라 사람들은 어떻게 인사하는지 기억하는 사람 있니? • 이 국기는 어느 나라 국기일까? ○○ 사람들은 어떻게 인사할까? • 다 같이 태국 인사법으로 인사해 보자(프랑스, 미국, 태국, 티베트의 국기를 하나씩 보여 주며 국가 이름과 인사 방법을 알아본다). 3. 활동을 소개한다. • 오늘은 다양한 이동 동작을 하며 돌아다니다가 이 소리(탬버린 흔들기)가 들리면 멈추는 거야. 그리고 선생님이 4개 국기 중 하나를 들며 나라 이름을 말하면 주위에 있는 친구들과 그 나라 인사법으로 인사를 할 거야.
전개	4. 활동 공간에 대해 이야기 나눈다. • 오늘 활동은 어디에서 해야 할까? – 색테이프로 표시된 일반공간 확인 5. 다 같이 나와 활동을 한다. • 모두 나와 넓게 서 보자. 〈활동의 예〉 ▷ 걸어가다가 멈추기 – 태국! ▷ 앙감질하다가 멈추기 – 미국! ▷ 스키핑하다가 멈추기 – 태국! ▷ 미끄러지기하다가 멈추기 – 티베트! ▷ 두 발 모아 뛰다가 멈추기 – 프랑스!

	6. 이완활동을 한다. • 모두 제자리에 서서 한쪽 발을 뒤로 구부려서 당겨 보자. • 이번에는 반대 발을 뒤로 구부려서 당겨 보자. • 양팔을 위로 쭉 뻗어 최대한 키를 늘려 보자.
평가 및 마무리	7. 활동에 대한 생각과 느낌을 이야기 나눈다. • 오늘은 이동 동작을 하면서 세계 여러 나라의 인사를 해 보았는데 어땠니? 8. 다음 활동으로 전이한다.
유의점	• 공간을 활용하기에 인원이 많으면 전체 활동은 지양한다.
활동평가	• 다양한 이동 동작을 수행할 수 있는가? • 이동 동작을 하다가 순간 몸을 조절하여 멈출 수 있는가?
확장활동	• 보다 다양한 나라의 인사법을 적용한 활동을 한다. • 방향, 속도를 변화시켜 다양한 이동 동작을 한다.

활동자료

프랑스	미국	태국	티베트

프랑스(봉주르)	미국(헬로)
상대방의 뺨을 양쪽으로 두 번 대기	악수하거나 포옹하기

태국(남성: 싸왓디캅, 여성: 싸왓디카)	**티베트(타시텔레)**
두 손을 모으고 팔과 팔꿈치를 몸에 붙인 채 고개를 숙임	자신의 귀를 잡아당기며 상대방을 향해 혀를 길게 내밀어 친밀감을 표현함

활동 6 신문지를 피해라

<table>
<tr><td>활동유형</td><td>기본 동작</td><td>동작의 구성요소</td><td>• 신체인식: 몸 전체의 움직임
• 공간인식: 경로
• 관계: 사물들과의 관계</td></tr>
<tr><td>활동명</td><td>신문지를 피해라</td><td>대상연령</td><td>3세</td></tr>
<tr><td>활동목표</td><td colspan="3">• 신문지를 건드리지 않고 유연하게 이동 동작을 할 수 있다.</td></tr>
<tr><td>활동자료</td><td colspan="3">• 도입: 부분 그림 보고 전체 맞추기 주의집중 자료, 신문지 막대
• 신문지 막대로 만든 다양한 길, 신호악기(탬버린)
• 음악: Gosséc의 〈가보트〉 음원</td></tr>
<tr><td>활동과정</td><td colspan="3">활동내용</td></tr>
<tr><td>도입</td><td colspan="3">1. '부분 그림 보고 전체 맞추기'로 주의집중한다.
• 물음표(?) 안에 있는 것이 무엇인지 알아맞혀 보자.
• (첫 번째 종이를 떼어 낸다.) 무엇인지 알 것 같은 사람 있니? – 신문지
• (모두 떼어 낸 후 또는 유아들이 모두 잘 맞히면 바로 정답 공개)
2. 활동을 소개한다.
• 앞에 무엇이 보이니? – 다양한 모양의 길
• 저 길은 무엇으로 만들었을까?
• 그래. 이렇게 신문을 돌돌 말아서 만든 신문지 막대로 만들었어.
• 오늘은 신문지로 만든 신문지 길을 다양한 방법으로 지나가 볼 거야.</td></tr>
<tr><td>전개</td><td colspan="3">3. 유아들 중 몇 명이 나와서 신문지 길을 건드리지 않고 지나가는 동작 시범을 보여 준다.
• 너희 중에 누가 나와서 신문지 길을 지나가 보자. 그런데 지나갈 때 두 가지 규칙을 지켜야 돼. 어떤 규칙이 필요할까?

〈규칙〉
▷ 신문지 건드리지 않고 지나가기
▷ 각 길마다 다른 방법으로 지나가기

4. 반 그룹씩 나와 활동을 한다.
• 너희들이 생각한 방법대로 규칙을 지키며 신문지 길을 지나가 보자.
5. 교사가 정해 준 방법으로 다 함께 활동한다.
• 이번에는 선생님이 생각한 방법대로 지나가 보자.
• 한 명씩 출발할 텐데 탬버린 소리가 나면 다음 사람이 출발하는 거야.</td></tr>
</table>

	〈활동 방법〉 ① 높이 뛰며 지나가기 ② 발끝으로 걷기 ③ 두 발 모아 뛰어 건너기 ④ 앙감질하기 6. 이완활동을 한다. • 다리를 최대한 앞으로 길게 뻗어서 여덟 번 가 보자. • 이번에는 종종 걸음으로 여덟 번 가 보자. • 마지막으로 숨을 크게 쉬어 보자.
평가 및 마무리	7. 활동에 대한 생각과 느낌을 이야기 나눈다. • 신문지 길을 다양한 방법으로 지나가 보았는데 어땠니? 8. 다음 활동으로 전이한다.
유의점	• 충분하게 동작을 할 수 있도록 각 길을 길게 준비한다.
활동평가	• 다양한 신문지 길을 건드리지 않고 유연하게 이동 동작을 하며 지나갈 수 있는가?
확장활동	• 신문지 외에 다른 사물이나 도구로 길을 만들어 활동한다.

활동자료

부분 그림 보고 전체 맞추기 주의집중 자료

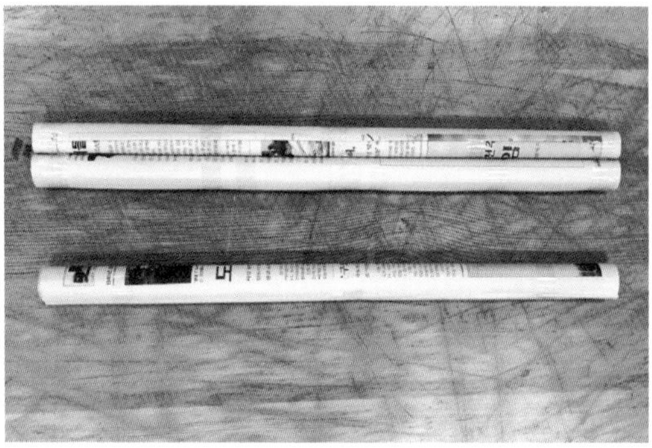

신문지 막대

신문지 막대 길

활동 방법

높이 뛰며 지나가기	발끝으로 걷기	두 발 모아 뛰어 건너기	앙감질하기

활동 7 잠자기 전 스트레칭해요

활동유형	기본 동작	동작의 구성요소	• 신체인식: 신체 부분의 움직임, 신체 모양
활동명	잠자기 전 스트레칭해요	대상연령	3세
활동목표	• 기본적인 비이동 동작을 할 수 있다.		
활동자료	• 도입: Schubert의 〈자장가〉 음원, 곰인형, 스트레칭하는 곰 그림 자료 • 음악: Schumann의 〈트로이메라이〉 음원		
활동과정	활동내용		
도입	1. 자장가를 들려주며 주의집중한다. • 이 음악이 무슨 음악인지 기억나니? – 자장가 • 그런데 자장가를 들어도 잠이 오지 않을 때도 있는 것 같아. 2. 잠이 오지 않았던 경험에 대해 이야기 나눈다. • 밤에 잠이 오지 않았던 적 있니? • 잠이 오지 않을 때 어떻게 했었어? 3. '잠이 오지 않는 곰' 이야기를 들려준다. • 너희처럼 잠이 오지 않았던 곰이 있었대. 그런데 어떤 방법을 통해 잠을 잘 잘 수 있었다고 하거든. 어떤 방법이었을지 들어 볼까? (곰인형을 조작하며) 안녕! 난 곰돌이야. 어젯밤에 잠을 자려고 누웠는데 시간이 지나도 잠이 오지 않는 거야. 노래도 불러 보고, 일어나서 춤도 추고, 엄마가 책도 읽어 주셨는데…… 그래도 잠을 잘 수가 없었어. 어떻게 하지? 자고 싶은데…… 좋은 생각이 났어. 몸을 부드럽게 스트레칭해 주면 몸도 건강해지고 잠을 잘 잘 수 있다는 이야기를 들은 적이 있거든. 그래서 나는 다음과 같은 행동을 했어. (스트레칭하는 사진을 보여 주며 다음 동작들을 이야기하기) ▷ 일어나서 목, 팔, 다리, 몸통을 오른쪽과 왼쪽으로 꼬기 ▷ 팔과 다리를 번갈아 가며 약하게 흔들기 ▷ 몸 전체를 떨기 ▷ 두 손을 모아 위로 높이 뻗고 뻗은 손을 뒤로 젖히기 ▷ 위로 뻗는 두 손을 오른쪽으로 한 번, 왼쪽으로 한 번 구부렸다 펴기 ▷ 앉은 상태에서 상체를 다리 쪽으로 구부렸다 펴기 ▷ 목을 위, 아래, 옆으로 구부렸다 펴기 ▷ 누운 상태에서 팔은 위로, 다리는 아래로 잡아당기듯이 뻗기 그런데…… 이렇게 하니까 어느새 몸이 풀어지는 느낌이 들고 잠이 오기 시작하는 거야. 스르르 눈이 감기고 잠을 잘 수 있었어.		

	4. '잠이 오지 않는 곰' 이야기에 대한 이야기를 나눈다. • 잠이 오지 않았던 곰은 어떤 방법을 통해 잘 잘 수 있었니? – 스트레칭 5. 활동을 소개한다. • 오늘은 이 이야기 속 곰처럼 우리도 다양한 스트레칭을 해 볼 거야.
전개	6. 반 그룹씩 나와 활동을 한다. • 먼저 바닥에 앉은 사람들 나와서 옆 사람과 부딪히지 않게 서 보자. 〈활동 순서〉 ① 목, 팔, 다리, 몸통을 오른쪽으로 꼬기, 왼쪽으로 꼬기 ② 팔 흔들기, 다리 흔들기 ③ 몸 전체 떨기 ④ 두 손을 위로 뻗기, 뻗은 손을 뒤로 젖히기 ⑤ 뻗은 두 손을 오른쪽으로 구부리기, 왼쪽으로 구부리기 ⑥ 앉아서 상체를 다리 쪽으로 구부렸다 펴기 ⑦ 목을 위로 구부리기, 아래로 구부리기, 옆으로 구부리기 ⑧ 누워서 몸 전체 뻗기 ⑨ 힘 빼고 누워 있기
평가 및 마무리	7. 활동에 대한 생각과 느낌을 이야기 나눈다. • 이야기 속 곰처럼 다양한 스트레칭을 해 보았는데 어땠니? 8. 다음 활동으로 전이한다.
유의점	• 스트레칭할 때 조용하고 부드러운 음악을 틀어 주면 효과적이다. • 마지막 활동 순서는 자연스럽게 몸이 이완될 수 있는 동작을 선택한다.
활동평가	• 좌우로 몸을 꼬아 볼 수 있는가? • 팔다리를 자유롭게 흔들 수 있는가? • 유연하게 몸을 구부렸다 펼 수 있는가?
확장활동	• 〈자장가〉 노래 부르기 및 음악감상 활동을 한다. • 다양한 자장가에 맞춰 스트레칭 활동을 한다.

활동자료

곰인형

① 오른쪽으로 꼬기, 왼쪽으로 꼬기	② 팔 흔들기, 다리 흔들기

③ 몸 전체 떨기	④ 두 손을 위로 뻗기, 뻗은 손을 뒤로 젖히기

⑤ 오른쪽으로 구부리기, 왼쪽으로 구부리기	⑥ 앉아서 상체를 다리 쪽으로 구부렸다 펴기

⑦ 목 위, 아래, 옆으로 구부리기	⑧ 누워서 몸 전체 뻗기

활동 8 정글 탐험

활동유형	기본 동작	동작의 구성요소	• 신체인식: 몸 전체의 움직임 • 공간인식: 수준
활동명	정글 탐험	대상연령	4세

활동목표	• 장소의 특징에 따른 다양한 이동 동작을 할 수 있다.
활동자료	• 전개: 다양한 정글 길(숲길, 물웅덩이 길, 악어떼 길, 징검다리 길), 신호악기(소고) • 음악: 동요 〈정글숲〉 음원
활동과정	활동내용
도입	1. 〈정글숲〉 노래로 주의집중한다. 2. 활동을 소개한다. • 오늘은 방금 불렀던 정글숲을 탐험해 볼 거야.
전개	3. 활동 공간에 대해 이야기 나눈다. • 앞에 다양한 길이 있는데 어떤 길들이 보이니? • 하늘색은 무엇을 표현한 걸까? – 물웅덩이 • 그다음에는 무서운 동물이 있네. • 악어떼 길 다음에는 징검다리 길이 있구나. • 각 길 다음에 뭐라고 써 있는데 볼까? – 대기 • '대기'라고 써 있는 곳에서는 무엇을 하는 걸까? 4. 활동 방법에 대해 이야기 나눈다. • 각 길을 다양한 방법으로 탐험하며 지나가 볼 텐데, 어떤 방법으로 지나갈 수 있을까? • 숲길은 어떻게 지나가면 좋을까? 〈활동 방법〉 ▷ 숲길: 기어가기 ▷ 물웅덩이 길: ⊙(웅덩이를 두 발로 건너뜀), ○(한 발로 뛰기–앙감질) ▷ 악어떼 길: 발끝으로 걷기 ▷ 징검다리 길: 두 발 모아 뛰기 ▷ 대기: 다음 길을 갈 준비하며 기다리는 곳 5. 유아 중 몇 명이 나와 동작 시범을 보여 준다. • 너희 중에 두 명만 나와서 정해진 방법대로 탐험을 해 보자. 6. 반 그룹씩 나와 활동을 한다. • 먼저, 바닥에 앉은 사람들이 나와서 한 명씩 출발해 보자. 한 명씩 출발할 텐데, 소고 소리가 나면 다음 사람이 출발하면 돼.

	7. 유아와 함께 새로운 방법을 정해 본다. • 이번에는 다른 방법으로 탐험을 해 보려고 해. 어떤 방법으로 가면 좋을지 이야기해 보자. 8. 유아 중 한 명이 나와 함께 정한 방법으로 동작 시범을 보여 준다. • 너희 중에 한 명이 나와서 방금 정한 방법대로 탐험을 해 보자. 9. 유아와 함께 정한 방법으로 다 함께 활동한다.
평가 및 마무리	10. 활동에 대한 생각과 느낌을 이야기 나눈다. • 오늘은 다양한 동작을 하며 정글을 탐험해 보았는데 어땠니? 11. 다음 활동으로 전이한다.
유의점	• 인원이 많으면 무의미하게 기다리는 유아가 많아질 수 있으므로 주의해야 한다. 이런 경우에는 반 인원을 고려하여 서너 명씩 동시에 출발하도록 계획한다.
활동평가	• 팔과 무릎을 이용하여 기어갈 수 있는가? • 균형감 있게 한 발 뛰기와 두 발 뛰기를 할 수 있는가?
확장활동	• 정글에 사는 동물이 되어 보는 창의적 동작을 한다.

활동 공간

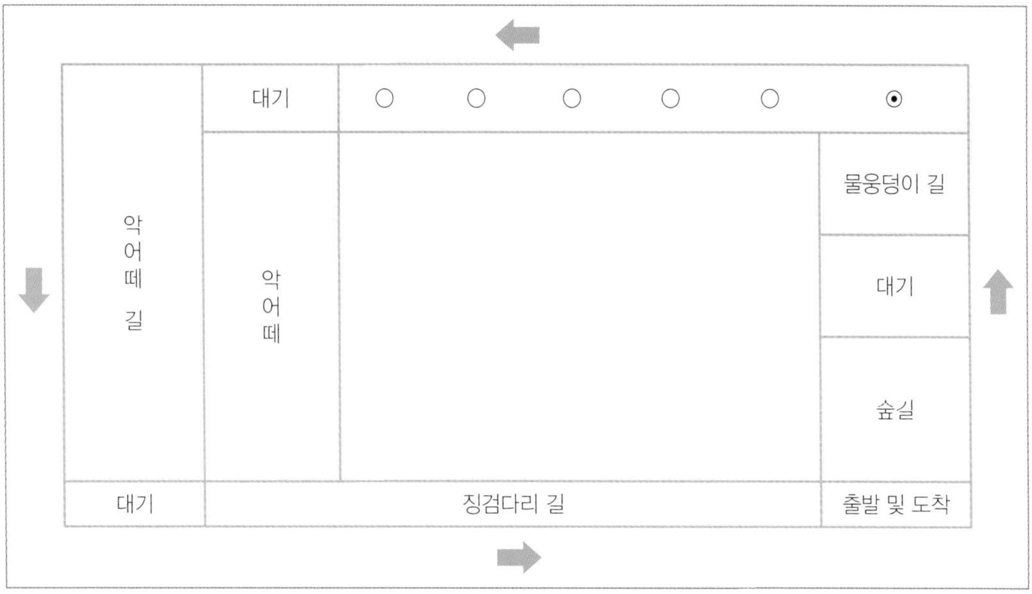

숲길

물웅덩이 길

악어떼가 있는 길

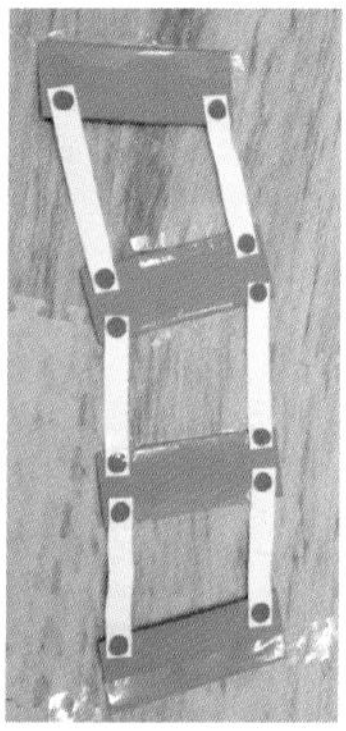

징검다리 길

활동 9 주사위 색깔놀이

활동유형	기본 동작	동작의 구성요소	• 신체인식: 몸 전체의 움직임 • 공간인식: 경로, 범위
활동명	주사위 색깔놀이	대상연령	5세
활동목표	• 신체를 조절하여 다양한 이동 동작을 할 수 있다.		
활동자료	• 도입: 작은 주사위, 이동 동작 주사위 • 전개: 이동 동작 주사위, 색깔 동그라미판		
활동과정	활동내용		
도입	1. 주사위로 주의집중한다. • 이게 무엇이니? – 주사위 • 다 같이 "주사위야, 커져라 커져라 커져라 얍!" 하고 외쳐 보자. 시작! (커다란 주사위 나타남) • 우와! 진짜 주사위가 커졌네. 2. 활동을 소개한다. • 오늘은 이 주사위와 앞에 보이는 색깔판을 가지고 활동을 해 볼 거야.		
전개	3. 주사위에 대해 이야기 나눈다. • 먼저, 주사위에 있는 그림과 글씨를 알아 볼까? 4. 기본 동작을 확인하고 몇 명의 유아가 동작 시범을 보여 준다. • 어떤 동작들이 있나 알아보자. – 기어가기 2개, 점프하기 2개, 앙감질하기 2개 • 기어가기는 어떻게 움직이는 거니? 누가 나와서 보여 줄까? • 앙감질하기는 어떻게 하는 거였지? 앞에 나와서 보여 줄 사람 있니? 5. 색깔 동그라미판에 대해 이야기 나눈다. • 이번엔 색깔판을 보자. • 여러 가지 색깔이 있네. 어떤 색깔이 보이니? 6. 활동 방법과 규칙에 대해 이야기 나눈다. • 다양한 이동 동작이 있는 주사위와 색깔판으로 어떤 활동을 할 수 있을까? 〈주사위 색깔놀이 방법〉 ① 상대편이 주사위를 굴린다. ② 기본 동작을 확인한다. ③ 색깔 동그라미판에 있는 세 가지 색깔 중 하나를 자유롭게 선택한다. ④ 주사위에 나온 기본 동작을 하며 본인이 선택한 색깔만을 밟고 지나간다. • 자기가 선택한 색깔이 아닌 다른 색깔을 밟거나, 균형을 잡지 못해 넘어지면 어떻게 할까? – 예: 바로 전 단계부터 다시 한다. • 기어가기를 할 때는 손과 발을 어떻게 하면 좋을까? – 예: 무릎으로 기어가야 하기 때문에 발은 신경 쓰지 않고 손만 선택한 색깔을 짚도록 한다.		

	• 점프하기를 할 때는 발을 어떻게 해야 할까? – 예: 두 발을 동시에 뛴다. • 오른발로 앙감질을 하다가 왼발로 자유롭게 바꿔도 괜찮을까? (유아들의 의견을 수렴하여 결정한다.) 7. 반 그룹씩 나와 활동을 한다. • 앉아 있는 사람들이 한 명씩 나와 주사위를 굴려 주자.
평가 및 마무리	8. 활동에 대한 생각과 느낌을 이야기 나눈다. • 오늘은 주사위에 나온 대로 이동 동작을 하며 색깔 동그라미판을 지나가 보았는데 어땠니? 9. 다음 활동으로 전이한다.
유의점	• 규칙을 정할 때는 교사가 일방적으로 정하지 말고 유아들과 상의하여 정한다. • 활동 방법도 유아들의 의견을 수렴하여 변경할 수 있다.
활동평가	• 손을 쭉 뻗어 이동할 수 있는가? (기어가기) • 높이 뛰었다가 원하는 곳에 착지할 수 있는가? (점프하기) • 균형을 잡고 이동할 수 있는가? (앙감질하기)
확장활동	• 제시된 이동 동작 외에 다양한 이동 동작을 추가하거나 변경하여 활동한다.

활동 공간

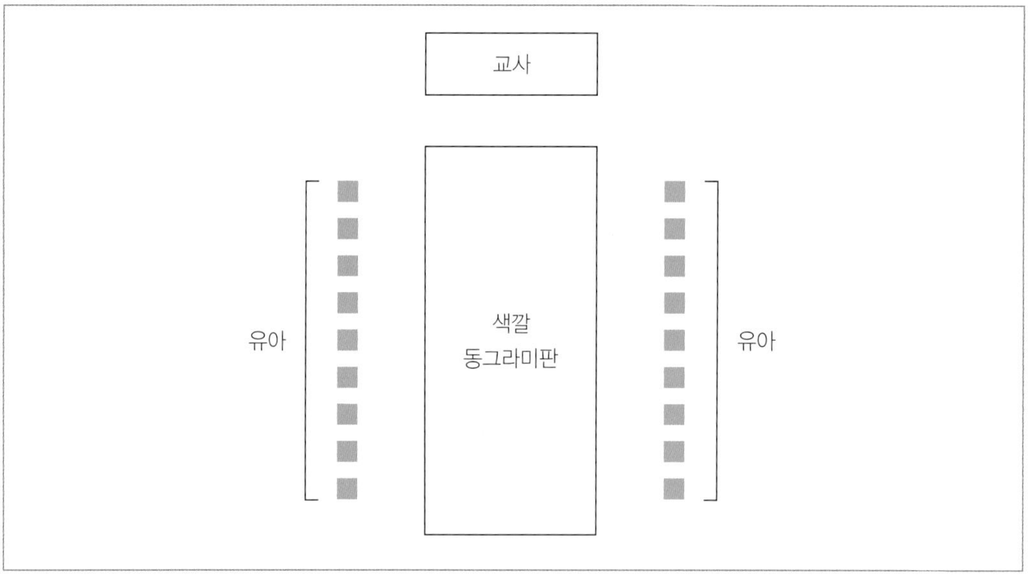

활동자료

이동 동작 주사위

색깔 동그라미판

활동 10 즐겁게 걷다가

<table>
<tr><td>활동유형</td><td>기본 동작</td><td>동작의
구성요소</td><td>• 신체인식: 몸 전체의 움직임, 신체 모양
• 노력: 흐름</td></tr>
<tr><td>활동명</td><td>즐겁게 걷다가</td><td>대상연령</td><td>3세</td></tr>
<tr><td>활동목표</td><td colspan="3">• 신체를 조절하여 다양한 이동 동작을 할 수 있다.</td></tr>
<tr><td>활동자료</td><td colspan="3">• 피아노</td></tr>
<tr><td>활동과정</td><td colspan="3">활동내용</td></tr>
<tr><td>도입</td><td colspan="3">1. 〈즐겁게 걷다가〉 노래를 개사해서 주의집중한다.
▷ 즐겁게 손뼉치다 손뼉치다 멈춰라. 즐겁게 손뼉치다 손뼉치다 멈춰라. 즐겁게 손뼉치다 손뼉치다 멈춰라. 즐겁게 손뼉치다 멈춰라.
▷ 즐겁게 발 구르다 발 구르다 멈춰라, 즐겁게 어깨 흔들다 어깨 흔들다 멈춰라, 즐겁게 일어섰다 앉았다 멈춰라. 즐겁게 손뼉치다 멈춰라.
2. 활동을 소개한다.
• 오늘은 지금 해 본 것처럼 노랫말에 맞춰 움직여 보는 활동을 할 거야. 오늘은 다양한 기본 동작을 하며 움직이다가 멈춰 볼 거야.</td></tr>
<tr><td>전개</td><td colspan="3">3. 기본 동작을 확인한다.
• 스키핑은 어떻게 움직였었니? 누가 나와서 해 볼까? 앙감질은 어떻게 움직였지? 누가 나와서 해 보자.
4. 반 그룹씩 나와 활동을 한다.
• 앉아 있는 사람들은 친구들이 어떻게 움직이는지 보도록 하자. 동작을 멈추었을 때는 어떤 모습인지 관찰해 보자.</td></tr>
<tr><td>평가 및
마무리</td><td colspan="3">5. 활동에 대한 생각과 느낌을 이야기 나눈다.
• 노래에 맞춰 다양한 이동 동작을 해 보다가 멈추고 또 움직이는 활동을 해 보았는데 어땠니?
6. 다음 활동으로 전이한다.</td></tr>
<tr><td>유의점</td><td colspan="3">• 즐겁게 노랫말에 맞춰 움직이는 것에만 집중하지 말고 제시하는 기본 동작을 잘 수행해 내는지 유의하며 진행한다.</td></tr>
<tr><td>활동평가</td><td colspan="3">• 다양한 이동 동작을 바르게 할 수 있는가?
• 몸을 조절하여 순간 멈춤 동작을 자연스럽게 할 수 있는가?</td></tr>
<tr><td>확장활동</td><td colspan="3">• 처음에는 노랫말 그대로 움직여 보다가, 다양한 기본 동작으로 노랫말을 바꾸어 활동한다.</td></tr>
</table>

〈즐겁게 걷다가〉

※ 2003년 숙명여자대학교 음악치료대학원 음악치료 방법 연수자료 중 장지현 음악치료사의 활동을 참고하였음.

제9장

창의적 동작

● 학습목표 ●

- 창의적 동작을 실행해 보는 과정을 통해 실제적 지식을 습득한다.
- 다양한 창의적 동작을 수행할 수 있다.

활동 1 개구리의 성장과정

활동유형	창의적 동작	동작의 구성요소	• 신체인식: 신체 모양 • 공간인식: 일반공간
활동명	개구리의 성장과정	대상연령	4세
활동목표	• 알에서 개구리가 되기까지의 과정을 창의적으로 표현한다. • 일반공간을 활용하여 다양하게 움직인다. • 개구리처럼 뜀뛰기를 할 수 있다.		
활동자료	• 도입: 개구리 소리 • 전개: 개구리의 성장과정 융판자료(총 6장), 연꽃잎 • 음악: 개구리 울음소리, 〈올챙이와 개구리〉 MR, 〈찾았다 개구리〉 MR		
활동과정	활동내용		
도입	1. '개구리' 소리로 주의집중한다. • 오늘 우리 반에 어떤 동물 친구가 놀러 왔대. "어떤 동물인지 알겠어요." 하는 사람은 손을 들고 말해 보자. – 개구리 2. 개구리에 대한 사전 경험에 대해 이야기 나눈다. • 개구리를 어디서 보았니? • 개구리가 어떻게 생겼는지 누가 이야기해 줄까? • 개구리가 되기 전에는 어떤 모습이었을까? 3. 활동을 소개한다. • 오늘은 너희가 개구리가 되어 볼 거야.		
전개	4. 개구리의 성장과정에 대해 이야기 나눈다. • 이야기 나누기 시간에 사용했던 알에서 개구리가 되기까지의 과정을 담은 사진을 가져왔어. • 바구니에 있는 여섯 장의 사진을 보고 누가 순서대로 붙여 볼까? 5. 개구리의 성장과정에 대한 신체표현 방법에 대해 생각해 본다. • 알은 어떤 모습이니? • 우리가 개구리 알이 된다면 몸으로 어떻게 표현할 수 있을지 생각해 보자. • 올챙이는 어떻게 헤엄칠까? • 뒷다리와 앞다리는 우리 몸 중 어떤 것으로 표현할 수 있을까? • 개구리는 헤엄칠 때 어떻게 하니? • 개구리가 연못 위에서 연꽃잎 위를 뛰어다닐 때는 어떤 모습으로 뛸까? 6. 준비동작을 한다. • 개구리가 연꽃잎 위를 뛰어다닐 때 점프하는 모습만 해 볼 거야. • 제자리에서 일어나 옆 사람과 부딪히지 않게 서 보자. • 제자리에서 다 같이 개구리가 뛰는 것처럼 뛰어 볼 거야. 준비~ 점프! 한 번 더 점프! 7. 일반공간에 제시되어 있는 환경을 확인한다. • 저기 보이는 것은 무엇을 나타낸 것일까? – 연꽃잎		

	• 그럼 이 네모 안은 어디일까? – 연못 • 옆에 보이는 작은 네모 안은 땅을 나타낸 거야. 8. 규칙을 정한다. • 앞에 나와서 활동을 하는 사람들이 지켜야 할 규칙에는 어떤 것이 있을까? 〈규칙의 예〉 ▷ 친구와 부딪히지 않는다. ▷ 일반공간 안에서 움직인다. 9. 반 그룹이 나와 활동을 한다. • 바닥에 앉아 있는 사람들이 먼저 나와서 연못 안에 자유롭게 서 보자. 〈이야기의 흐름에 따라 신체로 표현한다〉 ▷ 활동 1: 개구리가 연못에 알을 낳았어요(개구리 울음소리 음원). 작고 동글동글한 모양의 알이에요. 일주일이 지나자 알을 깨고 작은 올챙이들이 나왔어요(〈올챙이와 개구리〉 MR). 올챙이들은 꼬리를 양쪽으로 흔들흔들 움직이며 연못 안을 헤엄쳐 다녔어요. 시간이 흐르고 흘러 두 달이 지나자 뒷다리가 나오기 시작했어요. 서서히 뒷다리가 자라고, 그다음에는 앞다리가 갑자기 '쑥' 하고 나왔네요. 며칠이 지나자 꼬리가 없어지고 드디어 개구리가 되었어요. ▷ 활동 2: (〈찾았다 개구리〉 MR) 개구리는 연못 안을 신나게 헤엄치며 다닙니다. 팔과 다리를 오므렸다 쫙 펴면서 다닙니다. 그러다가 연꽃잎 위에도 올라가요. 연꽃잎 위를 팔딱팔딱 뛰어다녀요. 먹잇감이 나타났어요. 파리예요. 개구리는 헤엄을 쳐서 파리를 쫓다가 연꽃잎 위에서 팔딱 뛰어 혓바닥을 길게 쭉 빼서 파리를 날름 잡아먹어요. 연꽃잎 위에 지렁이도 보이네요. 이번에도 팔딱 뛰어 지렁이를 잡아먹어요. 시간이 흘러 흘러 겨울이 되었어요. 개구리는 땅으로 나와 엎어져서 겨울잠을 잡니다(이야기 속에서 이완이 됨). 10. 활동한 반 그룹에 대한 평가를 한다. • 친구들이 알에서 개구리가 되어 움직이는 모습을 보았는데 어떤 것들이 재미있었니? • 개구리가 되어 본 사람들은 어떤 것들이 재미있었니? 표현하기 어려웠던 것들이 있니? 11. 나머지 반 그룹이 나와 활동을 한다. 12. 활동한 반 그룹에 대한 평가를 한다.
평가 및 마무리	13. 활동 전반에 대한 생각과 느낌을 이야기 나눈다. • 오늘은 알, 올챙이, 개구리가 되어 움직이는 모습을 표현해 보았는데 어땠니? 14. 다음 활동으로 전이한다.
유의점	• 교사의 질문에 대한 유아들의 대답을 듣고 교사는 개구리 모양이나 움직임에 대해 보다 정확하고 세밀한 언어로 표현해 준다. • 준비동작인 개구리처럼 점프하기를 할 때는 다리를 구부렸다가 쫙 펴면서 뛸 수 있도록 격려한다.
활동평가	• 알에서 개구리로 변화하는 모습을 신체로 표현할 수 있는가? • 개구리 뜀뛰기를 할 수 있는가?
확장활동	• '개구리 뜀뛰기' 기본 동작 활동으로 연계한다. • 다양한 동물의 뛰는 모습을 창의적 동작 활동으로 표현한다.

활동 공간

연꽃잎

활동하는 일반공간

활동자료

①

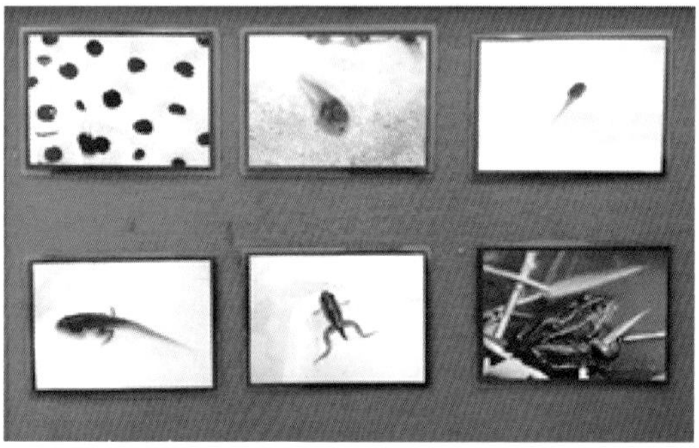

②

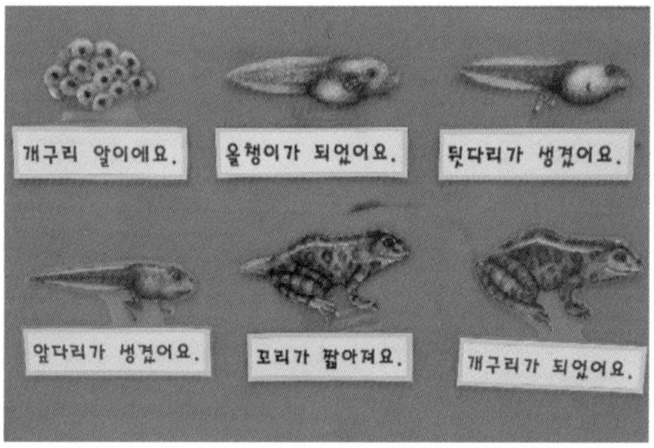

개구리의 성장과정 융판자료

3세에는 교수매체 제작 시 ①과 같이 글씨 사용을 자제하는 것이 좋다. 그러나 연령이 높아지면서 유아가 아는 단어일 경우 글씨를 함께 제공할 수 있으며, 그림을 설명하는 간단한 문장일 경우 ②와 같이 그림과 함께 글을 제공할 수 있다.

활동 2 멋지게 지휘를 해요

활동유형	창의적 동작	동작의 구성요소	• 신체인식: 신체 부분의 움직임 • 노력: 힘 • 관계: 사물들과의 관계
활동명	멋지게 지휘를 해요	대상연령	5세
활동목표	• 음악적 요소에 맞춰 얼굴 표정과 행동으로 지휘자의 역할을 창의적으로 표현한다.		
활동자료	• 도입: 지휘자 사진, 지휘봉 • 전개: 지휘자 나비넥타이, 지휘봉, 보면대, 악보 • 음악: 음악적 요소가 다양한 음악 6곡의 음원		
활동과정	활동내용		
도입	1. 〈놀람 교향곡〉을 틀어 놓고 교사가 지휘봉으로 지휘하며 주의집중한다. 2. 지휘와 지휘자에 대해 알아본다. • 선생님이 지금 한 행동을 무엇이라고 하는지 아는 사람 있니? – 지휘 • (지휘자 사진을 제시하며) 이렇게 음악을 지휘하는 사람을 어떻게 부를까? – 지휘자 • 여러 사람이 노래를 부르거나 연주를 할 때 지휘는 왜 하는 것일까? – 노래나 연주가 예술적으로 조화를 이루도록 앞에서 이끌기 위해 3. 지휘와 지휘자에 대한 사전 경험에 대해 이야기 나눈다. • 여러 사람이 함께 합창을 하거나 연주를 할 때 지휘자가 어떻게 지휘를 했니? • 얼굴 표정은 어땠니? 왜 그런 표정을 지었을까? • 팔을 어떻게 움직였니? • 음악이 빨라지거나 느려질 때, 음악이 힘이 있거나 부드러울 때 지휘는 어떻게 달라졌니? 4. 활동을 소개한다. • 오늘은 너희가 다양한 음악을 지휘하는 지휘자가 되어 볼 거야.		
전개	5. 지휘자와 연주자 역할을 정한다. • 너희 중 돌아가면서 한 명씩 지휘자가 되고, 나머지는 악기를 연주하는 연주가가 되어 볼 거야. • 보다 멋진 지휘자 모습을 위해 넥타이와 이것(지휘봉)을 준비해 왔어. • 이것은 무엇일까? – 지휘봉 • 먼저, ○○부터 ○○까지 여섯 명이 지휘자가 되어 볼 거야. • 앞으로 나와서 나비넥타이를 하고 지휘봉을 하나씩 가지고 서 보자. 6. 지휘자 순서를 정한다. • 선생님이 오늘 여섯 곡을 준비해 왔어. 한 사람이 한 곡을 지휘해 볼 거야. • 여기 서 있는 순서대로 1번, 2번, 3번, 4번, 5번, 6번이 되어 볼 거야. 번호 순서대로 지휘를 해 보는 거야. 음악이 바뀔 때마다 순서대로 보면대 앞에 서서 지휘를 해 보자. • 앉아 있는 사람들은 연주자가 되어 자기가 연주하고 싶은 악기를 연주한다고 생각하고 지휘하는 모습에 맞춰 연주해 보자.		

	7. 다 함께 활동을 한다. • 지휘자 선생님은 음악을 느끼면서 멋지게 지휘해 주세요. • 연주자분들은 악기를 들어 주세요. (각자 상상의 악기를 드는 흉내를 낸다.) • 지휘자님의 인사가 있겠습니다. 지휘자님은 뒤를 돌아 인사해 주세요. 인사!!! • 연주를 시작하겠습니다. 〈연주곡의 예〉 ▷ 이루마-〈River Flows in You〉 ▷ Dvorak-〈교향곡 제9번 E단조 작품번호 95(신세계로부터)〉 ▷ Brahms-〈헝가리 무곡 제5번〉 ▷ Bach-〈미뉴에트 G장조〉 ▷ SJ-〈베토벤바이러스〉 ▷ Hisaishi Joe-하울의 움직이는 성 OST 〈인생의 회전목마〉 8. 지휘자 역할을 바꾸어 활동을 한다. • 이번에는 ○○부터 ○○까지 여섯 명이 지휘자가 되어 보자.
평가 및 마무리	9. 활동 전반에 대한 생각과 느낌을 이야기 나눈다. • 오늘은 지휘자가 되어 다양한 음악에 맞춰 지휘를 해 보았는데 어땠니? 10. 다음 활동으로 전이한다. • 다음 시간은 바깥놀이 시간이야. 지휘봉으로 '뿅' 신호를 받은 사람이 먼저 일어나자. (지휘봉을 돌리다가 '뿅' 하며 유아 한 명씩 가리킨다.)
유의점	• 사전 경험으로 지휘하는 동영상을 본 후 본 활동을 하거나 본 활동 도입과정에서 동영상을 보여 준다. • 지휘하는 모습에만 집중하기보다는 음악적 요소(빠르기, 셈여림 등)에 따라 지휘를 할 수 있도록 격려한다.
활동평가	• 음악적 요소에 맞춰 지휘자의 표정을 표현할 수 있는가? • 음악적 요소에 맞춰 지휘하는 모습을 창의적으로 표현할 수 있는가?
확장활동	• 유아들의 지휘에 맞춰 노래 부르기와 악기연주 활동을 한다.

활동자료

지휘자 나비넥타이와 지휘봉

보면대와 악보

〈놀람 교향곡〉

Haydn 곡

활동 3 크레파스가 되어 보자

활동유형	창의적 동작	동작의 구성요소	• 신체인식: 신체 모양 • 공간인식: 경로
활동명	크레파스가 되어 보자	대상연령	4세
활동목표	• 크레파스가 그려지는 느낌을 창의적으로 표현한다. • 크레파스의 다양한 모습을 신체로 표현한다.		
활동자료	• 도입: 크레파스 실물자료(새것과 닳은 것) • 전개: 크레파스 머리띠, 크레파스로 그린 그림 두 장 • 음악: 〈Grandpapa's Eleven Month〉 음원		
활동과정	활동내용		
도입	1. 교사가 융판에 마닐라지나 하드보드지를 붙이고 크레파스로 그림을 그리며 주의집중한다. • 선생님이 그린 그림 어떠니? • 크레파스로 오랜만에 그림을 그려 보니 재미있네. 2. 크레파스 사용 경험 및 크기와 모양에 대해 이야기 나눈다. • 크레파스로 그려 본 경험 있지? 어땠었니? • 크레파스는 모양이 어때? (크레파스를 보여 주며) • 크레파스로 그릴 때 느낌은 어떻니? • 크레파스를 계속 사용하면 크레파스 모양이 어떻게 되니? 3. 활동을 소개한다. • 오늘은 너희가 다양한 색깔의 크레파스가 되어 바닥에 멋진 그림을 그려 볼 거야.		
전개	4. 크레파스에 대한 신체표현 방법에 대해 생각해 본다. • 새 크레파스 모양을 신체로 표현하려면 어떻게 해야 할까? • 우리 몸 중에 어떤 부분을 사용하여 크레파스가 그려지는 모습을 표현할 수 있을까? 5. 활동 공간을 확인한다. • 어디에 그림을 그릴 수 있을까? • 선생님이 커다란 종이를 바닥에 준비해 왔어. 보이니? • 앞에 그려져 있는 큰 네모가 도화지야. • 저기 보이는 작은 네모는 무엇일까? – 크레파스통 6. 크레파스 색깔을 정한다. • 여기 상자 안에 다양한 색깔의 크레파스가 들어 있어. 각자 하나씩 뽑을 건데, 뽑힌 색깔의 크레파스가 되어 볼 거야. 7. 반 그룹이 나와 활동을 한다. • 먼저, 바닥에 앉아 있는 ○○부터 ○○까지 나와서 뽑아 보자. • 모두 크레파스 머리띠를 써 보자. • 친구들이 어떤 색의 크레파스가 되었는지 볼까? • "나는 ○○색깔의 크레파스를 맡은 누구입니다."라고 소개해 주자.		

	〈이야기에 따라 신체로 표현한다〉 ▷ 크레파스통에 들어 있는 크레파스 모양은 어떨까? 몸으로 표현해 보자. ▷ 자, 그럼 이야기 속으로 들어갑니다. 크레파스통에는 빨강이, 분홍이, 노랑이, 초록이, 파랑이, 하양이가 살고 있었어요. 통에만 있기 심심했던 노랑이는 통에서 나와 도화지에 올라갔어요. 노랑이는 도화지 위를 이리저리 빠르게 돌아다니며 춤을 추었어요. 혼자 놀기 심심했던 노랑이는 크레파스 통에 있는 빨강이와 분홍이를 데려왔어요. 빨강이는 도화지 모서리에서 천천히 동그란 햇님을 그렸어요. 분홍이는 노랑이와 함께 햇님 아래쪽에 꽃을 그려 넣었어요. 꽃을 그리고 나니 분홍이는 꽃에 줄기와 잎사귀가 있었으면 좋겠다고 생각했어요. 그래서 분홍이는 초록이를 데려왔어요. 초록이는 분홍이가 그린 꽃에 줄기와 잎사귀를 그리고, 빨강이, 분홍이, 노랑이는 함께 온몸을 흔들며 놀았어요. 친구들이 즐겁게 노는 소리를 들은 파랑이는 통에서 펄쩍 뛰어나왔어요. 파랑이는 빨강이가 그린 햇님 옆을 빠르고 강하게 색칠했어요. 너무 힘이 강했는지 파랑이는 점점 닳아서 키가 작아졌어요. 크레파스 친구들 모두 열심히 그림을 그렸더니 잠이 쏟아졌어요. 친구들은 통으로 돌아가 앉아서 잠이 들었답니다. 부끄럼이 많은 하양이는 친구들이 잠들자 조심스럽게 기어 나왔어요. 하양이는 도화지 위를 콩콩 뛰어다니며 눈송이를 그려 넣고, 자유롭게 돌아다니며 춤을 추다가 친구들 몰래 다시 통으로 돌아갔답니다. 도화지는 알록달록 예쁜 그림으로 가득해졌어요. 8. 유아들이 몸으로 그린 그림을 확인한다. • 우와, 멋진 그림이 그려졌구나. (선생님이 이야기에 맞춰 미리 그려 놓은 그림을 보여 준다.) 9. 나머지 반 그룹이 나와 활동을 한다. 10. 유아들이 몸으로 그린 그림을 확인한다. • 이번에는 어떤 그림이 그려졌을까? (앞의 그림과 조금 다른 형태의 그림을 보여 준다.)
평가 및 마무리	11. 활동 전반에 대한 생각과 느낌을 이야기 나눈다. • 오늘은 너희가 다양한 색깔의 크레파스가 되어 그림을 그려 보았는데 어땠니? 12. 다음 활동으로 전이한다. • 다음 시간은 자유놀이 시간이야. 누구부터 일어나서 줄을 서 볼까? 빨간색 크레파스 일어나! 빨간색 크레파스 일어나! 하얀색 크레파스 일어나! 하얀색 크레파스 일어나! (〈무슨 옷 입었니?〉 멜로디에 맞춰 노래 부르며)
유의점	• 비밀상자에서 유아들이 나와 크레파스를 뽑을 때 앉아 있는 유아들의 시선을 가리지 않도록 주의한다. • 각 색깔의 크레파스를 맡은 유아들이 충분한 시간을 갖고 그릴 수 있도록 여유 있게 진행한다. • 계절과 상관없이 상상 속의 자유로운 그림이 되어 볼 수 있다.
활동평가	• 부드럽게 그려지고 색칠되는 크레파스의 느낌을 신체로 표현할 수 있는가? • 이야기에 맞춰 신체를 통해 다양한 경로로 그림을 그릴 수 있는가?
확장활동	• 연필, 매직, 물감, 파스텔 등 다양한 도구가 되어 창의적 동작을 한다. • 다양한 도구로 그림 그리기를 한다.

활동 공간

크 레 파 스 통	도화지

활동자료

크레파스 실물

크레파스 역할 머리띠

그림 1의 예

그림 2의 예

활동 4 불꽃놀이

활동유형	창의적 동작	동작의 구성요소	• 공간인식: 수준, 범위
활동명	불꽃놀이	대상연령	4세
활동목표	• 폭죽에서 불꽃이 터지는 과정과 터질 때 다양한 모습을 창의적으로 표현한다.		
활동자료	• 도입: 폭죽 터지는 소리, 다양한 불꽃 사진 • 전개: 불꽃 터지는 동영상, 응원 수술, 지휘봉, 다양한 불꽃 사진, 폭죽 터지는 소리, 탬버린 • 음악: 불꽃 터지는 소리, Händel의 〈왕궁의 불꽃놀이〉 음원 또는 〈폭죽과 별〉 MR		
활동과정	활동내용		
도입	1. '폭죽' 소리로 주의집중한다. • 선생님이 어떤 소리를 들려줄 텐데 무슨 소리인지 알아맞혀 보자. • 무슨 소리일까? – 폭죽 터지는 소리 2. 폭죽에 대한 사전 경험에 대해 이야기 나눈다. • 폭죽이 무엇이니? • 폭죽이 터져서 다양한 불꽃놀이를 하는 모습을 직접 본 적이 있니? • 어떤 모습이 기억나니? • 이렇게 터지는 모습도 본 적 있니? 모양이 어때? 3. 활동을 소개한다. • 오늘은 너희가 폭죽이 되어 볼 거야.		
전개	4. 불꽃놀이 영상을 본다. • 폭죽에서 불꽃이 터지는 다양한 모습을 영상으로 보려고 해. • 폭죽에서 터진 불꽃이 처음에 어떤 모양인지, 어떻게 하늘로 올라가는지 잘 보자. 그리고 하늘에서 불꽃이 터질 때는 어떤 모양으로 터지는지도 주의 깊게 보도록 하자. 5. 폭죽이 터지는 다양한 움직임과 변화를 말과 손으로 표현한다. • 처음에 폭죽이 터질 때 어떤 모습이었는지 손으로 표현해 볼 수 있을까? • 하늘로 올라가는 모습은 어땠니? • 불꽃이 떨어질 때는 어떤 모습이었니? 6. 유아 중 몇 명이 나와 폭죽을 손으로 표현한다. • 하늘에서 터진 불꽃 중 가장 마음에 들었던 모습을 손으로 나타내 볼 사람 있니? 7. 효과음을 정한다. • 이제 반 그룹씩 나누어서 불꽃이 되어 보는 활동을 해 볼 거야. • 앉아 있는 사람들은 폭죽이 터지며 불꽃이 하늘로 올라갈 때와 하늘에서 넓게 터질 때 선생님이 준비한 탬버린으로 소리를 내 줄 거야. • 선생님이 들려주는 두 가지 소리 중에 어떤 소리가 어떤 장면에 더 잘 어울리는지 정해 보자.		

〈유아들과 함께 정한 방법으로 적용한다〉

▷ 탬버린 소리: 치기, 흔들기

▷ 불꽃 장면: 하늘로 올라가는 장면, 넓게 터지는 장면

- 선생님이 신호(예: 지휘봉으로 앉아 있는 유아들을 가리키기)를 주면 탬버린으로 소리를 내 주는 거야.

8. 반 그룹이 나와 활동을 한다.
   - 바닥에 앉아 있는 사람들은 여기(바구니) 있는 수술을 두 개씩 가지고 앞으로 나오자.
   - 의자에 앉아 있는 ○○는 탬버린을 나누어 주자.
   - 폭죽과 불꽃이 되어 볼 사람들은 옆 사람과 부딪히지 않게 양팔을 벌리고 한 바퀴 돌아 서 보자.

〈교사의 질문이나 제시에 따라 신체로 표현한다〉

▷ 활동 1: 폭죽에서 불꽃이 터지는 전 과정을 표현한다.
- 폭죽이 터지기 전 모습은 어떤 모습일까 표현해 보자.
- 이제 폭죽에 불을 붙입니다. 작은 불씨가 생겼어요. 어떤 모습일까?
- 작은 불꽃이 하늘로 올라갑니다. (신호 보내기: 탬버린 소리)
- 하늘로 올라간 불꽃은 저마다 멋진 모습으로 터졌어요. (신호 보내기: 탬버린 소리)
- 다양한 모습으로 터진 폭죽의 불꽃은 사방으로 흩어지면서 아래로 떨어집니다.

- 이번에는 하늘에서 터지는 다양한 불꽃의 모습을 담은 사진을 보여 줄 거야. 이 사진을 보고 표현해 보자.

▷ 활동 2: 도입에서 보여 주었던 불꽃 사진을 보고 불꽃이 다양하게 터지는 모습을 표현한다.
- 이 불꽃은 어떤 모습으로 터졌을까? 몸으로 표현해 보자.
- 이 불꽃은 어떤 모양으로 터졌니? 마치 민들레꽃 같구나.

- 마지막으로 계속 터지는 아주 큰 폭죽이 되어 볼 거야. (폭죽 터지는 소리 제공)

▷ 활동 3: 나와 있는 유아들이 함께 하나의 폭죽을 표현한다.
- 다 같이 커다란 동그라미 불꽃이 되어 보자.

9. 이완활동을 한다.
   - 모두 불이 활활 타는 것처럼 몸을 흔들어 보자.
   - 활활 타는 불에 아주 많은 양의 물을 뿌렸어. 불씨도 남지 않고 불이 꺼져 버렸네. 우리 몸도 꺼진 불처럼 축 늘어뜨려 보자.
10. 활동한 반 그룹에 대한 평가를 한다.
   - 친구들이 폭죽이 되어서 다양한 불꽃을 표현해 보았는데, 어떤 것들이 재미있었니?
   - 나와서 폭죽이 되어 본 사람들은 어떤 것들이 재미있었니? 표현하기 어려웠던 것들이 있니?
11. 나머지 반 그룹이 나와 활동을 한다.
12. 이완활동을 한다.
13. 활동한 반 그룹에 대한 평가를 한다.

평가 및 마무리	14. 활동 전반에 대한 생각과 느낌을 이야기 나눈다. • 오늘은 폭죽에서 터진 불꽃이 되어 높이 올라가는 모습, 하늘에서 다양한 모습의 불꽃으로 터지는 모습을 표현해 보았는데 어땠니? 15. 다음 활동으로 전이한다.
유의점	• 교사는 유아들이 표현하는 다양한 모습을 언어로 기술해 주어 격려한다. • '활동 3'은 유아들의 반응과 시간을 고려하여 추후 확장활동으로 할 수 있다.
활동평가	• 불꽃의 모습에 따라 동작을 크고 작게 표현할 수 있는가? • 낮은 수준에서 높은 수준으로 이동하고 높은 수준에서 터지는 불꽃의 모습을 창의적으로 표현할 수 있는가?
확장활동	• 스크래치 기법으로 불꽃을 그린다.

활동자료

응원수술

다양한 불꽃 사진

활동 5 음악분수가 되어요

<table>
<tr><td>활동유형</td><td>창의적 동작</td><td>동작의 구성요소</td><td>• 신체인식: 신체 부분의 움직임
• 노력: 시간, 힘
• 관계: 사물들과의 관계</td></tr>
<tr><td>활동명</td><td>음악분수가 되어요</td><td>대상연령</td><td>4세</td></tr>
<tr><td>활동목표</td><td colspan="3">• 음악적 요소(빠르기와 셈여림)에 따라 분수의 특징을 살려 신체로 표현한다.</td></tr>
<tr><td>활동자료</td><td colspan="3">• 도입: 분수 사진, 음악분수 동영상
• 전개: 발판용 분수대 여러 개, 막대 수술(각자 2개씩 가질 수 있도록 준비)
• 음악: 보여 준 동영상에서 나온 음악[예: 영화 〈미션〉 OST 〈넬라 판타지아〉, Bizet의 〈카르멘(아리아 투우사의 노래)〉, 〈천공의 성 라퓨타〉 OST, 〈캐리비안의 해적〉 OST]</td></tr>
<tr><td>활동과정</td><td colspan="3">활동내용</td></tr>
</table>

도입

1. 수수께끼로 주의집중한다.

▷ 이것은 주로 공원이나 정원 또는 광장 가운데에 설치되어 있어요.
▷ 주로 장식을 위해 설치하지요.
▷ 물을 위로 세차게 내뿜거나 뿌리도록 만든 것이에요. 무엇일까요? – 분수

2. 음악분수를 소개한다.
   - 선생님이 동영상을 준비해 왔는데 '다른 분수와 어떤 차이가 있는지 알겠어요.' 하는 사람은 손만 들어 보는 거야.
   - 다른 분수와 어떤 차이가 있었는지 다 함께 이야기해 보자.

기존의 분수	음악분수
물이 나오는 노즐이 고정되어 있음	노즐이 움직이기도 함
일정한 양의 물이 분출됨	물의 높이와 세기가 달라짐
물만 나옴	조명, 레이저 등 특수효과를 내기도 함

3. 활동을 소개한다.
   - 오늘은 너희가 음악분수가 되어 볼 거야.

전개

4. 다양한 음악분수쇼를 감상하며, 신체표현 방법에 대해 생각해 본다.
   - 다양한 음악분수쇼를 볼 텐데, 너희가 신체로 표현할 때 어떻게 할 수 있을지 생각하며 보자.
5. 신체표현 방법에 대해 이야기 나눈다.
   - 물이 강하게 뿜어져 나오거나 부드럽게 뿜어져 나오는 것을 우리 몸으로 어떻게 표현할 수 있을까?
   - 높게 또는 낮게 뿜어져 나오는 분수를 어떻게 표현할 수 있을까?

	6. 활동 공간과 자료에 대해 이야기 나눈다. • 저 앞에 붙어 있는 것은 무엇일까? – 분수대 • 너희들이 분수를 표현할 수 있도록 분수대를 여러 개 준비해 놓았어. 그 위에서 표현하도록 하자. • 물이 뿜어져 나오는 것을 더 잘 표현하기 위해 이것(막대 수술)도 준비해 왔어. 7. 반 그룹이 나와 활동을 한다. • 먼저, 바닥에 앉아 있는 ○○부터 ○○까지 나와서 분수대에 서 보자. • 오늘은 동영상을 틀어 주고 보면서 활동을 해 볼 거야. 8. 이완활동을 한다. • 아이스크림이 녹아내리는 것처럼 우리 몸을 풀어 보자. 9. 나머지 반 그룹이 나와 활동을 한다. 10. 이완활동을 한다.
평가 및 마무리	11. 활동 전반에 대한 생각과 느낌을 이야기 나눈다. • 오늘은 너희가 음악분수가 되어 높이 솟는 물도 되어 보고, 옆으로 강하게 뿜어지는 물도 되어 보았는데 어땠니? 12. 다음 활동으로 전이한다.
유의점	• 동영상과 다르게 자기만의 생각으로 표현을 하는 유아들도 격려하여 자유롭게 표현할 수 있는 기회를 제공한다.
활동평가	• 음악의 빠르기와 셈여림에 따라 상체를 이용하여 분수의 움직임을 창의적으로 표현하는가?
확장활동	• 다양한 분수 사진과 스크래치 페이퍼를 제공하여 음악분수를 그려 본다. • 음원과 막대 수술을 음률영역에 제공하여 놀이시간에 활용한다.

활동자료

막대 수술

활동 공간

발판용 분수대

활동 6 자석으로 밀고 당기기

활동유형	창의적 동작	동작의 구성요소	• 신체인식: 몸 전체의 움직임 • 노력: 힘
활동명	자석으로 밀고 당기기	대상연령	5세
활동목표	• 자석의 밀고 당기는 성질을 신체를 이용하여 창의적으로 표현한다. • 자석에 붙는 물건과 붙지 않는 물건들을 안다.		
활동자료	• 도입: 비밀상자, 막대자석 2개, 실물자료(연필, 풀, 클립, 가위) • 전개: S극과 N극 허리띠, 물건 머리띠, 활동 공간에 붙일 물건 그림, S극과 N극 표시할 색깔 테이프, 소고 • 음악: Leon Jessel의 〈장난감 병정의 사열식〉 음원		
활동과정	활동내용		
도입	1. 비밀상자로 주의집중한다. • 이 안에 어떤 물건이 들어 있는데 손으로만 만져 보고 표현해 보자. • ○○가 손과 얼굴로만 표현을 해 주었는데 무엇인 것 같니? • 이번에는 말로 표현해 볼까? 무엇인 것 같니? – 자석 2. 자석의 성질에 대해 이야기 나눈다. • (막대자석 2개를 활용) 자석은 어떤 특성이 있었니? • 그래. 이렇게 같은 글씨가 쓰여 있는 것끼리는 절대 붙지 않아. • 이렇게 밀어낼 때 자석의 움직임이 어떤지 너희 중에 한 명이 나와서 조작해 보자. 서로 붙을 때는 어떻게 붙는지 보자. • 자석에 잘 붙은 물건들 중에 기억나는 것 있니? • 잘 붙지 않았던 물건들에는 어떤 것들이 있었니? 3. 활동을 소개한다. • 오늘은 너희가 자석의 N극과 S극도 되어 보고, 여기 앞에 놓인 물건들도 되어 볼 거야.		
전개	4. 활동 공간과 자료에 대해 이야기 나눈다. • 앞에 무엇이 보이니? 저 선은 무엇일까? • N극과 S극 허리띠와 다양한 물건을 표시한 머리띠를 준비했어. 5. 활동규칙을 정한다. • 이 활동을 할 때 어떤 점을 조심해야 할까? 〈규칙〉 ▷ 네모 안에서 움직이기 ▷ 너무 세게 붙지 않기		

6. 다 함께 나와 활동을 한다.
   - ○○부터 ○○까지는 나와서 양쪽 N극 쪽에 서 보자.
   - ○○부터 ○○까지는 나와서 양쪽 S극 쪽에 서 보자.

〈교사의 질문이나 제시에 따라 신체로 표현한다〉

▷ 활동 1: 정해진 위치에서 자석의 특성을 몸으로 표현한다.

–방법 1: 같은 극끼리 마주 보고 서 있다가 신호가 들리면 점점 다가가지만 서로 밀어내는 활동을 한다.

자석 2개가 있어요. N극와 N극, S극과 S극끼리 붙여 보려고 해요. 마주 보고 있던 N극과 N극, 그리고 S극과 S극은 서로 점점 가까워졌어요(소고 치기). 자석끼리 붙여 봅니다. 어떻게 되었을까요?

–방법 2: 다른 극끼리 마주 보고 서 있다가 신호가 들리면 점점 다가가면서 짝 붙는 활동을 한다.

이번에는 N극와 S극을 붙여 보려고 해요. 마주 보고 있던 N극과 S극은 서로 점점 가까워졌어요(소고 치기). 자석끼리 붙여 봅니다. 어떻게 되었을까요?

- 그 자리에 앉아 보자. 이번에는 우리가 자석도 되어 보고 다양한 물건도 되어 볼 거야. 너희 중에 물건이 되어 보고 싶은 사람은 손을 들어 보자.

〈이야기의 흐름에 따라 신체로 표현한다〉 – 배경음악(〈장난감 병정의 사열식〉)

▷ 활동 2: 자석의 숫자와 가위와 클립 숫자는 일치시켜 한 명씩 대응하여 붙어 볼 수 있는 경험을 하도록 한다. 풀과 연필은 자석에 붙지 않는 물건이므로 숫자가 일치하지 않아도 된다.

자석친구들은 자석이 아닌 다른 친구들과 놀고 싶었어요. 그래서 친구들을 찾으러 가기로 했답니다. 자석은 먼저 풀들이 모여 있는 곳으로 찾아갔어요. "풀들아, 안녕! 나랑 같이 놀자." 이렇게 이야기하며 풀들에게 다가갔어요. 어떻게 되었을까요? 아무리 가까이 가려고 해도 가까이 갈 수가 없었어요.
어쩔 수 없이 풀 친구들 옆에 있는 연필 친구에게 다가갔어요. "연필들아, 안녕! 나랑 같이 놀자." 이렇게 이야기하며 연필들에게 다가갔어요. 어떻게 되었을까요? 아무리 가까이 가려고 해도 역시 가까이 갈 수가 없었어요.
자석들은 속상해 하며 다른 친구들을 찾아봤어요. 가위들을 봤어요. "가위들아, 안녕! 나랑 같이 놀자." 이렇게 이야기하며 가위들에게 다가갔어요. 어떻게 되었을까요? 가까이 다가가자 '짜악~' 하고 달라붙었어요. "반가워, 반가워." 자석은 기분이 너무 좋았어요. 가위 친구와 같이 이번에는 클립들이 모여 있는 곳으로 갔어요. "클립들아, 안녕! 우리랑 같이 놀자." 이렇게 이야기하며 자석과 자석에 붙은 가위는 같이 클립에게 다가갔어요. 어떻게 되었을까요? 가까이 다가가자 역시 '짜악~' 하고 달라붙었어요. 자석과 가위와 클립은 손을 잡고 재미있는 시간을 보냈답니다.

7. 역할을 바꾸어 활동을 한다.
   - 이번에는 역할을 바꾸어 볼까?
8. 이완활동을 한다.
   - 두 팔을 잡고 위로 쭉 뻗어 보자.
   - 한쪽 다리를 앞으로 내밀어 누르듯이 밀어 보자.

평가 및 마무리	9. 활동 전반에 대한 생각과 느낌을 이야기 나눈다. • 오늘은 자석이 되어 서로 붙어 보기도 하고 밀어 보기도 하며 움직여 보았는데 어땠니? 10. 다음 활동으로 전이한다.
유의점	• 물건이 되어 보는 유아들은 자석에 비해 적극적인 표현이 덜 요구되므로 창의적 동작에 참여하는 것을 어려워하는 유아들이 이러한 역할을 맡으면 효과적이다.
활동평가	• 자석의 밀고 당기는 성질을 창의적으로 표현할 수 있는가?
확장활동	• 사전 · 사후 경험으로 자석과 다양한 물건을 제공하여 탐색해 본다.

활동 공간

활동 1			
방법 1		방법 2	
S S	N N	S N	S N

활동 2			
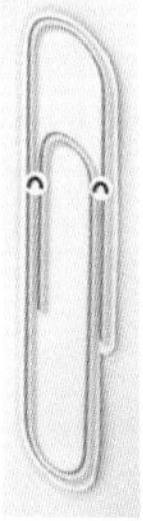	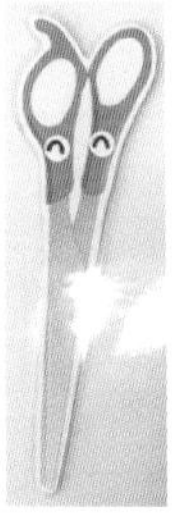	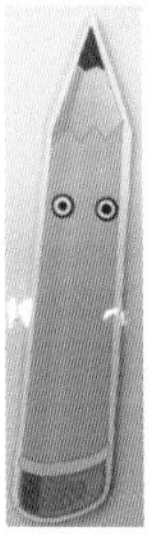	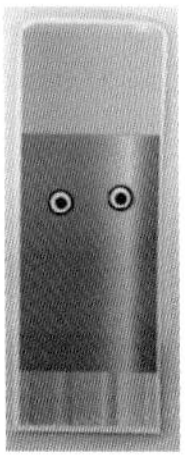

※ 이와 같이 S극과 N극, 클립, 가위, 연필, 지우개 그림 자료를 바닥에 붙인다.

활동자료

비밀상자

N극과 S극 허리띠

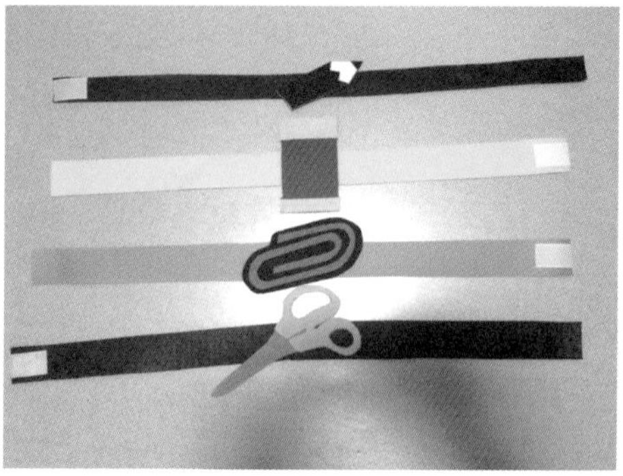
물건(연필, 풀, 클립, 가위) 모양 머리띠

〈말하면 안 돼요〉

활동 7 물방울의 여행

활동유형	창의적 동작	동작의 구성요소	• 공간인식: 수준, 경로 • 노력: 시간, 힘
활동명	물방울의 여행	대상연령	5세
활동목표	• 물방울의 순환과정을 신체를 이용하여 창의적으로 표현한다. • 물의 순환과정을 안다.		
활동자료	• 도입: 물방울의 순환과정 융판자료, 파도, 비, 개울, 강물 소리 • 전개: 물방울 역할 머리띠 • 음악: Chopin의 〈빗방울 전주곡〉 음원		
활동과정	활동내용		
도입	1. 〈돌과 물〉 노래 2절로 주의집중한다. 2. 물방울의 순환과정에 대해 이야기 나눈다. • 물방울이 어떻게 빗방울이 되는지 알아보았었는데 기억나니? ▷ 땅과 바다에 있던 물방울들이 하늘로 올라감 – 여기는 어디일까? – 바다(파도 소리) – 어떻게 하늘로 올라갈까? – 햇빛을 받으면 수증기가 되어 올라감 ① 수증기가 되어 하늘로 올라간 물방울들이 모여 구름이 됨 ② 수증기가 많이 모여 구름이 무겁고 커지면 비가 되어 내림(빗소리) ③ 비가 되어 내린 물방울들은 개울을 따라 흘러감(개울물 소리) ④ 개울물은 강으로 흘러감(강물 소리) ⑤ 강물은 바다로 흘러감 ▷ 다시 햇빛을 받고 수증기가 되어 하늘로 올라감 3. 활동을 소개한다. • 오늘은 너희가 이야기 속 주인공인 물방울이 되어 여행을 해 볼 거야.		
전개	4. '물방울의 여행' 이야기를 들려준다. • 물방울들이 어디를 여행했는지 이야기를 들어 볼 텐데, '이야기 속의 물방울이 된다면 나는 어떻게 표현할 수 있을까?' 생각하며 들어 보자. 5. 물방울의 순환과정에 대한 신체표현 방법에 대해 생각해 본다. • 우리 몸으로 물방울을 어떻게 표현할 수 있을까? • 물방울들이 점점 많이 모여 무거워지거나 넓어지는 모습은 어떻게 표현하면 좋을까? 6. 반 그룹이 나와 활동을 한다. • 먼저, 바닥에 앉은 사람들은 나와서 물방울 머리띠를 쓰고 원하는 곳에 가서 서 보도록 하자.		

	〈이야기의 흐름에 따라 신체로 표현한다〉 오늘은 화창한 날이에요. 찰싹찰싹 물소리에 물방울이 눈을 비비며 일어났어요. 그곳은 바로 바다였답니다. 물방울들은 모래사장과 인사도 하고 파도도 치며 놀았어요. 햇빛이 쨍쨍 내리쬐고 있어요. 물방울들이 뜨거운 햇빛 때문에 가벼운 수증기가 되어 위로 올라가기 시작했어요. 위로 위로 올라가다 보니 어느새 많은 물방울이 모여 구름이 되었어요. 더 많은 물방울이 모이자 구름이 너무 무거워졌어요. 무거워진 구름은 비가 되어 떨어집니다. 비가 되어 떨어진 물방울들은 개울을 떠내려가고 있어요. 개울물은 자갈들을 이리저리 피해 가며 빠르게 흐르고 있었습니다. 흘러 흘러 가다 보니 시간이 지날수록 물의 속도가 느려지면서 개울이 넓어졌어요. 개울물은 이제 강에 도착했어요. 강물이 된 물방울들은 모래, 작은 돌들과 함께 느리고 평화롭게 계속해서 흘러갔어요. 강물은 흘러흘러 시간이 지나자 개울보다 강보다 훨씬 넓고 짠맛이 나는 바다로 다시 돌아오게 되었답니다. 7. 이완활동을 한다. • 모두 누워서 눈을 감고 바다 위에 누워 있다고 생각해 보자. 8. 활동한 반 그룹에 대한 평가를 한다. • 물방울이 되어 표현해 보았는데 어떤 것들이 재미있었니? 친구와 함께 물방울들이 모이는 것을 표현한 것은 어땠니? 9. 나머지 반 그룹이 나와 활동을 한다. 10. 이완활동을 한다. 11. 활동한 반 그룹에 대한 평가를 한다.
평가 및 마무리	12. 활동 전반에 대한 생각과 느낌을 이야기 나눈다. • 오늘은 물방울이 되어 수증기도 되어 보고, 개울, 강, 바다를 흘러가는 물도 되어 보았는데 어땠니? 13. 다음 활동으로 전이한다.
유의점	• 물방울의 순환과정에 대한 내용을 도입자료와 함께 상기할 때 교사가 일방적으로 제시하지 말고 유아와 상호작용하고 유아가 직접 자료를 붙여 가며 확인한다. • 교사의 질문에 유아들이 자유롭고 창의적인 생각을 유연하게 표현하도록 격려한다.
활동평가	• 바다에서 하늘로 올라가는 수증기의 모습을 창의적으로 표현할 수 있는가? • 일반공간 안에서 다양한 경로를 이동하며 물의 움직임을 창의적으로 표현할 수 있는가?
확장활동	• 유아들이 소리에 지속적인 관심을 가지면 다음과 같은 활동으로 연계한다. – 소리를 그림이나 기호로 표현하기 – 소리를 동작활동으로 연결하여 표현하기 – 소리를 연결하여 이야기 만들기

활동자료

각 그림에 이동하며 붙이는 물방울

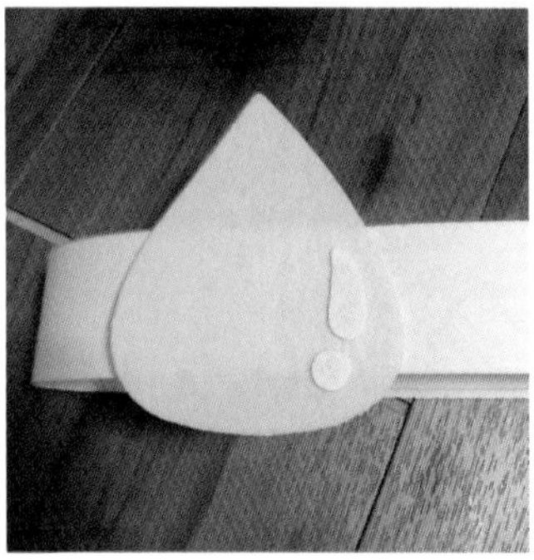

물방울 역할 머리띠

물방울의 순환과정 융판자료

〈돌과 물〉

윤석중 작사
전석환 작곡

활동 8 보물섬으로 가자

활동유형	창의적 동작	동작의 구성요소	• 신체인식: 신체 모양 • 노력: 시간, 힘
활동명	보물섬으로 가자	대상연령	5세
활동목표	• 다양한 배의 모양과 움직임에 맞춰 신체를 조절한다. • 배의 특징을 창의적으로 표현한다.		
활동자료	• 도입: 보물지도 • 전개: 다양한 배 사진 자석자료, 요술 막대기 • 음악: 〈캐리비안의 해적〉 OST		

활동과정	활동내용
도입	1. 보물지도로 주의집중한다. • 선생님이 손에 들고 있는게 뭔지 아니? (비장한 태도로) • 어제 보물섬 동화에서 보았던 보물지도야. • 선생님이 우연히 발견하게 되었는데 한번 펴 볼까? (융판에 제시) • 너희가 보물이 가득한 보물섬으로 여행을 떠나 보는 건 어때? 2. 활동을 소개한다. • 그럼 배를 타고 보물섬으로 떠나 보자. 꼭 보물을 찾을 수 있길 바라.
전개	3. 다양한 배의 특성에 대해 이야기 나눈다. • 너희가 알고 있는 배에는 어떤 것들이 있니? • 이건 무슨 배일까? • 이 배는 빠르기가 어떠니? 어떻게 움직일까? 방향을 바꾸려면 어떻게 해야 할까? 4. 활동 방법에 대해 이야기 나눈다. • 그런데 보물섬에 가려면 다양한 배를 타고 가야 한대. 그래서 선생님이 요술 막대기를 구해 왔어. • 이 막대를 흔들면서 주문을 외우고 "○○으로 변해라. 얍!" 하면 그대로 변한대. 주문을 어떻게 정할까? (유아들과 함께 주문을 정한다.) • 자, 모두 보물지도를 다시 확인하고 출발해 보자. 5. 반 그룹이 나와 활동을 한다. • 먼저, 바닥에 앉아 있는 ○○부터 ○○까지 나와서 출발할 준비를 하자. • 각자 출발할 거니까 배끼리 부딪히지 않게 넓게 넓게 서 보자. 〈교사의 제시나 이야기의 흐름에 따라 신체로 표현한다〉 ▷ 먼저, 통나무 배를 타고 출발해 볼 거야. ① (앉아 있는 유아들과 함께) 주문을 외우고 "통나무 배로 변해라. 얍!" 모두 통나무 배로 변했어요. ~~~~ 자, 보물섬으로 출발!

	노를 저어서 출발해 보자. 통나무 배가 움직이기 시작합니다. 넓은 바다 위를 멋지게 가고 있어요. 좀 더 속도를 내 볼까? 노를 더 빨리 저어 주세요. 바람이 많이 불기 시작하네요. 바람을 잘 견디기 위해 배를 바꿔야겠어요. 잠깐 멈추자. ② 모두 주문을 외우자. (주문 외우기) "돛단배로 변해라. 얍!" 모두 돛단배로 변했어요. ~~~~ 바람 때문에 돛들이 엄청 펄럭이네요. 다행히 바람이 잔잔해졌어요. 파도도 잔잔해졌어요. 아직 갈 길이 멀어요. 돛단배는 바람을 타며 바다 위를 지나갑니다. 잘 가고 있지만 조금 더 발전된 배가 필요해요. 잠깐 멈추자. ③ 모두 주문을 외우자. (주문 외우기) "증기선으로 변해라. 얍!" 모두 증기선으로 변했어요. ~~~ 증기선은 노를 젓지 않아도 되고 돛이 없어도 돼요. 대신 물을 끓여 수증기가 되고 증기의 힘으로 움직일 수 있어요. 속도가 확실히 빨라졌어요. 빨리 보물섬에 도착해야 하는데…… 아무래도 속도를 더 내야겠어요. 잠깐 멈추자. ④ 모두 주문을 외우자. (주문 외우기) "모터보트로 변해라. 얍!" 모두 모터보트로 변했어요. ~~~ 출발합니다. 붕~ 정말 빨라요. 바다 위를 가르며 정말 빠르게 움직입니다. 잠깐! 누군가 쫓아오는 것 같아요. 위치를 들키면 안 돼요. 숨어야겠어요. 잠깐 멈추자. ⑤ 모두 주문을 외우자. (주문 외우기) "잠수함으로 변해라. 얍!" 모두 잠수함으로 변했어요. ~~~ 바다 밑으로 내려갑니다. 이제 아무도 쫓아오지 못할 거예요. 조용히 바닷속에서 움직입니다. 모두 사라진 것 같아요. 다시 바다 위로 올라가 볼까요? 마지막으로 속도를 내기 위해 한번 더 변신해야겠어요. 잠깐 멈추자. ⑥ 모두 주문을 외우자. (주문 외우기) "모터보트로 변해라. 얍!" 모두 모터보트로 다시 변했어요. ~~~ 마지막으로 속도를 내어 보물섬으로 가야겠어요. 저기가 보물섬인 것 같아요. 마지막 속도를 내 봐요. 드디어 보물섬에 도착했어요. 6. 이완활동을 한다. • 팔과 다리를 위아래로 쭉 펴 보자. 7. 나머지 반 그룹이 나와 활동을 한다. 8. 이완활동을 한다.
평가 및 마무리	9. 활동 전반에 대한 생각과 느낌을 이야기 나눈다. • 오늘은 너희가 다양한 종류의 배가 되어 보물섬에 가 보았는데 어땠니? 10. 다음 활동으로 전이한다.
유의점	• 유아들이 각 배의 특성을 반영한 움직임을 표현할 수 있도록 주의 깊게 지켜보면서 구체적인 언어로 제시해 주는 상호작용을 한다.
활동평가	• 다양한 배의 모양과 이동할 때 모습을 창의적으로 표현하는가? • 움직임의 힘을 조절하여 동작을 멈출 수 있는가?
확장활동	• 블록이나 상자 등으로 배를 만들어 본다. • 육상교통기관과 항공교통기관에 대한 이야기 나누기, 창의적 동작을 한다.

활동자료

보물지도

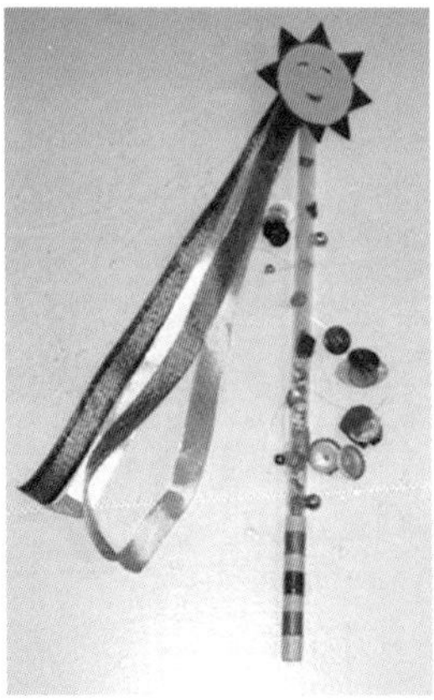

요술 막대기

활동 9 아기돼지 삼형제가 되어 집을 지어요

활동유형	창의적 동작	동작의 구성요소	• 신체인식: 신체 모양 • 관계: 신체 부분들 간의 관계
활동명	아기돼지 삼형제가 되어 집을 지어요	대상연령	4세
활동목표	• 각기 다른 특성을 가진 집 짓는 재료와 집 모양을 창의적으로 표현한다. • 다양한 재료에 관심을 가진다.		
활동자료	• 도입: 『아기돼지 삼형제』 이야기 융판자료 • 전개: 지푸라기 · 통나무 · 벽돌 실물자료, 지푸라기 · 통나무 · 벽돌 의상 자료, 아기돼지 가면 자료 • 음악: Churchill의 〈아기돼지 삼형제(The Three Little Pigs)〉 음원		

활동과정	활동내용
도입	1. 〈아기돼지 삼형제〉 노래로 주의집중한다. 첫 번째 돼지가 집을 짓는데 짚으로 차곡차곡 집을 짓는데 늑대가 나타나 (후~) 늑대가 나타나 (후~) 무너져 버렸대요……. 두 번째 돼지가 집을 짓는데 나무로 차곡차곡 집을 짓는데 늑대가 나타나 (후~) 늑대가 나타나 (후~) 무너져 버렸대요……. 세 번째 돼지가 집을 짓는데 튼튼한 벽돌로 집을 짓는데 늑대가 나타나 (후~) 늑대가 나타나 (후~) 끄떡도 없었다네……. 2. 『아기돼지 삼형제』 동화 내용에 대해 이야기 나눈다. • 첫 번째 돼지는 무엇으로 집을 지었니? • 늑대가 '후~' 하고 불자 통나무집은 어떻게 되었니? 3. 활동을 소개한다. • 오늘은 너희가 아기돼지 삼형제가 되어 집을 지어 볼 거야.
전개	4. 지푸라기, 통나무, 벽돌 실물자료에 대한 탐색을 하고 사전 경험에 대해 이야기 나눈다. • 선생님이 이야기 속 집의 재료가 되는 세 가지를 준비해 왔어. • 이것은 무엇이니? 모양이 어떻게 생겼어? • 촉감이 어떤지 무게는 어떤지 만져 볼까? 먼저, 바닥에 앉은 ○○부터 차례로 나와 만져 보자. (지푸라기, 통나무, 벽돌을 모두가 볼 수 있도록 배치한다.) 5. 아기돼지와 지푸라기, 통나무, 벽돌 역할과 집을 지을 위치를 정한다. • '저는 첫째 아기돼지를 할래요.' 하는 사람 손 들어 보자. • 지푸라기집은 어디에 지으면 좋을까? ▷ 아기돼지 역할을 할 유아 세 명을 먼저 정하고, 지푸라기, 통나무, 벽돌 역할은 남은 유아를 3분의 1씩으로 나누어 정한다.

6. 집을 짓는 방법에 대해 이야기 나눈다.
   - 첫째 돼지, 둘째 돼지, 셋째 돼지는 각각 다른 재료로 집을 지었지? 어떻게 지을 수 있을까?
   - 지푸라기로는 어떤 방법으로 지을 수 있니?

▷ 지푸라기를 오른쪽, 왼쪽으로 꼬기도 하고, 엮어서 집을 지음

   - 통나무로는 어떤 방법으로 지을 수 있을까?

▷ 큰 통나무를 적당한 크기로 자르고 자른 나무를 망치로 뚝딱뚝딱 못을 박아서 집을 지음

   - 벽돌로는 어떤 방법으로 지을 수 있니?

▷ 벽돌에 묻은 흙을 잘 털고 그 위에 진흙을 바른 다음 벽돌을 차곡차곡 쌓아서 집을 지음

   - 지푸라기, 통나무, 벽돌은 움직일 수 있을까?
   - 지푸라기, 통나무, 벽돌은 아기돼지가 집을 짓는 방식대로 움직여야 해. 혼자서는 절대 움직일 수 없단다.
7. 다 함께 나와 활동을 한다.
   - 지푸라기들은 여기 지푸라기 옷을 입고 여기에 서 보자.
   - 벽돌들도 벽돌 옷을 입고 여기에 모이자.
   - 아기돼지를 맡은 사람들은 가면을 쓰고 변신 후 집을 지을 준비를 하자.
   - 그럼 지금부터 집을 지어 볼까?

〈이야기의 흐름에 따라 신체로 표현한다〉
어느 숲속에 아기돼지 삼형제가 살았어요. 그런데 아기돼지들이 다 커서 따로 살아야 했죠. 그래서 각자 집을 짓기로 했어요. 첫째 돼지는 집을 짓기 위해 지푸라기를 가지고 왔어요. 집을 짓기 위해 지푸라기를 모으고 배배 꼬았어요. 오른쪽으로 꼬기도 하고, 왼쪽으로 꼬기도 하고, 그 지푸라기들을 엮어 집을 짓기 시작했어요. (자유롭게 집을 짓기 시작)
둘째 돼지는 집을 짓기 위해 통나무를 가지고 왔어요. 통나무를 슬근슬근 자른 다음, 통나무에 망치로 뚝딱뚝딱 못을 박아서 통나무집을 만들기 시작했어요. (자유롭게 집을 짓기 시작)
셋째 돼지는 벽돌로 집을 짓기로 하고 벽돌을 가지고 왔어요. 벽돌에 묻은 흙을 잘 턴 다음, 쓱싹쓱싹 진흙을 발랐어요. 셋째 돼지는 진흙을 바른 벽돌을 차곡차곡 쌓아서 집을 짓기 시작했어요. (자유롭게 집을 짓기 시작)

8. 아기돼지 역할을 맡은 유아들은 만든 집의 이름을 짓고, 친구들에게 소개한다. (이때 지푸라기, 통나무, 벽돌이 된 유아들은 감상할 수 있도록 움직이지 않는다.)
   - 이 집의 이름을 무엇으로 하면 좋을까? 어떤 모양으로 지은 거야?
   - 다른 사람들은 작품을 보니 어떤 생각이 드니?
9. 역할을 바꾸어 활동을 한다.
   - 이번에는 아기돼지 역할을 다른 사람이 해 보자.

	10. 이완활동을 한다. • 모두 단단한 벽돌집이 되어 보자. 이번에는 지푸라기로 만든 지푸라기 집이 되어 보자. 늑대가 나타나 '후~' 하고 불었더니 지푸라기집이 무너졌대요.
평가 및 마무리	11. 활동 전반에 대한 생각과 느낌을 이야기 나눈다. • 오늘은 아기돼지가 되어 지푸라기집도 지어 보고, 통나무집도 지어 보고, 튼튼한 벽돌집도 지어 보았는데 어땠니? • 지푸라기, 통나무, 벽돌이 되어 보았는데, 아기돼지가 짓는 대로 움직일 때 어땠어? 12. 다음 활동으로 전이한다.
유의점	• 지푸라기, 통나무, 벽돌 실물에 대해 안전한 탐색이 이루어지도록 주의 깊게 진행한다. 또한 앉아 있는 아이들이 소외되지 않도록 탐색한 후에는 교사 뒤로 이동하여 제자리에 앉도록 한다. • 활동을 할 때 창의적인 생각이 충분하게 발현되도록 천천히 진행한다. • 여러 명으로 집을 지어 보는 것은 일대일로 짝을 지어 활동을 하는 것보다 더 복잡한 사고와 조절능력을 요한다. 따라서 일대일 활동을 먼저 해 본 후 본 활동을 하면 더 효과적이다.
활동평가	• 여러 명의 신체를 이용하여 집의 모양을 창의적으로 표현할 수 있는가? • 몸을 유연하게 조절할 수 있는가?
확장활동	• 블록으로 다양한 집을 만들어 본다. • 내가 살고 싶은 집, 세상에서 가장 튼튼한 집 등 집과 관련된 다양한 주제로 그림을 그려 보고, 만들기를 한다. • 소품을 교실에 제공해 주어 아기돼지 삼형제 이야기를 재현하여 놀이할 수 있도록 한다.

활동자료

『아기돼지 삼형제』 이야기 융판자료

지푸라기 실물

통나무 실물

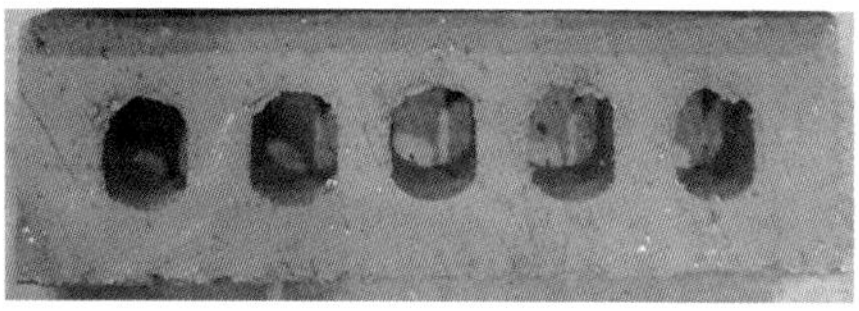

벽돌 실물

지푸라기 의상

통나무 의상

벽돌 의상

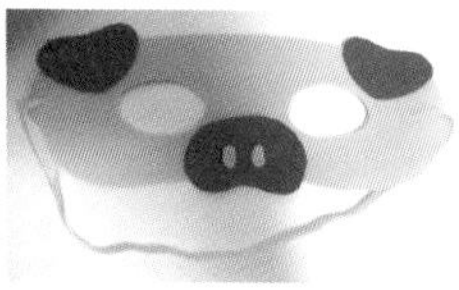

아기돼지 가면

활동 10 민들레꽃이 되어요

활동유형	창의적 동작	동작의 구성요소	• 신체인식: 신체 모양 • 공간인식: 방향 • 노력: 힘
활동명	민들레꽃이 되어요	대상연령	4세
활동목표	• 홀씨가 땅에 떨어져 민들레꽃이 되기까지의 과정을 창의적으로 표현한다. • 민들레꽃이 되기까지의 순환과정을 안다.		
활동자료	• 도입: 민들레꽃 순환과정 융판 자료 • 전개: 민들레꽃 역할 머리띠 • 음악: Haydn의 〈현악 4중주 바장조 작품번호 3-5 '세레나데'-2악장〉 음원		
활동과정	활동내용		
도입	1. '노노노란색 꽃을 말해 봐.'라고 이야기하며 주의집중한다(예: 개나리, 민들레, 국화 등). 2. 홀씨에서 민들레꽃이 되는 과정에 대해 이야기 나눈다. • 지난번 산책 나갔을 때 민들레 홀씨도 불어 보고 이야기 나누기도 했었지? • 이야기 나누기 시간에 사용했던 자료를 가져왔어. • 너희가 이 사진을 보고 순서대로 붙여 볼까? • 이 사진은 어떤 모습이니? ▷ 민들레꽃의 순환과정 ① 홀씨가 땅에 떨어짐 ② 싹이 틈 ③ 잎이 길어지고 많아지고 커짐 ④ 민들레꽃이 핌 ⑤ 꽃이 시들어 꽃잎이 떨어짐 ⑥ 깃털 모양의 씨앗이 맺어짐 ⑦ 홀씨가 날아감 3. 활동을 소개한다. • 오늘은 지금 말했던 노란색 꽃들 중 하나인 '민들레꽃'이 되어 볼 거야.		
전개	4. 민들레꽃의 순환과정에 대한 신체표현 방법에 대해 생각해 본다. • 민들레 씨앗인 홀씨의 모습은 어떻게 표현할 수 있을까? • 홀씨가 날아갈 때는 어떤 느낌일까? 강하게 날아갈까, 부드럽게 날아갈까? • 땅에 떨어진 홀씨에서 싹이 틀 때는 어떤 모습이니? • 민들레꽃은 어떻게 생겼니? • 시간이 지나서 시든 꽃은 어떤 모습이니?		

	5. 활동자료에 대해 이야기 나눈다. • 노란 민들레꽃이 핀 것을 표현할 때는 모두 여기에 준비된 꽃 머리띠를 쓰고 표현하도록 하자. 6. 반 그룹이 나와 활동을 한다. • 바닥에 앉아 있는 사람들이 먼저 나와서 자유롭게 서 보자. 〈이야기의 흐름에 따라 신체로 표현한다〉 작은 민들레 홀씨가 깜깜한 땅 속에 떨어졌어요. 따뜻한 봄이 되어 민들레 씨앗이 꿈틀대기 시작해요. 씨앗의 뿌리가 점점 자라나요. 따뜻한 햇빛이 비추는 날도 있고 비가 내리는 날도 있어요. 하룻밤, 이틀 밤 시간이 지나고 씨앗은 점점 자랐어요. 드디어 새싹이 돋아나기 시작해요. 계속해서 햇빛이 알맞게 비춰지고 비도 내리자 새싹은 조금씩 조금씩 천천히 자라납니다. 이제 줄기도 길어지고 잎도 커졌어요. 꽃봉오리도 생겼네요. 꽃봉오리가 점점 열려서 마침내 민들레꽃이 활짝 피었답니다. 점점 시간이 지나고 민들레 꽃잎이 하나둘 떨어집니다. 이제 민들레 꽃잎이 다 떨어지고 하얀 깃털 모양의 씨앗이 돋아났어요. 바람이 불자 민들레 씨앗은 여기저기로 흩어져 살랑살랑 바람을 타고 날아갑니다. 민들레 씨앗은 저 위로 높이 날아갔다가 바람이 약해지자 부드럽고 천천히 아래로 떨어집니다. 그러다가 다시 바람이 부네요. 씨앗은 저 멀리 날아갔다가 바람이 점점 멈추고 씨앗은 살며시 땅에 내려앉습니다. 7. 활동한 반 그룹에 대한 평가를 한다. • 민들레 홀씨도 되어 보고 민들레 꽃도 되어 보았는데, 어떤 것들이 재미있었니? 어떻게 하면 더 재미있게 할 수 있을까? 8. 나머지 반 그룹이 나와 활동을 한다. 9. 활동한 반 그룹에 대한 평가를 한다.
평가 및 마무리	10. 활동 전반에 대한 생각과 느낌을 이야기 나눈다. • 오늘은 민들레 홀씨가 날아가서 땅에 떨어지는 것부터 민들레꽃이 피고 시들고 거기에 홀씨가 자라나고 다시 날아가는 과정을 몸으로 표현해 보았는데 어땠니? 11. 다음 활동으로 전이한다.
유의점	• 활동을 할 때 각 단계별로 충분하게 표현할 수 있도록 천천히 진행한다.
활동평가	• 홀씨가 땅에 떨어져 민들레꽃으로 피기까지 변화하는 모습을 신체로 표현할 수 있는가? • 일반공간 안에서 다양한 경로로 부드럽게 날아가는 홀씨의 움직임을 창의적으로 표현할 수 있는가?
확장활동	• 봄꽃에 대한 이야기 나누기를 한다. • 유아들이 협동해서 봄 풍경 꾸미기를 한다.

활동자료

① 홀씨가 땅에 떨어짐

② 싹이 틈

③ 잎이 길어지고 많아지고 커짐

④ 민들레꽃이 핌

⑤ 꽃이 시들어 꽃잎이 떨어짐

⑥ 깃털 모양의 씨앗이 맺어짐

⑦ 홀씨가 날아감

민들레꽃 순환과정 융판자료

민들레꽃 역할 머리띠

활동 11 스카프로 춤을 춰요

활동유형	창의적 동작	동작의 구성요소	• 공간인식: 경로 • 관계: 사물들과의 관계
활동명	스카프로 춤을 춰요	대상연령	3세
활동목표	음악적 요소에 맞춰 스카프로 음악의 느낌을 창의적으로 표현한다.		
활동자료	• 도입: 스카프 • 전개: 비밀상자, 다양한 색의 스카프 • 음악: Valery Lloyd-Watts의 〈Scarf Dance〉 음원		

활동과정	활동내용
도입	1. 교사가 스카프를 흔들며 주의집중한다. • 선생님이 방금 흔든 게 무엇일까? 2. 활동을 소개한다. • 오늘은 음악을 듣고 그 느낌을 스카프로 표현해 볼 거야.
전개	3. 음악을 들려준다. • 어떤 음악에 맞춰 표현할 건지 음악을 먼저 들어 볼 건데, 음악의 느낌을 손으로 표현하면서 들어 보자. 4. 음악의 느낌에 대해 이야기 나눈다. • 음악을 들으니 느낌이 어떠니? • 어떤 부분이 기억에 남니? 5. 스카프의 움직임에 대해 이야기 나눈다. • 스카프를 갖고 어떻게 움직일 수 있을까? 〈스카프 움직임의 예〉 ▷ 위아래로 흔들기 ▷ 옆으로 흔들기 ▷ 공처럼 만들어 던졌다 받기 ▷ 원 그리기 ▷ 물결무늬 그리기 6. 스카프를 뽑는다. • 비밀상자 안에 다양한 색의 스카프가 들어 있어. 각자 스카프를 하나씩 뽑아서 사용할 거야. • 어떤 스카프가 나올지 기대하면서 뽑아 보자. 7. 반 그룹이 나와 활동을 한다. • 옆 사람과 부딪히지 않게 넓게 서 보자. • 음악을 듣고 느낌대로 자유롭게 표현해 보자.

	8. 반 그룹에 대한 평가를 한다. • 어떤 느낌을 표현한 건지 누가 이야기해 볼까? • 친구들의 어떤 표현이 인상 깊었니? 9. 남은 반 그룹이 나와 활동을 한다. 10. 반 그룹에 대한 평가를 한다.
평가 및 마무리	11. 활동 전반에 대한 생각과 느낌을 이야기 나눈다. • 오늘은 스카프로 음악의 느낌을 표현해 보았는데 어땠니? 12. 다음 활동으로 전이한다.
유의점	• 스카프를 흔들거나 던졌다 받을 때 다른 사람을 방해할 수 있으므로 활동 공간을 고려하여 활동 인원을 정한다. • 스카프로 들려주는 음악의 멜로디의 흐름, 빠르기, 셈여림 등을 반영하여 표현할 수 있도록 격려한다.
활동평가	• 스카프를 이용하여 음악의 느낌과 음악적 요소에 따라 창의적으로 표현할 수 있는가?
확장활동	• 리본막대, 막대기, 우산 등 다양한 소도구를 활용하여 창의적 동작을 한다.

활동자료

비밀상자

다양한 색의 스카프

제10장

노랫말에 맞춘 리듬 동작

● 학습목표 ●

- 노랫말에 맞춘 리듬 동작을 실행해 보는 과정을 통해 실제적 지식을 습득한다.
- 다양한 노랫말에 맞춘 리듬 동작을 수행할 수 있다.

활동 1 돌아 돌아

활동유형	리듬 동작(짝율동)	동작의 구성요소	• 신체인식: 신체 부분의 움직임 • 관계: 파트너와 그룹과의 관계
활동명	돌아 돌아	대상연령	3세
활동목표	• 짝과 함께 노랫말에 맞춰 율동하는 즐거움을 느낀다.		
활동자료	• 음악: 피아노나 〈돌아 돌아〉 음원		
활동과정	활동내용		
도입	1. 교사가 〈돌아 돌아〉 노래를 부르며 주의집중한다. 2. 율동곡을 들어 본다. • 선생님이 지금 부른 노래를 들어 볼 텐데, 어떤 동작으로 움직일지 상상하며 들어 보자. 3. 활동을 소개한다. • 오늘은 방금 들었던 노래에 맞춰 율동을 할 거야. 제목이 무엇일까?		
전개	4. 제자리에 앉아서 노랫말에 맞춰 움직여 본다. • 제자리에서 노랫말대로 움직여 보자. • '짝짝짝' 부분에서는 친구와 손을 마주친다고 생각하고 움직여 보자. • '돌아 돌아' 부분에서는 어떻게 돌리면 좋을까? 5. 두 명의 유아가 나와서 율동을 한다. • 두 명만 나와서 친구들 앞에서 해 보자. 누가 해 볼까? 6. 반 그룹이나 전체가 나와 활동을 한다. 7. 이완활동을 한다. • 숨을 크게 쉬어 보자.		
평가 및 마무리	8. 활동에 대한 생각과 느낌을 이야기 나눈다. • 짝과 함께 율동을 해 보았는데 어땠니? • 어떤 부분이 재미있었어? 9. 다음 활동으로 전이한다.		
유의점	• 처음에는 노랫말 그대로 움직여 보다가 익숙해지면, '손뼉 치고' 부분의 가사를 바꾸어 활동한다(예: 발 구르고, 인사하고, 악수하고, 안아 주고, 춤을 추고 등). • '돌아 돌아' 부분에서는 다양한 방법으로 돌아 본다(예: 팔을 굴리기, 혼자 제자리에서 돌기, 짝과 손을 잡고 돌기 등).		
활동평가	• 짝과 함께 노랫말에 맞춰 동작을 수행하는가?		
확장활동	• 다양한 짝율동을 한다.		

활동 방법

① 손뼉 치고 손뼉 치고	② 짝짝짝

짝과 마주 보고 선 상태에서 각자 박수를 4번 친다.	마주 보고 서 있던 짝과 손을 3번 마주친다.
③ 손뼉 치고 손뼉 치고	④ 짝짝짝
①과 동일하게 동작한다.	②와 동일하게 동작한다.
⑤ 돌아 돌아 돌아 돌아	⑥ 짝짝짝

제자리에서 각자 한 바퀴 돈다.	②와 동일하게 동작한다.
⑦ 돌아 돌아 돌아 돌아	⑧ 짝짝짝
⑤와 동일하게 동작한다.	②와 동일하게 동작한다.

〈돌아 돌아〉

이요섭 작사 · 작곡

활동 2 둘이 살짝

활동유형	리듬 동작(짝율동)	동작의 구성요소	• 신체인식: 신체 부분의 움직임 • 공간인식: 방향 • 관계: 파트너와 그룹과의 관계
활동명	둘이 살짝	대상연령	4세

활동목표	• 짝과 함께 노랫말에 맞춰 율동하는 즐거움을 느낀다.
활동자료	• 손인형 두 개 • 음악: 피아노나 〈둘이 살짝〉 음원
활동과정	활동내용
도입	1. 손인형으로 주의집중한다. ▷손인형 1: 안녕, 내가 재미있는 율동이 있어서 하고 싶은데 짝꿍이 필요하거든. 나와 같이 할 사람 있니? ▷손인형 2: 나랑 하자. 2. 손인형으로 동작을 알아본다. • 어떻게 하는 율동인지 볼까? 3. 오른쪽과 왼쪽을 확인한다. • 오른손을 들어 보자. • 왼손을 들어 보자. 4. 활동을 소개한다. • 오늘은 인형이 소개해 준 '둘이 살짝'이라는 율동을 해 볼 거야.
전개	5. 제자리에 앉아서 노랫말에 맞춰 움직여 본다. • 제자리에서 노랫말대로 움직여 보자. 6. 두 명의 유아가 나와서 율동을 한다. • 두 명만 나와서 친구들 앞에서 해 보자. 누가 해 볼까? 7. 반 그룹이나 전체가 나와 활동을 한다. 8. 이완활동을 한다. • 어깨를 뒤로 돌려 보자. 이번에는 앞으로 돌려 보자.
평가 및 마무리	9. 활동에 대한 생각과 느낌을 이야기 나눈다. • 짝과 함께 오른쪽으로도 돌아보고 왼쪽으로도 돌아보고 손뼉도 치며 율동을 해 보았는데 어땠니? • 어려웠던 점이 있었니? 10. 다음 활동으로 전이한다.
유의점	• 원 노랫말은 '내 무릎 치고 네 어깨 치고 내 손뼉 치고 네 손뼉 치고'인데, '내'와 '네'가 헷갈릴 수 있으므로 '네' 대신 '친구'로 바꿔 부르면 효과적이다. • 노랫말에 오른쪽 왼쪽이 제시되어 있지만 너무 강조하지 않는다.

활동평가	• 짝과 함께 노랫말에 맞춰 동작을 수행하는가?
확장활동	• 다양한 짝율동을 한다.

활동 방법

① 둘이 살짝 손잡고	② 오른쪽으로 돌아요

짝과 손을 잡은 상태에서 무릎을 한 번 구부렸다 편다.	짝과 손을 잡은 상태로 오른쪽으로 한 바퀴 돈다.
③ 둘이 살짝 손잡고	④ 왼쪽으로 돌아요

①과 동일하게 동작한다.	짝과 손을 잡은 상태로 왼쪽으로 한 바퀴 돈다.

⑤ 내 무릎 치고	⑥ 친구 손뼉 치고	⑦ 내 손뼉 치고	⑧ 친구 손뼉 치고

각자 자기 무릎 3번을 친다.	짝과 손을 3번 마주친다.	각자 자기 손뼉 3번을 친다.	짝과 손을 3번 마주친다.
⑨ 내 무릎 치고	⑩ 친구 손뼉 치고	⑪ 내 손뼉 치고	⑫ 친구 손뼉 치고
⑤⑥⑦⑧과 동일하게 동작한다.			

⑬ 둘이 살짝 손잡고 오른쪽으로 돌아요 둘이 살짝 손잡고 왼쪽으로 돌아요
①②③④와 동일하게 동작한다.

〈둘이 살짝〉

박경문 작사
김방옥 작곡

활동 3 둘이서 둘이서

활동유형	리듬 동작(짝율동)	동작의 구성요소	• 신체인식: 신체 부분의 움직임 • 관계: 파트너와 그룹과의 관계
활동명	둘이서 둘이서	대상연령	4세
활동목표	• 짝과 함께 노랫말에 맞춰 율동하는 즐거움을 느낀다. • 신체 부분 간의 연결에 따른 움직임을 경험한다.		
활동자료	• 음악: 피아노나 〈둘이서 둘이서〉 음원		
활동과정	활동내용		
도입	1. '눈은 어디 있나?' 손유희로 주의집중한다. 2. 노랫말과 관련된 이야기를 나눈다. • 둘씩 짝을 지어 율동을 할 때 서로의 몸 중 잡을 수 있는 곳은 어디일까? – 코, 어깨, 손, 팔, 다리 등 3. 율동곡을 들어 본다. • 오늘 함께 할 율동곡을 들려줄 텐데, 서로의 몸 중 어떤 부분을 잡고 하는 율동이야. 어디일지 잘 들어 보자. 4. 활동을 소개한다. • 지금 들어 본 노래의 제목이 무엇일까? • 제목은 〈둘이서 둘이서〉야. 오늘은 이 곡에 맞춰 율동을 할 거야.		
전개	5. 제자리에 앉아서 노랫말에 맞춰 움직여 본다. • 제자리에서 앞에 친구가 있다고 생각하고 노랫말에 맞춰 움직여 보자. 6. 활동 방법에 대해 이야기 나눈다. • '맹맹이'에서는 어떻게 표현하면 좋을까? • '돌돌이'에서는 어떻게 표현하면 좋을까? • '동동이'에서는 어떻게 표현하면 좋을까? • '빙빙이'에서는 어떻게 표현하면 좋을까? 7. 두 명의 유아가 나와서 율동을 한다. • 두 명만 나와서 친구들 앞에서 해 보자. 누가 해 볼까? 8. 반 그룹이나 전체가 나와 활동을 한다. 9. 이완활동을 한다. • 두 팔을 위로 쭉 뻗어 보자. 손을 쭉 늘어뜨리자. 다시 한번 해 볼까?		
평가 및 마무리	10. 활동에 대한 생각과 느낌을 이야기 나눈다. • 오늘은 짝과 함께 서로의 신체 부위를 잡고 율동을 해 보았는데 어땠니? 11. 다음 활동으로 전이한다.		
유의점	• 코나 귀 등 신체 부위를 잡고 흔들 때 너무 세게 흔들지 않도록 주의한다.		
활동평가	• 짝과 함께 노랫말에 맞춰 동작을 수행하는가?		
확장활동	• 이중원을 만들어 짝을 바꾸어 가며 율동을 한다. • 둘씩 짝지어 신체 부분을 가까이 또는 멀리 대 보는 활동을 한다.		

활동 방법

① 둘이서 둘이서 코 잡고	② 맹맹이 맹맹이 맹맹이

서로 짝의 코를 잡는다.	짝의 코를 살짝 흔든다.
③ 둘이서 둘이서 귀 잡고	**④ 돌돌이 돌돌이 돌돌이**

서로 짝의 귀를 잡는다.	짝의 귀를 살짝 흔든다.
⑤ 둘이서 둘이서 손잡고	**⑥ 동동이 동동이 동동이**

서로 짝의 두 손을 잡는다.	짝과 손을 잡고 제자리에서 두 발 모아 뛴다.
⑦ 둘이서 둘이서 팔 끼고	**⑧ 빙빙이 빙빙이 빙빙이**

서로 짝의 같은 쪽(오른팔과 오른팔) 팔을 낀다.	짝과 팔을 끼고 뛰면서 한 바퀴 돈다. 팔짱 끼지 않은 손은 반짝반짝 흔든다.

활동 4 옆에 옆에

활동유형	리듬 동작(짝율동)	동작의 구성요소	• 공간인식: 방향 • 관계: 파트너와 그룹과의 관계
활동명	옆에 옆에	대상연령	4세
활동목표	• 짝과 함께 노랫말에 맞춰 율동하는 즐거움을 느낀다.		
활동자료	• 음악: 피아노나 〈옆에 옆에〉 음원		
활동과정	활동내용		
도입	1. 〈옆에 옆에〉 노래로 주의집중한다. 2. 활동을 소개한다. • 오늘은 방금 들어 본 노래에 맞춰 율동을 해 볼 거야. 제목이 무엇일까?		
전개	3. 율동곡을 들어 보고 율동 방법에 대해 이야기 나눈다. • 음악을 들어 볼 텐데 몸을 어떻게 움직일 수 있는지 잘 들어 보자. • '위로 아래로'에서는 어떻게 표현할 수 있을까? 4. 교사와 유아 중 한 명이 율동을 한다. • 너희 중 선생님과 함께 친구들 앞에서 율동을 보여 주고 싶은 사람 있니? • 앉아 있는 사람들은 노래를 불러 주자. 5. 반 그룹씩 나와 율동을 한다. 6. 다 함께 율동을 한다. 7. 이완활동을 한다. • 짝과 마주 보고 앉아 보자. • 발바닥을 대고 손을 잡아 보자. 한 명씩 잡아당기면서 밀고 당기기를 해 보자. • 이번에는 손을 잡은 상태에서 둘 다 뒤로 누워 보자. • 일어나서 손과 팔을 털어 보자.		
평가 및 마무리	8. 활동에 대한 생각과 느낌을 이야기 나눈다. • 짝과 함께 손을 잡고 다양한 방법으로 위아래로 움직여 보며 율동해 보았는데 어땠니? 9. 다음 활동으로 전이한다.		
유의점	• 유아들이 어려워하는 동작이 있을 때는 그 동작만 다시 해 보고 진행한다. • 2절 후렴 부분에서 한쪽 다리 사이로 손뼉 치는 것이 어려우면 다리를 올리지 않고 손만 아래쪽으로 내려서 손뼉을 친다.		
활동평가	• 짝과 함께 노랫말에 맞춰 동작을 수행하는가?		
확장활동	• 다양한 짝율동을 한다.		

활동 방법

■ 1절

① 옆에 옆에 옆에	② 인사하세요

짝의 손을 마주 잡고 흔들면서 한쪽 방향으로 두 걸음 걷는다.	짝과 인사한다.
③ 옆에 옆에 옆에	④ 인사하세요

짝의 손을 마주 잡고 흔들면서 반대 방향으로 두 걸음 걷는다.	짝과 인사한다.

⑤ 위로 아래로 X 4번

짝과 마주 잡은 한 손은 위로, 한 손은 아래로 내린다. 내린 손 쪽의 발뒤꿈치를 땅에 댄다. 이것을 4번 반복한다.

■ 2절

① 옆에 옆에 옆에	② 빵 돌아 손뼉

짝의 손을 마주 잡고 흔들면서 한쪽 방향으로 두 걸음 걷는다.	제자리에서 한 바퀴 돌고 손뼉을 두 번 친다.
③ 옆에 옆에 옆에	**④ 빵 돌아 손뼉**

짝의 손을 마주 잡고 흔들면서 반대 방향으로 두 걸음 걷는다.	제자리에서 한 바퀴 돌고 손뼉을 두 번 친다.

⑤ 위로 아래로 X 4번

짝을 마주 보고 머리 위로 손을 뻗어 손뼉을 한 번 친 후, 한쪽 다리를 올리고 그 사이로 손뼉을 한 번 친다. 이것을 4번 반복한다.

■ 3절

① 옆에 옆에 옆에	② 춤을 춥시다

짝의 손을 마주 잡고 흔들면서 한쪽 방향으로 두 걸음 걷는다.	자유롭게 춤을 춘다.
③ 옆에 옆에 옆에	④ 춤을 춥시다

짝의 손을 마주 잡고 흔들면서 반대 방향으로 두 걸음 걷는다.	자유롭게 춤을 춘다.

⑤ 위로 아래로 X 4번

짝을 마주 보고 머리 위로 손을 뻗어 흔든 후, 허리를 구부리고 손을 등 뒤로 뻗어 흔든다. 이것을 4번 반복한다.

활동 5 춤을 춥시다

활동유형	리듬 동작(짝율동)	동작의 구성요소	• 신체인식: 신체 부분의 움직임 • 관계: 파트너와 그룹과의 관계
활동명	춤을 춥시다	대상연령	4세
활동목표	• 짝과 함께 노랫말에 맞춰 율동하는 즐거움을 느낀다. • 신체 부분 간의 연결에 따른 움직임을 경험한다.		
활동자료	• 음악: 피아노나 〈춤을 춥시다〉 음원		
활동과정	활동내용		
도입	1. ‘코코코’ 게임으로 주의집중한다. 2. 율동곡을 들어 본다. • 노랫말에 따라 몸을 움직일 수 있는 율동을 준비해 왔어. 음악을 들어 볼 텐데 몸을 어떻게 움직일 수 있는지 잘 들어 보고 제목도 생각해 보자. 3. 활동을 소개한다. • 오늘은 방금 들어 본 노래에 맞춰 율동을 해 볼 거야. 제목이 무엇일까?		
전개	4. 율동곡에 나오는 신체 부위와 움직임에 대해 이야기 나눈다. • 음악에 어떤 내용이 있었니? • 어느 부분을 잡고 춤을 추자고 했니? 5. 교사와 유아 중 한 명이 율동을 한다. • 너희 중 선생님과 함께 친구들 앞에서 율동을 보여 주고 싶은 사람 있니? • 앉아 있는 사람들은 노래를 불러 주자. 6. 반 그룹씩 나와 율동을 한다. 7. 다 함께 율동을 한다.		
평가 및 마무리	8. 활동에 대한 생각과 느낌을 이야기 나눈다. • 친구들의 손, 코, 귀 등을 잡고 즐겁게 춤을 춰 보았는데 어땠니? 9. 다음 활동으로 전이한다.		
유의점	• 유아와 교사가 율동 시범을 보일 때, 다음 노랫말을 미리 알려 주어 유아가 준비할 수 있게 도와준다. • 신체 부위를 잡을 때 박자에 맞춰 잡는 것을 너무 강조하지 않는다.		
활동평가	• 짝과 함께 노랫말에 맞춰 동작을 수행하는가?		
확장활동	• 원 율동 가사인 ‘손잡고, 코 잡고, 귀 잡고, 껴안고’ 대신 짝과 함께 할 수 있는 동작을 창작하여 활동한다. • 다양한 짝율동을 한다.		

활동 방법

■ 1절

① 손잡고 손잡고 춤을 춥시다	② 돌면서 돌면서 춤을 춥시다

짝 손을 박자에 맞춰 한 손씩 차례대로 잡은 후 자유롭게 춤을 춘다.	두 손을 잡은 채로 한쪽 방향으로 돌면서 춤을 춘다.
③ 랄라라랄라랄랄랄라 노래 부르며	④ 신나게 신나게 신나게 신나게 춤을 춥시다

짝을 마주 보고 두 손을 한쪽 위로 올려서 흔든 후 가슴 위치에서 손뼉을 세 번 친다.	반대 방향으로 두 손을 위로 올려서 흔든 후 가슴 위치에서 손뼉을 세 번 친다.

■ 2절

① 코 잡고 코 잡고 춤을 춥시다	② 돌면서 돌면서 춤을 춥시다

박자에 맞춰 오른손 검지, 왼손 검지로 자기 코를 잡은 후 자유롭게 춤을 춘다.	코를 잡은 상태로 제자리에서 한 바퀴 돌면서 춤을 춘다.

■ 3절

① 귀 잡고 귀 잡고 춤을 춥시다	② 돌면서 돌면서 춤을 춥시다

박자에 맞춰 오른손, 왼손으로 자기 귀를 잡은 후 자유롭게 춤을 춘다.	귀를 잡은 상태로 제자리에서 한 바퀴 돌면서 춤을 춘다.

■ 4절

① 껴안고 껴안고 춤을 춥시다	② 돌면서 돌면서 춤을 춥시다

박자에 맞춰 오른손, 왼손으로 짝을 껴안은 후 자유롭게 춤을 춘다.	껴안은 상태로 한 바퀴 돌면서 춤을 춘다.

〈춤을 춥시다〉

강신욱 작사
이수인 작곡

활동 6 친구하고

<table>
<tr><td>활동유형</td><td>리듬 동작(짝율동)</td><td>동작의 구성요소</td><td>• 신체인식: 신체 부분의 움직임
• 공간인식: 수준
• 관계: 파트너와 그룹과의 관계</td></tr>
<tr><td>활동명</td><td>친구하고</td><td>대상연령</td><td>4세</td></tr>
<tr><td>활동목표</td><td colspan="3">• 짝과 함께 노랫말에 맞춰 율동하는 즐거움을 느낀다.
• 신체 부위 명칭을 안다.</td></tr>
<tr><td>활동자료</td><td colspan="3">• 음악: 피아노나 〈친구하고〉 음원</td></tr>
<tr><td>활동과정</td><td colspan="3">활동내용</td></tr>
<tr><td>도입</td><td colspan="3">1. '머리 어깨 무릎 발' 손유희를 하며 주의집중한다.
2. 율동곡을 들어 본다.
• 선생님이 오늘 함께 할 율동음악을 들려줄 거야. 오늘 율동은 짝과 함께 하는 율동인데, 지금 들어 볼 음악에 나오는 신체가 어디어디인지 잘 들어 보자.
3. 활동을 소개한다.
• 오늘은 방금 들어 본 곡에 맞춰 율동을 해 볼 거야. 제목은 〈친구하고〉야.</td></tr>
<tr><td>전개</td><td colspan="3">4. 율동곡을 들어 보고 율동 방법에 대해 이야기 나눈다.
• 음악에 어떤 내용이 있었니?
• 머리를 어떻게 움직이라고 했어?
5. 제자리에 앉아서 노랫말에 맞춰 움직여 본다.
• 머리를 흔들 때는 어떻게 움직일 수 있을까?
• 어깨는 어떻게 으쓱으쓱 움직일까?
6. 두 명의 유아가 나와서 율동을 한다.
• 두 명만 나와서 친구들 앞에서 해 보자. 누가 해 볼까?
• 자리를 바꿀 때는 어떻게 바꾸면 좋을까?
7. 반 그룹이나 전체가 나와 활동을 한다.</td></tr>
<tr><td>평가 및 마무리</td><td colspan="3">8. 활동에 대한 생각과 느낌을 이야기 나눈다.
• 친구하고 마주 보고 머리부터 발끝까지 움직이며 율동을 해 보았는데 어땠니?
9. 다음 활동으로 전이한다.</td></tr>
<tr><td>유의점</td><td colspan="3">• 2절은 앉아서 시작하며 '발, 무릎, 어깨, 머리' 순서로 하고, 마지막에는 '춤을 추다 일어서세요'로 마무리한다.
• '발, 무릎, 어깨, 머리' 순서로 하는 것을 헷갈려 하면 1절과 같이 '머리, 어깨, 무릎, 발' 순서로 할 수 있다.</td></tr>
<tr><td>활동평가</td><td colspan="3">• 짝과 함께 노랫말에 맞추어 동작을 수행하는가?
• 노랫말에 맞추어 정확한 신체 부위를 움직이는가?</td></tr>
<tr><td>확장활동</td><td colspan="3">• 다양한 짝율동을 한다.</td></tr>
</table>

활동 방법

■ 1절

① 친구하고 마주 보고 머리 어깨 무릎 발

친구와 마주 보고 서서 자신의 머리, 어깨, 무릎, 발을 만진다.

② 자리를 바꿔서 머리 어깨 무릎 발

짝과 서 있는 위치를 바꾸고 자신의 머리, 어깨, 무릎, 발을 만진다.

③ 머리를 흔들고 어깨를 으쓱으쓱

머리를 자유롭게 흔들고
어깨를 올렸다 내렸다 한다.

④ 무릎을 움직이고 발을 동동 구르고

무릎을 흔들거나 구부렸다 펴고,
발을 동동 구른다.

⑤ 춤을 추다 앉아요

짝과 마주 보고 서서 자유롭게 춤을 추다 앉는다.

■ 2절

① 친구하고 마주 보고 발 무릎 어깨 머리

친구와 마주 보고 앉아서 자신의 발, 무릎, 어깨, 머리를 만진다.

② 자리를 바꿔서 발 무릎 어깨 머리

짝과 위치를 바꾸고 앉은 상태로 자신의 발, 무릎, 어깨, 머리를 만진다.

③ 발을 동동 구르고 무릎을 움직이고

무릎을 구부려서 발을 동동 구르고
다리를 펴서 양 무릎을 번갈아 바닥에 친다.

④ 어깨를 으쓱으쓱 머리를 흔들고

어깨를 올렸다 내렸다 하고
머리를 자유롭게 흔든다.

⑤ 춤을 추다 일어서세요

짝과 마주 보고 앉아 자유롭게 춤을 추다 일어선다.

〈친구하고〉

김진영 작사 · 작곡

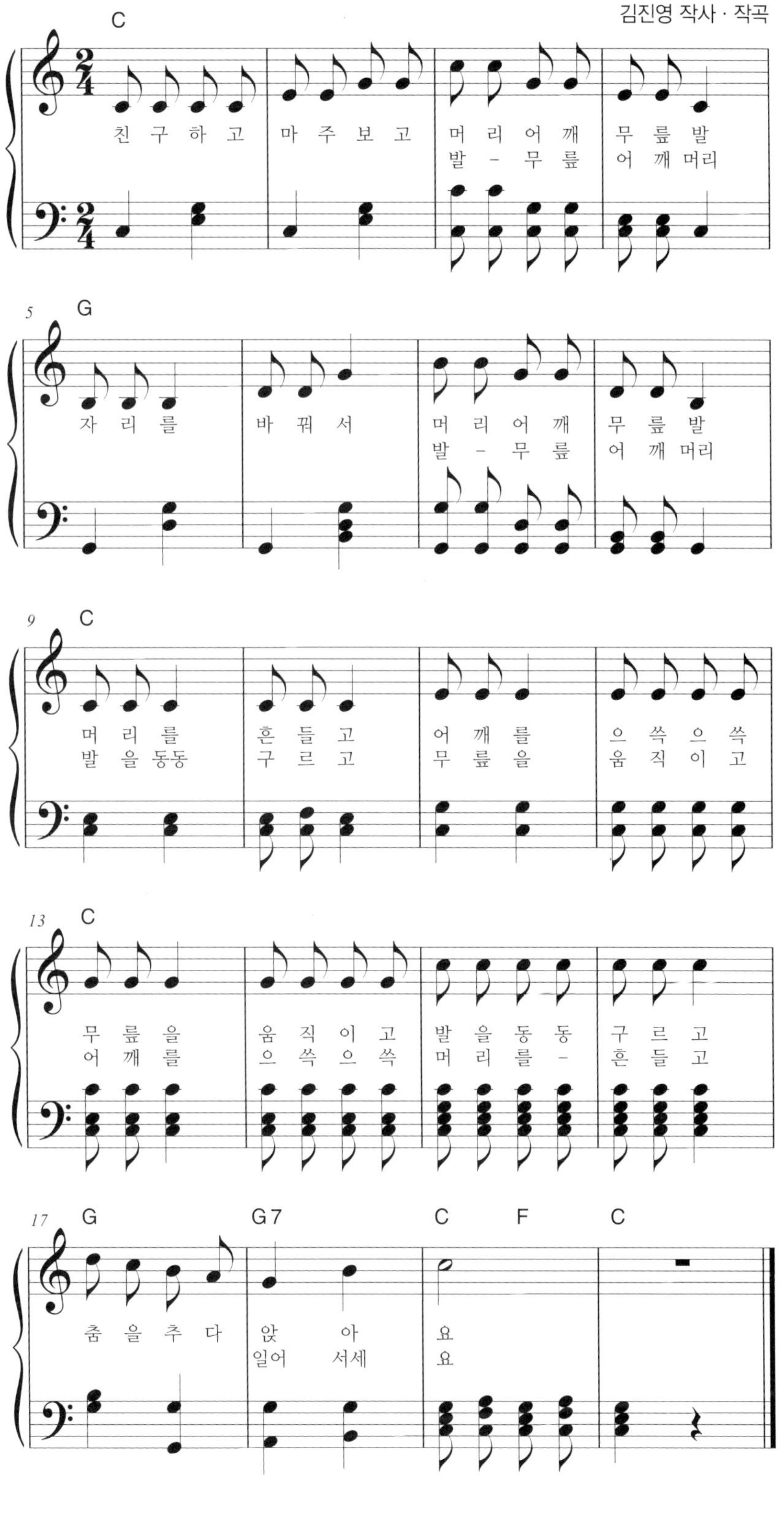

활동 7 엄마와 함께

활동유형	리듬 동작(짝율동)	동작의 구성요소	• 관계: 파트너와 그룹과의 관계
활동명	엄마와 함께	대상연령	3세
활동목표	• 엄마와 함께 노랫말에 맞춰 율동하는 즐거움을 느낀다.		
활동자료	• 음악: 피아노나 〈엄마와 함께〉 음원		
활동과정	활동내용		
도입	1. 〈엄마와 함께〉 율동 노래를 부르며 주의집중한다. 2. 율동곡을 들어 보고 율동 방법에 대해 이야기 나눈다. • 오늘은 엄마하고 함께 짝율동을 해 볼 거야. 엄마하고 마주 보거나 등을 대고 율동을 해 볼 텐데 어떻게 움직이는지 먼저 노래를 들어 보자. • 어떻게 움직이는 율동일까? 3. 활동을 소개한다. • 오늘은 방금 들어 보았던 노래에 맞춰 엄마와 함께 신나게 춤춰 볼 거야. • 방금 들었던 노래 제목도 〈엄마와 함께〉란다.		
전개	4. 제자리에 앉아서 노랫말에 맞춰 움직여 본다. • 제자리에서 노랫말대로 움직여 보자. 5. 다 함께 나와 율동을 한다. • 엄마랑 손을 잡고 나와서 서 보자. 6. 노랫말을 바꾸어 율동을 한다. • 엄마랑 또 어떤 방법으로 율동을 해 볼 수 있을까? 7. 이완활동을 한다. • 모두 팔을 최대한 높게 뻗어 보자. • 이번엔 크게 양팔을 벌리고 숨 쉬어 보자.		
평가 및 마무리	8. 활동에 대한 생각과 느낌을 이야기 나눈다. • 오늘은 엄마와 함께 신나게 춤춰 보았는데 어땠니? 9. 다음 활동으로 전이한다.		
유의점	• 손뼉 치고 춤추는 장면에서 엄마와 유아가 마주 보고 할 수 있도록 주의한다. • 2, 3절은 말타기, 안고 일어나기 등 유아의 무게를 실어 활동해야 하므로 상황에 따라 선택한다.		
활동평가	• 노랫말에 맞춰 유연하게 신체를 조절하며 춤출 수 있는가?		
확장활동	• '춤춰요' 대신에 신체를 움직일 수 있는 노랫말로 변경하여 율동한다(예: 발을 굴러 보세요. 엉덩이를 흔들어요. 엄마하고 손잡고 스키핑 해 보세요 등). • 어머니 참여수업뿐 아니라 아버지 참여수업이나 가족참여수업 때 활동한다. • 친구와 함께 짝율동으로 해 본다.		

활동 방법

① 엄마하고 마주 보고 흔들흔들 춤춰요	② 엄마하고 등 대고 흔들흔들 춤춰요

엄마와 마주 보고 서서 몸을 자유롭게 흔들며 춤춘다.	엄마와 등을 대고 서서 몸을 자유롭게 흔들며 춤춘다.
③ 엄마는 손뼉 치고 어린이는 춤춰요	**④ 신나게 춤춰요**

엄마와 유아는 다시 마주 보고 엄마는 손뼉을 신나게 치고 유아는 자유롭게 춤을 춘다.	엄마와 유아가 함께 신나게 춤춘다.
⑤ 어린이 손뼉 치고 어머니가 춤춰요	**⑥ 신나게 춤춰요**

유아는 손뼉을 신나게 치고 엄마는 자유롭게 춤을 춘다.	④와 동일하게 동작한다.

〈엄마와 함께〉

양한나 작사
김성균 작곡

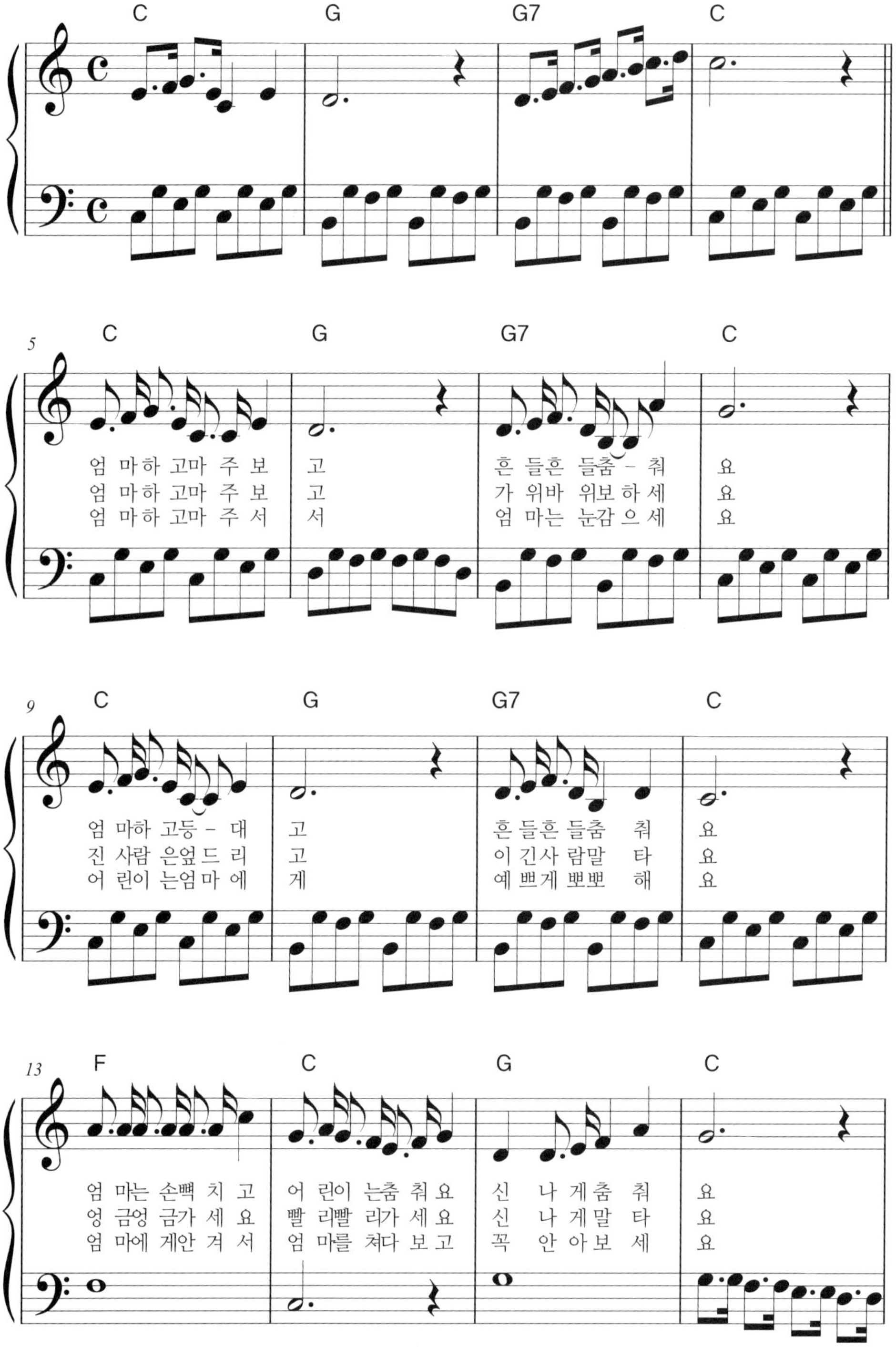

17
F
C
G7
C
어 린이 손뼉 치 고 어 머니 가춤 춰 요 신 나 게춤- 춰 요
엉 금엉 금가 세 요 빨 리빨 리가 세 요 신 나 게말- 타 요
엄 마는 어린 이 를 안 고일 어나 세 요 그 리 고소리쳐 요

활동 8 모두 모두 다 같이

<table>
<tr><td>활동유형</td><td>리듬 동작(원율동)</td><td>동작의
구성요소</td><td>• 관계: 파트너와 그룹과의 관계</td></tr>
<tr><td>활동명</td><td>모두 모두 다 같이</td><td>대상연령</td><td>4세</td></tr>
<tr><td>활동목표</td><td colspan="3">• 신체를 통한 창의적 표현력을 기른다.
• 다른 사람의 동작을 모방하며 신체조절능력을 기른다.</td></tr>
<tr><td>활동자료</td><td colspan="3">• 피아노</td></tr>
<tr><td>활동과정</td><td colspan="3">활동내용</td></tr>
<tr><td>도입</td><td colspan="3">1. 〈모두 모두 다 같이〉 노래를 부르며 주의집중한다.

모두 모두 다 같이 선생님 따라 해 봐요
모두 모두 다 같이 선생님 따라 해 봐요
라 라 라 라 라 라 라라라라(교사가 동작을 하면 유아도 따라 한다)
라 라 라 라 라라 라라라라(교사가 동작을 하면 유아도 따라 한다)

2. 유아 중 몇 명이 나와 동작을 만들어 본다.
• 너희 중에 재미있는 동작을 만들어 볼 사람 있니?
• ○○가 하는 대로 우리도 함께 움직여 보자.
3. 활동을 소개한다.
• 오늘은 방금 했던 것처럼 각자 동작을 만들어 보고, 친구들은 모두 따라 해 보는 활동을 해 볼 거야.</td></tr>
<tr><td>전개</td><td colspan="3">4. 음악을 들려주고 동작방법에 대해 생각해 본다.
• 각자 음악을 들으면서 어떤 동작을 할 것인지 생각해 보자.
5. 모두 나와 큰 원을 만든다.
6. 다 함께 활동을 한다.</td></tr>
<tr><td>평가 및
마무리</td><td colspan="3">7. 활동에 대한 생각과 느낌을 이야기 나눈다.
• 오늘은 각자 재미있는 동작도 만들어 보고 서로 따라 해 보기도 했는데 어땠니?
8. 다음 활동으로 전이한다.</td></tr>
<tr><td>유의점</td><td colspan="3">• 활동 인원이 많으면 반그룹이나 세 개의 그룹으로 나누어 활동한다.
• 전체가 한 원이 되었을 경우에는 교사도 원의 일부가 되어 함께 활동하는 것이 효과적이다.
• 노랫말 중 '나를 따라 해 봐요' 부분에서 유아들의 이름을 넣어 '○○ 따라 해 봐요'로 바꾸어 활동한다.</td></tr>
<tr><td>활동평가</td><td colspan="3">• 창의적인 동작을 만들어 낼 수 있는가?
• 다른 사람의 동작을 보고 동일한 동작을 수행할 수 있는가?</td></tr>
<tr><td>확장활동</td><td colspan="3">• 다양한 원율동을 한다.
• 유아들이 동작을 창작하는 다양한 율동을 한다(예: 복남이를 보았니? 우리 식구, 날 따라 해 봐요 이렇게 등).</td></tr>
</table>

활동 방법

8명 정도씩 원을 만들고 순서를 정한다.
① 모두 모두 다 같이 나를 따라 해 봐요 모두 모두 다 같이 나를 따라 해 봐요

다 같이 신나게 손뼉을 친다.
② 라 라 라 라 라 라 라라라라 라 라 라 라 라라 라라라라

첫 번째 순서인 유아가 자유롭게 동작을 하면 모두 따라서 같은 동작을 한다.
같은 방법으로 두 번째, 세 번째 순서인 유아의 동작을 따라 한다.

〈모두 모두 다 같이〉

김성균 작사 · 작곡

활동 9 우리 다 춤추세

활동유형	리듬 동작(원율동)	동작의 구성요소	• 신체인식: 신체 부분의 움직임 • 관계: 파트너와 그룹과의 관계
활동명	우리 다 춤추세	대상연령	4세
활동목표	• 여러 명이 협력하여 율동하는 즐거움과 일체감을 느낀다. • 노랫말에 나오는 지시에 따라 움직이며 신체조절능력을 기른다.		
활동자료	• 피아노나 〈우리 다 춤추세〉 음원		

활동과정	활동내용
도입	1. 〈우리 다 춤추세〉 노래로 주의집중한다. • 유아들은 노래를 듣다가 '오른손 들어 오른손 내려' 부분에서는 앉은 상태로 움직인다. 2. 활동을 소개한다. • 방금 들어 본 노래에 맞춰 율동을 해 볼 거야. 제목은 〈우리 다 춤추세〉야. 어떻게 하는 율동일까?
전개	3. 제자리에 앉아서 다양한 동작으로 바꾸어 움직여 본다. • 선생님이 부르는 노래를 잘 듣고 노랫말대로 제자리에서 움직여 보자. 〈동작 바꾸기의 예〉 ▷ 왼손 들어 왼손 내려 ▷ 오른발 들어 오른발 내려, 왼발 들어 왼발 내려 ▷ 어깨 흔들어 신나게 흔들어, 어깨를 들어 어깨를 내려 ▷ 엉덩이 흔들어 신나게 흔들어 ▷ 머리를 옆으로 머리를 앞뒤로 ▷ 두 팔을 들어, 두 팔을 내려 4. 네 명의 유아가 나와서 교사와 함께 율동을 한다. • 너희들 중 먼저 앞에 나와 친구들에게 율동을 보여 주고 싶은 사람 있니? 5. 여덟 명씩 한 원을 만들어 율동을 한다. • 먼저, 음악 없이 한 동작씩 해 보자. • 이번에는 음악에 맞춰 율동을 해 보자. 6. 다양한 동작으로 바꾸어 율동을 한다. • 이번에는 선생님이 노랫말을 바꿔 볼 거야. 어떻게 바뀌었는지 잘 듣고 그대로 율동해 보자. 7. 이완활동을 한다. • 팔을 쭉 뻗어 키를 쭉쭉 높였다가 축 몸을 늘어뜨리고 다시 한번 높이 높이 올라갔다가 축 몸을 늘어뜨리자.

평가 및 마무리	8. 활동에 대한 생각과 느낌을 이야기 나눈다. • 여덟 명씩 한 원을 만들어 달려도 보고 노랫말의 지시에 따라 다양한 방법으로 움직여 보았는데 어땠니? 9. 다음 활동으로 전이한다.
유의점	• 반 인원에 따라 원의 인원수를 조정한다. • 전체가 한 원이 되었을 경우에는 교사도 원의 일부가 되어 함께 활동할 수 있다. 단, 유아들이 교사의 행동만 따라 하지 않고 노랫말에 귀 기울여 활동할 수 있도록 지도한다. • 노랫말에 오른쪽 왼쪽이 제시되어 있지만 너무 강조하지 않도록 한다.
활동평가	• 여러 명이 동일한 동작을 박자와 리듬에 맞춰 수행할 수 있는가? • 노랫말에 나오는 지시에 따라 신체를 조절하여 반응할 수 있는가?
확장활동	• 후렴 부분의 노랫말을 기본 동작으로 바꾸어 율동을 한다(예: 다 같이 걸어가. 힘차게 걸어가. 힘차게 걸으면서 박수 쳐 보자).

활동 방법

① 우리 다 춤추세 우리 다 춤추세 우리 다 춤추세	② 이같이 종일토록

8명이 큰 원을 만들어 손을 잡고 오른쪽 방향(시계 반대 방향)으로 달리기를 한다.	달리기를 멈추고 제자리에 서서 각자 손뼉을 세 번 친다.
③ 오른손 들어 오른손 내려	④ 오른손을 흔들어서 빵 돌아가세

오른손을 들었다 내린다.	오른손을 흔들면서 각자 제자리에서 한 바퀴 돈다.

활동 10 징글벨(종소리)

활동유형	리듬 동작(원율동)	동작의 구성요소	• 신체인식: 몸 전체의 움직임, 신체 부분의 움직임 • 관계: 파트너와 그룹과의 관계
활동명	징글벨(종소리)	대상연령	5세
활동목표	• 여러 명이 협력하여 율동하는 즐거움과 일체감을 느낀다. • 스키핑을 할 수 있다.		
활동자료	• 음악: 피아노나 〈징글벨〉 음원		
활동과정	활동내용		
도입	1. 〈징글벨〉 노래로 주의집중한다. 2. 활동을 소개한다. • 오늘은 이 노래에 맞춰 율동을 할 거야.		
전개	3. 율동 방법에 대해 이야기 나눈다. • 이 율동은 원을 만들어 움직이는 원율동이야. 어떻게 움직일 수 있을까? 4. 제자리에 앉아서 노랫말에 맞춰 움직여 본다. • 선생님과 함께 앉은 상태에서 동작을 해 보자. 5. 두 명의 유아가 나와서 후렴 부분만 율동을 한다. • '종소리 울려라 종소리 울려' 부분은 세 번씩 손뼉을 칠 건데, 어떻게 치는지 잘 보자. • 앉아 있는 상태에서 앞에 친구가 있다고 생각하고 노래에 맞춰 손뼉을 쳐 보자. 6. 반 그룹이 나와 활동을 한다. • 먼저, 음악 없이 동작을 해 보자. • '흥겨워서 소리 높여 노래 부른다' 다음에는 짝과 마주 볼 거야. 그 부분만 해 보자. • 이번에는 음악에 맞춰 율동을 해 보자. 앉아 있는 사람들은 노래를 불러 줘. 7. 나머지 반 그룹이 나와 활동을 한다. 8. 다 함께 나와 이중원을 만들어 활동을 한다. 9. 이완활동을 한다. • 다 같이 바닥에 누워 보자. 아주 조용한 바다 위에 떠 있다고 상상해 보자.		
평가 및 마무리	10. 활동에 대한 생각과 느낌을 이야기 나눈다. • 원을 만들어 신나게 옆으로도 뛰어 보고 친구와 손뼉도 마주 쳐 보면서 율동해 보았는데 어땠니? 11. 다음 활동으로 전이한다.		
유의점	• 사전활동으로 〈징글벨〉 노래를 배운 후 본 활동을 하는 것이 효과적이다. • 오른쪽 왼쪽으로 도는 부분이 있는데 지나치게 강조하지 않는다. • 이중원을 만들었을 때는 안의 원과 바깥 원에 있는 사람이 짝이 된다.		
활동평가	• 여러 명이 동일한 동작을 박자와 리듬에 맞춰 수행할 수 있는가? • 스키핑을 할 수 있는가?		
확장활동	• 썰매 타기, 스케이트 타기, 스키 타기 등 겨울 스포츠 운동하는 모습을 표현하는 창의적 동작을 한다.		

활동 방법

① 흰 눈 사이로	② 썰매를 타고

①에서는 원 대형으로 손을 잡고 옆 걸음을 해서 오른쪽(시계 반대 방향)으로 세 걸음 간다.
그다음 네 번째에 왼발을 오른쪽 사선 방향으로 가볍게 차올린다.
②에서는 옆 걸음을 해서 ①과 반대 방향인 왼쪽(시계 방향)으로 세 걸음 간다.
그다음 네 번째에 오른발을 왼쪽 사선 방향으로 가볍게 차올린다.

③ 달리는 기분	④ 상쾌도 하다

①②와 동일하게 동작한다.

⑤ 종이 울려서	⑥ 장단 맞추니

손을 잡은 채 오른쪽으로 한 발 가서 왼발을 오른쪽 사선 방향으로 가볍게 차올리고,
왼쪽으로 한 발 가서 오른발을 왼쪽 사선 방향으로 가볍게 차올린다(⑤와 ⑥ 동일).

⑦ 흥겨워서 소리 높여 노래 부른다

손을 잡은 채로 흔들면서 옆으로 스키핑을 하면서 오른쪽(시계 반대 방향)으로 간다.

⑧ 종소리 울려라	⑨ 종소리 울려

(종소리 울려라 노래 시작하기 전) 손을 놓고 몸을 돌려 짝과 마주 본다.
짝과 오른손 마주치기 3번, 짝과 왼손 마주치기 3번, 자기 무릎 치기 3번, 짝과 양손 마주치기 3번을 한다.

⑩ 우리 썰매 빨리 달려 종소리 울려라

짝과 오른쪽 팔을 끼고 스키핑하면서 한 바퀴 돈다.

⑪ 종소리 울려라	⑫ 종소리 울려

짝과 마주 보고 ⑧⑨와 동일하게 동작한다.

⑬ 기쁜 노래 부르면서 빨리 달리자

짝과 왼쪽 팔을 끼고 스키핑하면서 ⑩과 반대 방향으로 한 바퀴 돈다.

〈징글벨〉

안병원 역사
Pierpont 작곡

17
F C7 F C7
흥 겨 워 서 소 리 높 여 노 래 부 른 다
21
F
종 소 리 울 려 라 종 소 리 울 려
25
B♭ F Gm C
우 리 썰 매 빨 리 달 려 종 소 리 울 려 라
29
F
종 소 리 울 려 라 종 소 리 울 려
33
B♭ F C F
기 쁜 노 래 부 르 면 서 빨 리 달 리 자

활동 11 산타 할아버지 오시는 날

활동유형	리듬 동작(원율동)	동작의 구성요소	• 신체인식: 몸 전체의 움직임, 신체 모양 • 관계: 파트너와 그룹과의 관계
활동명	산타 할아버지 오시는 날	대상연령	4세
활동목표	• 여러 명이 협력하여 율동하는 즐거움과 일체감을 느낀다.		
활동자료	• 음악: 피아노나 〈싼타 할아버지 오시는 날〉 음원		
활동과정	활동내용		
도입	1. 〈싼타 할아버지 오시는 날〉 노래로 주의집중한다. 2. 활동을 소개한다. • 오늘은 이 노래에 맞춰 율동을 할 거야.		
전개	3. 활동 방법에 대해 이야기 나눈다. • 이 율동은 원을 만들어 움직이는 원율동이야. 어떻게 움직일 수 있을까? • 딸랑딸랑 종소리는 우리 몸으로 어떻게 표현하면 좋을까? 4. 제자리에 앉아서 노랫말에 맞춰 움직여 본다. • 선생님과 함께 앉은 상태에서 동작을 해 보자. 5. 반 그룹이 나와 율동을 한다. • 모두 큰 원을 만들어 보자. • ○○ 부분이 어려운가 보구나. 그 부분만 다시 해 볼까? 6. 나머지 반 그룹이 나와 율동을 한다. 7. 다 함께 나와 두 개의 원을 만들어 율동을 한다. 8. 이완활동을 한다. • 모두 딱딱한 얼음조각이 되어 볼까? 점점 얼음이 녹아내리고 있어요. 녹아내리는 얼음을 몸으로 표현해 보자.		
평가 및 마무리	9. 활동에 대한 생각과 느낌을 이야기 나눈다. • 큰 원을 만들어 노랫말에 맞춰 함께 율동해 보았는데 어땠니? 10. 다음 활동으로 전이한다.		
유의점	• 사전활동으로 〈싼타 할아버지 오시는 날〉 노래를 배운 후 본 활동을 하는 것이 효과적이다.		
활동평가	• 여러 명이 동일한 동작을 박자와 리듬에 맞춰 수행할 수 있는가?		
확장활동	• 성탄절과 산타와 관련된 동화 듣기, 이야기 나누기 활동, 음악활동을 한다.		

활동 방법

① 펑펑 하얀 눈이 내릴 때	② 싼타 할아버지 오신대요

원 대형으로 손을 잡고 오른쪽 방향으로 걸으며 돌아간다.	왼쪽 방향으로 걸으며 돌아간다.
③ 우리 선물 가득 싣고서	④ 썰매 타고 오신대요

잡은 손을 위로 천천히 올리면서 원 안으로 걸어 들어간다.	잡은 손을 아래로 천천히 내리면서 원 밖으로 뒷걸음질하며 걸어 나온다.
⑤ 딸랑	⑥ 딸랑

한 팔을 원 안으로 한 팔을 원 밖으로 쭉 뻗어 종이 울리듯 팔목을 흔든다.
이때 고개는 원 밖으로 뻗은 손 쪽으로 돌린다. ⑥번에서는 ⑤번과 반대 방향으로 한다.

⑦ 빨리 오세요	

제자리에서 가볍게 달린다.	
⑧ 딸랑	⑨ 딸랑
⑤⑥과 동일하게 동작한다.	

⑩ 나는 기뻐요	

제자리에서 두 발 모아 뛰면서 손뼉을 네 번 친다.	
⑪ 딸랑	⑫ 딸랑
⑤⑥과 동일하게 동작한다.	

⑬ 어서 오세요
⑦과 동일하게 동작한다.

⑭ 딸랑	⑮ 딸랑

⑤⑥과 동일하게 동작한다.

⑯ 기다릴게요

제자리에서 기다리는 모습을 표현한다.

■ **율동을 두 번 할 때는 다음과 같이 할 수 있다.**

- ①②③④는 동일하게 동작한다.
- 몸을 돌려 원 밖을 보고 선다.
- 원 밖을 보고 선 상태에서 ⑤~⑮도 동일하게 동작한다.
- ⑯ '기다릴게요'에서는 몸을 움츠렸다가 손을 쭉 뻗고 높이 뛴다.

〈싼타 할아버지 오시는 날〉

김진영 작사 · 작곡

활동 12 모두 다 뛰놀자

활동유형	리듬 동작(자유대형율동)	동작의 구성요소	• 신체인식: 몸 전체의 움직임 • 관계: 파트너와 그룹과의 관계
활동명	모두 다 뛰놀자	대상연령	4세
활동목표	• 다 함께 동일한 동작을 하며 일체감과 소속감을 느낀다. • 리듬 동작을 하며 다양한 기본 동작을 익힌다.		
활동자료	• 음악: 피아노나 〈모두 다 뛰놀자〉 음원		
활동과정	활동내용		
도입	1. 간단한 손유희로 주의집중한다. 2. 활동을 소개한다. • 오늘은 '모두 다 뛰놀자'라는 곡에 맞춰서 율동을 해 볼 거야.		
전개	3. 율동곡을 들어 보고 활동 방법에 대해 이야기 나눈다. • 음악을 들려줄 텐데 어떻게 뛰놀 건지 잘 들어 보자. • 어떻게 뛰어놀자고 했니? 4. 개인공간을 확보한다. • 다 함께 나와서 옆 사람과 부딪히지 않게 서 보자. 5. 율동 방법을 알아본다. • '모두 다 홉홉홉 뛰어라' 부분에서는 이렇게 해 볼 거야. 다 같이 해 보자. • '동동동 굴러라' 부분에서는 이렇게 해 보자. (교사가 시범을 보인다.) 6. 음악에 맞춰 율동을 한다. • 음악에 맞춰 신나게 율동해 보자. • 어떤 부분이 어려웠니? 그 부분만 다시 해 볼까? • 처음부터 끝까지 다시 한번 율동해 보자. 7. 이완활동을 한다. • 나비가 신나게 날갯짓을 하고 있는 모습은 어떨까? 몸으로 나타내 보자. • 이번에는 나비가 날개를 접고 차분하게 꽃잎 위에 앉아 있네. 어떤 모습일까?		
평가 및 마무리	8. 활동에 대한 생각과 느낌을 이야기 나눈다. • 오늘은 모두 다 함께 한 발로도 뛰어 보고, 빙빙 돌아도 보고 앉았다 일어나 보기도 하는 율동을 해 보았는데 어땠니? 9. 다음 활동으로 전이한다.		
유의점	• 대근육을 충분하게 사용하도록 동작을 분명하고 크게 할 수 있도록 지도한다.		
활동평가	• 노랫말에 제시되어 있는 움직임을 유연하게 수행하는가?		
확장활동	• 노랫말을 다른 기본 동작으로 바꾸어 활동한다.		

활동 방법

① 모두 다 홉홉홉 뛰어라	② 모두 다 훨훨훨 날아라

한 발을 내딛고 다른 발로 앙감질, 반대 발을 내딛고 다른 발로 앙감질을 한다(총 4번).	두 팔을 벌리고 날갯짓하며 돌아다닌다.
③ 모두 다 동동동 굴러라	④ 모두 다 빙빙빙 돌아라

허리를 굽히고 손을 발끝으로 향하게 한 후 발을 구른다.	제자리에서 두 팔을 옆으로 벌리고 돈다.
⑤ 우 우 와와와와와	⑥ 우 우 와와와와우와

양팔을 벌리고 엉덩이를 흔들며 앉는다.	양팔을 벌린 채로 엉덩이를 흔들며 일어선다.
⑦ 모두 다 홉홉홉 뛰어라 모두 다 훨훨훨 날아라 모두 다 동동동 굴러라 모두 다 빙빙빙 돌아라	
①②③④와 동일하게 동작한다.	

〈모두 다 뛰놀자〉

박경문 작사
김방옥 작곡

13
G C D G
우 우 와 와 와 와 와
13
17
C G D
D.S.
우 우 와 와 와 와와 와 모두다
17
D.S.

활동 13 비눗방울

활동유형	리듬 동작(자유대형율동)	동작의 구성요소	• 신체인식: 몸 전체의 움직임, 신체 모양 • 관계: 파트너와 그룹과의 관계
활동명	비눗방울	대상연령	5세
활동목표	• 다 함께 동일한 동작을 하며 일체감과 소속감을 느낀다. • 리듬 동작을 하며 다양한 기본 동작을 익힌다.		
활동자료	• 비눗방울 • 음악: 〈비누방울〉 음원(만화 〈아기공룡 둘리〉 테마송)		
활동과정	활동내용		
도입	1. 비눗방울을 불며 주의집중한다. • 와~ 이게 뭐야. 우리 지난번에 비눗방울을 직접 불어 봤었지? 2. 활동을 소개한다. • 오늘은 '비눗방울'이라는 율동을 해 볼 거야.		
전개	3. 율동곡을 들어 본다. • 너희들이 들어 본 노래일 수도 있는데 아는 곡인지 한 번 들어 볼까? • 이 곡을 알고 있니? 4. 개인공간을 확보한다. • 모두 일어서서 양팔을 벌리고 한 바퀴 돌아서 옆 사람과 부딪히지 않게 서 보자. 5. 율동 방법을 알아본다. • 검지손가락만 펴 보자. 아래에서 위로 번갈아 찌르면서 올라가는 거야. 다 같이 '쏙쏙쏙 방울'. • 이번에는 검지손가락을 위로 찌르면서 무릎을 구부렸다 폈다 해 볼 거야. 다 같이 해 보자. • 오른쪽으로 스키핑 왼쪽으로 스키핑~ 이번에는 오른쪽 왼쪽으로 스키핑을 하면서 팔을 굴려 보자. 6. 음악에 맞춰 율동을 한다. • 음악에 맞춰 율동해 보자. 7. 어려운 부분이 있거나 잘못 동작을 하는 부분만 다시 해 본다. • ○○ 부분이 잘 안 되는구나. ○○ 부분만 다시 해 보자. 8. 다 함께 율동을 한다. 9. 이완활동을 한다. • 비눗방울이 크게 크게 부풀어 올라요. 우리 몸으로 어떻게 표현할까? 비눗방울이 '팡' 하고 터졌어요. 어떻게 되었을까?		
평가 및 마무리	10. 활동에 대한 생각과 느낌을 이야기 나눈다. • 오늘은 〈비누방울〉이라는 노래에 맞춰서 율동을 해 보았는데 어땠니? 11. 다음 활동으로 전이한다.		

유의점	• 개인공간을 충분하게 확보하고 율동을 한다. • 일반공간이 충분하게 넓지 않은 경우에는 반 그룹씩 활동한다.
활동평가	• 율동의 움직임(예: 스키핑, 두 발 모아 뛰기 등)을 유연하게 수행하는가?
확장활동	• 비눗방울이 되어 보는 창의적 동작을 한다.

활동 방법

① 전주

두 발 모아 자유롭게 콩콩 뛰어다니다가 전주 마지막 마디에서는 제자리에 서서 무릎을 네 번 구부린다.

② 쏙쏙쏙 방울	③ 빙글빙글 방울	④ 여기저기 내 방울 내 방울

양손 검지를 위로 번갈아 찌르면서 올리고, 무릎은 구부렸다 폈다 리듬을 탄다.	양팔을 굴리면서 위로 올리고, 무릎은 구부렸다 폈다 리듬을 탄다.	오른쪽, 왼쪽, 오른쪽, 왼쪽으로 스키핑 한 번씩 총 네 번을 한다. 이때 양팔을 굴리면서 위로 올린다.
⑤ 쏙쏙쏙 방울	⑥ 빙글빙글 방울	⑦ 여기저기 무지개

②와 동일하게 동작한다.	③과 동일하게 동작한다.	양팔을 넓게 벌리고 손을 안쪽으로 치듯이 움직인다. 동시에 오른쪽으로 두 발 모아 뛰기를 하며 한 바퀴 돈다.

⑧ 빨간 하늘 담고

⑨ 파란 하늘 담고

⑧에서는 오른팔은 위에서 아래로, 왼팔은 아래에서 위로 무엇을 잡듯이 손을 오므렸다 폈다 하며 가운데에서 만난다. 동시에 무릎은 구부렸다 폈다 리듬을 탄다.
⑨에서는 팔의 위치를 반대로 해서 움직인다.

⑩ 동글동글 내 방울 내 방울

④와 동일하게 동작한다.

⑪ 빨간 하늘 담고	⑫ 파란 하늘 담고	⑬ 동글동글 무지개
⑧과 동일하게 동작한다.	⑨와 동일하게 동작한다.	방향만 왼쪽으로 ⑦과 동일하게 동작한다.

⑭ 이리저리 구름 따라 마음대로

양팔을 자유롭게 흔들며
발끝으로 뛰듯이 자유롭게 돌아다닌다.

⑮ 두리둥실 두리둥실 춤추며

양팔로 크게 원을 두 번 그리면서
무릎을 두 번 구부렸다 편다.

⑯ 아롱다롱 꽃잔치에 바람 타고	⑰ 두리둥실 두리둥실 춤추며
⑭와 동일하게 동작한다.	⑮와 동일하게 동작한다.

⑱ 와~

양 손을 입 주변에 대고 "와" 하고 소리를 지르며 두 발 모아 네 번 뛴다.

⑲ 산 넘어 먼 나라까지 바다 건너 먼 나라까지
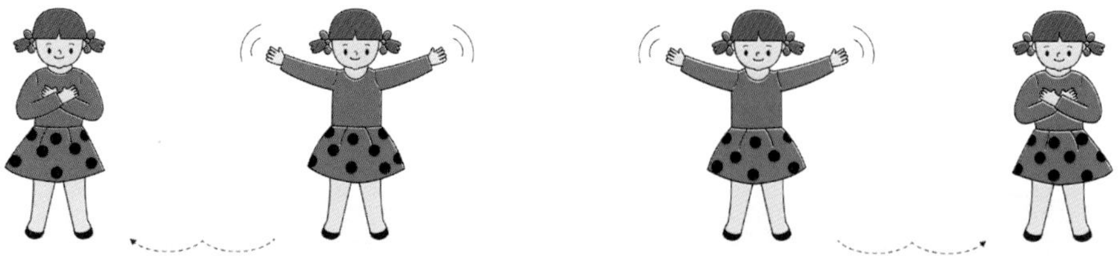
오른쪽으로 두 번 가면서 양팔을 넓게 벌렸다가 가슴 쪽으로 오므리는 동작 두 번, 왼쪽으로 두 번 가면서 양팔을 넓게 벌렸다가 가슴 쪽으로 오므리는 동작 두 번을 한다.

⑳ 이리저리 춤을 춘다

오른쪽, 왼쪽, 오른쪽, 왼쪽 한 번씩 가며 양팔을 벌렸다가 오므리는 동작 총 네 번을 한다.

※ 간주는 전주와 같은 동작으로 움직인다.

※ 후주는 두 발 모아 자유롭게 콩콩 뛰어다닌다.

활동 14 시루떡

활동유형	리듬 동작(자유대형율동)	동작의 구성요소	• 신체인식: 몸 전체의 움직임 • 노력: 흐름 • 관계: 파트너와 그룹과의 관계, 사물들과의 관계
활동명	시루떡	대상연령	4세
활동목표	• 다 함께 동일한 동작을 하며 일체감과 소속감을 느낀다. • 한삼을 활용하여 다양한 방법으로 움직일 수 있다.		
활동자료	• 시루떡 실물자료, 시루와 떡 사진자료, 한삼 • 음악: 〈시루떡〉 음원		
활동과정	활동내용		
도입	1. 수수께끼로 주의집중한다. ▷ 이것은 떡입니다. ▷ 이 떡은 잔치가 있을 때나 누가 돌아가셨을 때 많이 먹던 떡입니다. ▷ 이사를 갈 때도 많이 먹는 떡입니다. 이것은 무슨 떡일까요? – 시루떡 2. 시루에 대해 이야기 나눈다. • 그런데 왜 시루떡일까? • 시루는 무엇일까? 3. 활동을 소개한다. • 오늘은 '시루떡'이라는 율동을 해 볼 거야.		
전개	4. 율동곡을 들어 보고 활동 방법에 대해 이야기 나눈다. • 노래를 들어 보니 어떤 느낌이 드니? • 어떻게 율동할 수 있을까? 5. 한삼을 소개한다. • 오늘은 우리나라 전통춤을 출 때 사용하는 물건 중의 하나를 사용하여 율동을 해 볼 거야. • 이게 무엇일까? – 한삼 • 어떻게 사용하는 건지 선생님이 한 번 껴 볼게. 6. 개인공간을 확보한다. • 모두 일어서서 양팔을 벌리고 한 바퀴 돌아서 옆 사람과 부딪히지 않게 서 보자. 7. 율동 방법을 알아본다. • 먼저, 어떻게 하는 율동인지 다 함께 해 보자. • 손뼉을 치고 '얼쑤' 동작을 해 볼 거야. • 팔이 어떻게 돌아가는지 잘 보자. • 무릎은 어떻게 했니?		

	8. 음악에 맞춰 율동을 한다. • 음악에 맞춰 율동을 해 보자. 9. 어려운 부분이 있거나 잘못 동작을 하는 부분만 다시 해 본다. • ○○ 부분이 잘 안 되는구나. ○○ 부분만 다시 해 보자. 10. 다 함께 율동을 한다. 11. 한삼을 나누어 가진다. • 이제 각자 한삼을 양팔에 끼고 율동을 해 볼 거야. • 한삼을 받은 사람은 무릎 위에 놓고 잠깐 기다리자. 12. 한삼을 끼고 율동을 한다. 13. 이완활동을 한다. • 시루에서 부드럽게 쪄진 떡처럼 우리 몸을 부드럽게 만들어 보자.
평가 및 마무리	14. 활동에 대한 생각과 느낌을 이야기 나눈다. • 오늘을 한삼을 끼고 율동을 해 보았는데 어땠니? 15. 다음 활동으로 전이한다.
유의점	• 간식으로 시루떡을 먹어 본 경험, 우리나라 음식과 간식 등에 대한 이야기 나누기 활동 후 본 활동을 하는 것이 효과적이다.
활동평가	• 율동의 움직임을 유연하게 수행하는가? • 한삼을 사용하여 동작을 잘 수행하는가? • 앙감질 동작을 하며 멈출 때 균형을 잘 잡는가?
확장활동	• 한삼을 활용한 전통무용을 감상한다. • 한삼을 활용한 다양한 율동을 한다.

활동 방법

① 전주

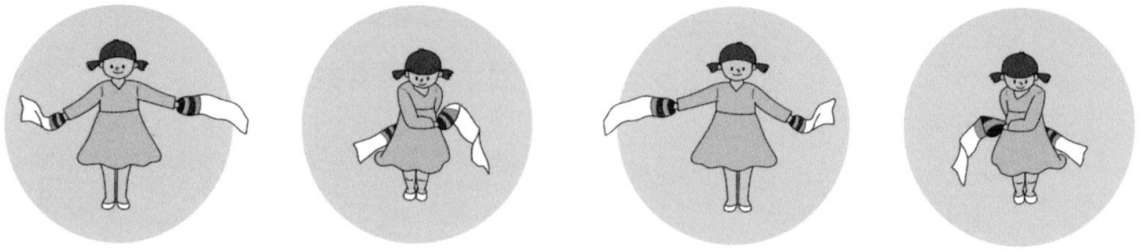

양팔을 벌렸다가 오른쪽 팔은 앞으로, 왼쪽 팔은 뒤로 구부린다.
다시 양팔을 벌렸다가 반대로 왼쪽 팔은 앞으로, 오른쪽 팔은 뒤로 구부린다. (두 번 반복)

② 시루에서	③ 시루떡이
	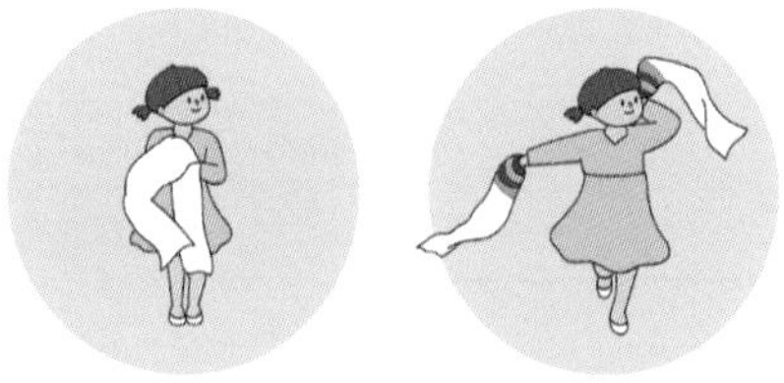
손뼉 한 번 치며 두 발 모아 뛴다. 그다음에 왼발로 앙감질을 하며 왼팔은 벌리고 오른팔은 귀를 스치며 벌린다. ③은 ②와 반대 방향으로 동작한다.	

④ 잘도 익는다
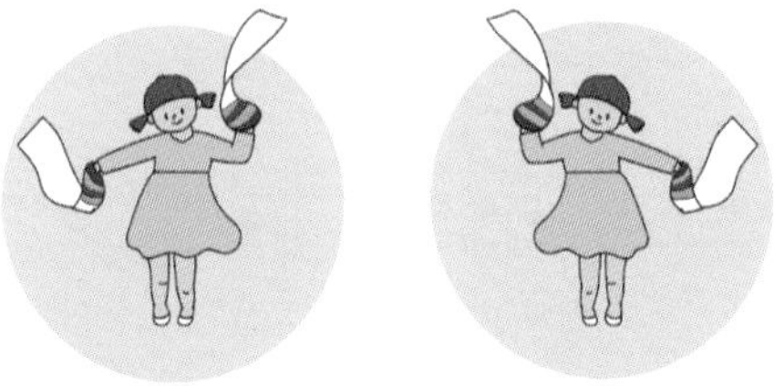
양팔을 번갈아 귀 쪽으로 구부렸다 폈다 하며 벌린다. 동시에 양쪽 무릎을 번갈아 구부렸다 폈다 한다.

⑤ 모락모락	⑥ 김이 나며	⑦ 잘도 익는다
②와 동일하게 동작한다.	③과 동일하게 동작한다.	④와 동일하게 동작한다.

⑧ 쫄깃쫄깃 맛있는	⑨ 시루	⑩ 떡
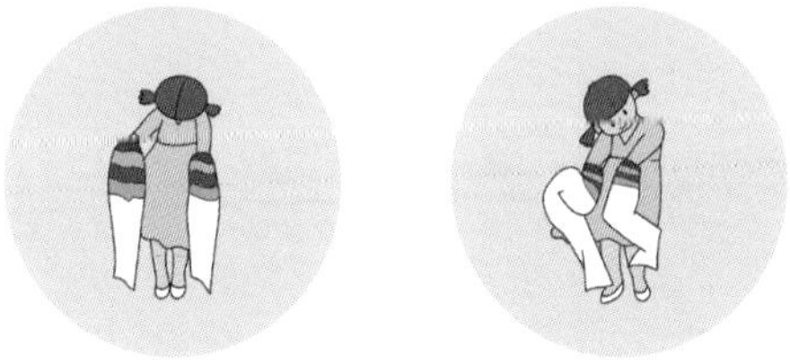		
양팔을 앞으로 뻗어 손목을 아래로 늘어뜨린 후 고개를 숙이고 앞으로 여덟 번 간다. 이때 다리와 엉덩이 그리고 팔을 흔들흔들 흔들며 간다.	두 발 모아 뛰며 손뼉을 두 번 친다.	왼발로 앙감질 동작을 하고 왼팔은 벌리고 오른팔은 귀를 스친 후 벌린 동작으로 멈춘다.

⑪ 시루떡은 우리나라	⑫ 옛날	⑬ 떡
⑧과 같은 자세로 뒤로 여덟 번 간다.	⑨와 동일하게 동작한다.	⑩과 같은 자세인데 반대 방향으로 한다.
⑭ 시루에서 시루떡이 잘도 익는다. 모락모락 김이 나며 잘도 익는다.		
②③④⑤⑥⑦과 동일하게 동작한다.		

※ 간주 부분은 전주 부분과 동일하게 동작한다.

〈시루떡〉

김재우 작사
이수인 작곡

활동 15 오른발 왼발

활동유형	리듬 동작(자유대형율동)	동작의 구성요소	• 신체인식: 신체 부분의 움직임 • 관계: 파트너와 그룹과의 관계
활동명	오른발 왼발	대상연령	3세
활동목표	• 다 함께 동일한 동작을 하며 일체감과 소속감을 느낀다. • 노랫말에 나오는 지시에 따라 움직이며 신체조절능력을 기른다.		
활동자료	• 음악: 피아노나 〈오른발 왼발〉 음원		
활동과정	활동내용		
도입	1. 〈오른발 왼발〉 노래를 부르며 주의집중한다. 2. 율동곡을 들어 보고 활동 방법에 대해 이야기 나눈다. • 어떻게 움직일까? • 제자리에서 노랫말대로 한번 움직여 보자. 3. 활동을 소개한다. • 오늘은 방금 제자리에서 움직였던 동작을 율동으로 해 볼 거야. • 제목이 무엇일까?		
전개	4. 유아 두 명이 나와 율동을 한다. • 너희 중 친구들 앞에서 노랫말대로 율동을 해 볼 사람 있니? 5. 다 함께 나와 율동을 한다. • 다 함께 음악 없이 한 동작씩 해 보자. 6. 음악에 맞춰 율동을 한다.		
평가 및 마무리	7. 활동에 대한 생각과 느낌을 이야기 나눈다. • 다 함께 돌기도 하고 앉았다 일어나기도 하는 율동을 해 보았는데 어땠니? 8. 다음 활동으로 전이한다.		
유의점	• 노랫말에 오른발, 왼발이 제시되어 있지만 확인하는 정도에서 그치고 너무 강조하지 않는다.		
활동평가	• 노랫말에 제시되어 있는 움직임을 유연하게 수행하는가?		
확장활동	• 짝율동으로 해 본다. 짝율동으로 할 때는 가사 중 '오른발 왼발' 부분에서 서로의 발을 부딪혀 볼 수 있다.		

활동 방법

① 오른발	② 왼발	③ 뛰어라
		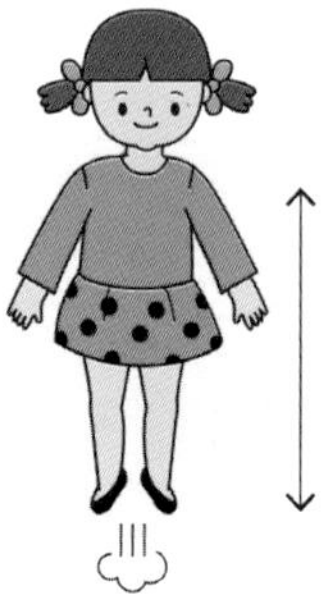
오른발을 앞으로 내밀며 발뒤꿈치를 바닥에 찍는다.	왼발을 앞으로 내밀며 발뒤꿈치를 바닥에 찍는다.	두 발 모아 세 번 뛴다.

④ 오른발	⑤ 왼발	⑥ 뛰어라
①과 동일하게 동작한다.	②와 동일하게 동작한다.	③과 동일하게 동작한다.

⑦ 돌아서 돌아서	⑧ 앉았다 일어나

제자리에서 한 바퀴 돈다.	앉았다 일어난다.
⑨ 돌아서 돌아서	**⑩ 앉았다 일어나**
⑦과 동일하게 동작한다.	⑧과 동일하게 동작한다.

활동 16 탈춤체조

<table>
<tr><td>활동유형</td><td>리듬 동작(자유대형율동)</td><td>동작의 구성요소</td><td>• 신체인식: 몸 전체의 움직임, 신체 모양
• 관계: 파트너와 그룹과의 관계, 사물들과의 관계</td></tr>
<tr><td>활동명</td><td>탈춤체조</td><td>대상연령</td><td>5세</td></tr>
<tr><td>활동목표</td><td colspan="3">• 다 함께 동일한 동작을 하며 일체감과 소속감을 느낀다.
• 한삼을 활용하여 다양한 방법으로 움직일 수 있다.</td></tr>
<tr><td>활동자료</td><td colspan="3">• 탈, 한삼
• 음악: 〈탈춤체조〉 음원</td></tr>
<tr><td>활동과정</td><td colspan="3">활동내용</td></tr>
<tr><td>도입</td><td colspan="3">1. 교사가 탈을 쓰고 주의집중한다.
▷ 얼쑤! 오늘 ○○반에서 탈춤판을 벌인다고 하는데…… 맞나요?
▷ 기대해 봅니다. 멋진 탈춤을 보여 주세요.
2. 활동을 소개한다.
• 오늘은 '탈춤체조'를 해 볼 거야.</td></tr>
<tr><td>전개</td><td colspan="3">3. 율동곡을 들어 보고 율동 방법을 추측해 본다.
• 노래를 들어 보니 어떤 느낌이 드니?
• 어떻게 율동할 수 있을까?
4. 탈춤에 대해 이야기 나눈다.
• 탈춤을 본 적이 있지?
• 어떤 동작이 기억나는지 이야기해 볼까?
• 손동작이 어땠어? 발동작은 어땠니?
5. 한삼을 보여 준다.
• 지난번에 '시루떡' 율동을 할 때 사용했던 한삼을 가지고 율동을 해 볼 거야.
6. 개인공간을 확보한다.
• 모두 일어서서 양팔을 벌리고 한 바퀴 돌아서 옆 사람과 부딪히지 않게 서 보자.
7. 율동 방법을 알아본다.
• 허리는 곧게 세우고 무릎만 구부렸다 펴 보는 거야. 다 같이 해 볼까?
• 이번에는 양팔을 왼쪽으로 뻗고 고개를 숙인 상태에서 무릎을 흔들흔들하며 양팔을 오른쪽으로 이동시켜 볼 거야.
8. 음악에 맞춰 율동을 한다.
• 다 같이 신나게 탈춤을 춰 보자.
9. 어려운 부분이 있거나 잘못 동작을 하는 부분만 다시 해 본다.
• ○○ 부분이 잘 안 되는구나. ○○ 부분만 다시 해 보자.
10. 다 함께 율동을 한다.</td></tr>
</table>

	11. 한삼을 나누어 가진다. • 이제 각자 한삼을 양팔에 끼고 탈춤을 춰 볼 거야. • 한삼을 받은 사람은 무릎 위에 놓고 잠깐 기다리자. 12. 한삼을 끼고 율동을 한다. 13. 이완활동을 한다. • 탈을 만들 때 사용하는 종이죽처럼 축 늘어져 보자.
평가 및 마무리	14. 활동에 대한 생각과 느낌을 이야기 나눈다. • 오늘은 한삼을 끼고 멋지게 탈춤을 춰 보았는데 어땠니? 15. 다음 활동으로 전이한다.
유의점	• 사전활동으로 탈춤 감상하기, 탈 만들어 보기 활동을 하면 효과적이다. • 한삼을 끼고 동작을 할 때는 한삼의 흔들거림, 넘어가는 동작 등 효과를 생각하며 동작한다.
활동평가	• 노랫말에 제시되어 있는 움직임을 유연하게 수행하는가? • 한삼을 사용하여 동작을 잘 수행하는가?
확장활동	• 한삼춤 외에 다양한 전통무용을 감상하고 율동을 한다.

활동 방법

■ 1절

① 전주

허리는 곧게 펴고 양팔은 가지런히 내린 상태에서 다리를 어깨 넓이로 벌리고 무릎만 구부렸다 폈다 한다.

② 으짜으짜 으짜라 으짜짜 으짜으짜 으짜 으짜짜	③ 간주

두 발 모아 신나게 네 번 뛴다. 이때 두 팔은 위에서 아래로 양쪽을 훑듯이 내려온다.	무릎을 약간 구부린 상태에서 양팔은 가운데로 모으고 팔꿈치가 일직선이 되게 하여 턱 밑에 받친다. 이때 고개는 양손 위에서 양쪽으로 흔든다.

④ 탈춤판을 벌여 보자	⑤ 난장판을 벌여 보자

무릎을 구부렸다 폈다 흔들면서 양팔은 왼쪽으로 뻗은 상태에서 출발하여
리듬을 타고 오른쪽으로 옮겨 온다.
⑤는 ④와 반대 방향으로 움직인다.

⑥ 방자향단아 손을 잡고	⑦ 빙글빙글 돌아 보자

아리랑 동작을 하며 오른발 왼발 한 발씩 오른쪽으로 걸어서 돈다.
⑦은 ⑥과 반대 방향으로 움직인다.

⑧ 꽹과리도 신이 나서	⑨ 피리 나팔 뒤질소냐	⑩ 장고 북도 거들어 보자	⑪ 장작불도 춤을 춘다

손뼉 한 번 치며 두 발 모아 뛰고 왼발 앙감질을 하며 오른팔을 점점 뒤로 옮겨간다. ⑨는 ⑧과 반대 방향으로 움직인다.		무릎을 약간 구부린 상태로 엉덩이를 씰룩씰룩 움직인다. 이때 양팔은 팔꿈치를 구부린 상태로 번갈아 가며 배를 16번 두드린다.	

⑫ 니가 쓴 탈바가지	⑬ 뭐가 그리 즐거우냐	⑭ 내가 쓴 탈바가지	⑮ 밤새도록 웃는구나

무릎을 약간 구부린 상태로 흔들흔들 걸으며 오른쪽으로 돈다. 이때 왼팔은 내리고 오른손을 직각으로 세워 얼굴 가운데에 놓고 머리를 도리도리하며 움직인다. ⑬은 ⑫와 반대 방향으로 움직인다.		⑩⑪과 동일한 동작인데, ⑭는 앞으로 여덟 번 가면서 한다. ⑮는 ⑭와 반대 방향(뒤로 여덟 번)으로 움직인다.	

■ 2절

- 1절의 동작과 모두 동일하다.

활동 17 통통통

활동유형	리듬 동작(자유대형율동)	동작의 구성요소	• 공간인식: 수준 • 노력: 힘 • 관계: 파트너와 그룹과의 관계
활동명	통통통	대상연령	4세
활동목표	• 다 함께 동일한 동작을 하며 일체감과 소속감을 느낀다. • 리듬 동작을 하며 다양한 기본 동작을 경험한다.		
활동자료	• 트램펄린 사진 • 음악: 피아노나 〈통통통〉 음원		
활동과정	활동내용		
도입	1. 트램펄린 사진을 보여 주며 주의집중한다. • 이게 무엇일까? • 여기서 뛰는 모습을 소리로 표현하면 어떻게 표현할 수 있을까? 2. 활동을 소개한다. • 오늘 다 함께 해 볼 율동은 '통통통'이야.		
전개	3. 율동곡을 듣고 노랫말에 대해 이야기 나눈다. • 노래를 먼저 들려줄게. 어떻게 움직일지 잘 생각해 보자. • 어떤 노랫말이 있었니? 4. 활동 방법에 대해 이야기 나눈다. • 통통통 높이 뛰는 건 어떻게 할 수 있을까? • 흔들흔들흔들흔들 춤추는 것은 어떻게 할 수 있을까? 5. 개인공간을 확보한다. • 옆 사람과 부딪히지 않게 서 보자. 6. 율동 방법을 알아본다. • 모두 두 발 모아서 통통통 뛰어 보자. • 이번에는 가볍고 조용하게 동그란 모양을 그리면서 한 바퀴 도는 거야. 다 같이 해 볼까? • 이번에는 거북이처럼 기어 보자. 7. 음악에 맞춰 율동을 한다. • 음악에 맞춰 다 같이 율동해 보자. 8. 이완활동을 한다. • 우리가 트램펄린 위에 누워 있는데 누군가 와서 뛰었어. 그래서 우리 몸이 둥실둥실 떠오른다고 생각해 보자.		
평가 및 마무리	9. 활동에 대한 생각과 느낌을 이야기 나눈다. • 흔들흔들 춤도 춰 보고 기어가기도 하고 떼굴떼굴 굴러도 보며 율동해 보았는데 어땠니? 10. 다음 활동으로 전이한다.		

유의점	• 대근육을 충분하게 사용하도록 동작을 분명하고 크게 할 수 있도록 지도한다. • 활동 공간을 고려하여 반그룹씩 해 볼 수 있다.
활동평가	• 노랫말에 제시되어 있는 움직임을 유연하게 수행하는가?
확장활동	• 노랫말의 강약과 내용에 따라 악기연주를 한다.

활동 방법

① 통통통 높이 뛰다가	② 살살 동그랗게 뛰다가	③ 흔들흔들흔들흔들 춤추다가	④ 점점점점 아래로

두 발 모아 통통통 여덟 번 뛴다.	발에 힘을 빼고 제자리에서 한 바퀴 돌면서 뛴다.	자유롭게 몸을 흔들며 춤을 춘다.	양팔을 벌리고 엉덩이를 씰룩씰룩하며 천천히 아래로 앉는다.
⑤ 엉금엉금 기어가다가	⑥ 살금살금살금	⑦ 떼굴떼굴떼굴떼굴 굴러가다가	⑧ 일어섯

무릎을 대고 기어간다.	⑤보다 약하게 힘을 빼고 기어간다.	누워서 옆으로 구른다 (앞으로 구를 수도 있다).	자리에서 일어난다.

〈통통통〉

김성균 작사 · 작곡

C F G7 C
통 통 통 –높 이 뛰 다 가 살 살 동 그랗 게 뛰 다 가
5 C F G C
흔 들흔 들흔 들흔 들 춤추 – 다가 점 점 점 점 아 래 로
9 F C G C
pp
엉 금 엉 금 기 어가 다가 살 금 살 금 살 – 금
13 F C G7 C
떼 굴떼 굴떼 굴떼 굴 굴 러가 다가 일어 섯

제11장

음악적 요소에 맞춘 리듬 동작

●학습목표●

- 음악적 요소에 맞춘 리듬 동작을 실행해 보는 과정을 통해 실제적 지식을 습득한다.
- 다양한 음악적 요소에 맞춘 리듬 동작을 수행할 수 있다.

활동 1 새춤 Ⅰ

활동 2 새춤 Ⅱ

활동 3 어린이 폴카

활동 4 오 수재너

활동 5 서커시안 서클

활동 6 훌라춤

활동 1 새춤 I

활동유형	리듬 동작(자유대형율동)	동작의 구성요소	• 신체인식: 신체 모양 • 관계: 파트너와 그룹과의 관계
활동명	새춤 I	대상연령	5세
활동목표	• 음악의 리듬과 박에 맞춰 율동하며 신체조절능력을 기른다.		
활동자료	• 음악: 피아노나 〈새춤〉 음원		
활동과정	활동내용		
도입	1. 새 소리 음향으로 주의집중한다. • 무슨 소리일까? – 새 소리 2. 새에 대해 이야기 나눈다. • 어떤 새를 본 적이 있니? • 새가 무엇을 하고 있었니? • 새 모습을 누가 흉내 내어 볼까? 3. 음악을 들어 본다. • 어떤 분이 새의 모습과 움직임을 보고 음악을 만들었어. 새의 어떤 움직임을 나타낸 것 같은지 들어 보자. • 새의 어떤 모습이 생각났니? 4. 활동을 소개한다. • 오늘은 ‘새춤’을 배워 볼 거야. 새가 춤추듯 움직이는 모습을 표현했다고 이름이 붙었대.		
전개	5. 교사가 율동 시범을 보인다. • 이 움직임은 새가 무엇을 하고 있는 것 같니? • ○○는 그렇게 생각했구나. 6. 반 그룹이나 전체가 나와 활동을 한다. • 한 동작씩 따라 해 보자. 7. 음악에 맞춰 율동을 한다. • 이번에는 음악에 맞춰 율동을 해 보자. 8. 이완활동을 한다. • 아이스크림이 녹아내리듯 우리 몸도 그렇게 표현해 보자.		
평가 및 마무리	9. 활동에 대한 생각과 느낌을 이야기 나눈다. • 오늘은 새가 춤추듯 움직이는 모습을 나타낸 율동을 해 보았는데 어땠니? 10. 다음 활동으로 전이한다.		
유의점	• 율동에 나오는 움직임에 대한 유아들의 다양한 의견을 수용한다.		
활동평가	• 음악의 리듬과 박에 맞춰 신체를 조절하여 동작을 유연하게 수행하는가?		
확장활동	• 짝과 함께 하는 ‘새춤 II’ 율동을 한다.		

활동 방법

①	②

양팔을 벌리고 스키핑을 한다.	오른쪽으로 한 걸음 가서 무릎을 한 번 굽혔다 펴면서 오른쪽 보며 인사. 왼쪽으로 한 걸음 가서 무릎을 한 번 굽혔다 펴면서 왼쪽을 보며 인사한다. 이때 두 손은 모아서 새꽁지 모양으로 뒷짐을 진다.
③	④

①과 동일하게 동작한다.	②와 동일하게 동작한다.
⑤	⑥
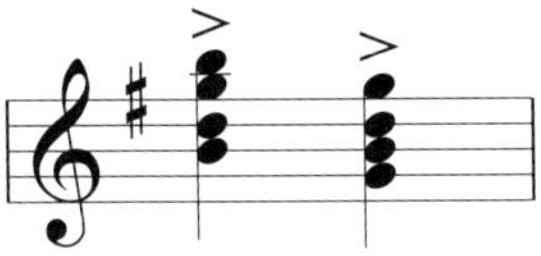	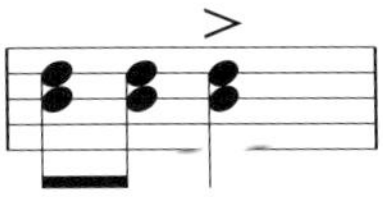

양팔을 벌린 채 오른발을 오른쪽으로 한 걸음 뛴 후 발을 모은다.	제자리에서 양팔과 양다리를 엇갈려서 앞뒤로 흔들며 뛴다.

⑦	⑧
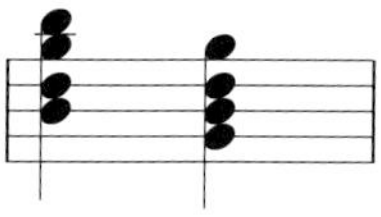	
⑤와 동일하게 동작한다.	⑥과 동일하게 동작한다.
⑨	⑩

한 손은 새부리처럼 입에 대고 다른 한 손은 꼬리처럼 엉덩이에 댄 후 오른쪽으로 뛰면서 앉는다.	⑨와 반대 방향으로 동작한다. 손도 오른손과 왼손의 위치를 바꾼다.
⑪	⑫

⑨와 동일하게 동작한다.	⑩과 같이 앉은 자세로 뛰면서 한 바퀴 돈다.

〈새춤〉

※ 이 악보는 『어린이 춤곡』(이은화, 김순세 공편, 형설출판사, 1996)에서 참고하였음

활동 2 새춤 II

활동유형	리듬 동작(짝율동)	동작의 구성요소	• 신체인식: 신체 모양 • 관계: 파트너와 그룹과의 관계
활동명	새춤 II	대상연령	5세
활동목표	• 짝과 함께 음악의 리듬과 박에 맞춰 율동하며 신체조절능력을 기른다. • 짝과 함께 노랫말에 맞춰 율동하는 즐거움을 느낀다.		
활동자료	• 음악: 피아노나 〈새춤〉 음원(새춤 I과 동일)		
활동과정	활동내용		
도입	1. 〈새춤〉 음악으로 주의집중한다. • 무슨 음악인지 기억하니? – 새춤 2. 활동을 소개한다. • 오늘은 〈새춤〉 음악에 맞춰 율동을 해 볼 텐데 둘씩 짝을 지어 해 볼 거야.		
전개	3. 율동 방법을 알아본다. • 선생님과 함께 율동 방법을 보여 줄 사람 있니? 4. 반 그룹이나 전체가 나와 활동을 한다. • 한 동작씩 짝과 함께 해 보자. 5. 음악에 맞춰 율동을 한다. • 이번에는 음악에 맞춰 율동을 해 보자. 6. 이완활동을 한다. • 새가 신나게 날아다니다가 잠이 들었어요. 우리도 잠든 새처럼 편안하게 쉬어 보자.		
평가 및 마무리	7. 활동에 대한 생각과 느낌을 이야기 나눈다. • 오늘은 짝과 함께 새가 춤추듯 움직이는 모습을 율동으로 해 보았는데 어땠니? 8. 다음 활동으로 전이한다.		
유의점	• 짝과 함께 동작을 행하며 맞춰 가는 즐거움을 느낄 수 있도록 지도한다. • 리듬과 박에 맞춰 동작을 잘 할 수 있도록 교사가 입으로 방향이나 숫자를 세어 주면 효과적이다(예: 앞으로~ 하나, 둘, 셋).		
활동평가	• 짝과 함께 음악의 리듬과 박에 맞춰 신체를 조절하여 동작을 유연하게 수행하는가?		
확장활동	• 새가 되어 보는 창의적 동작을 한다.		

활동 방법

①

짝과 한쪽 손만 잡은 상태에서 각자의 바깥에 있는 발을 앞으로 내밀어 발뒷꿈치를 찍고 뒤로 보내 발끝을 찍는다.
그다음에 앞으로 세 걸음 걸어간다.

②

손을 잡은 채로 뒤로 한 걸음 나가 마주 보고 인사, 안으로 한 걸음 들어와 등을 대고 인사를 한다.

③

짝과 한쪽 손만 잡은 상태에서 각자의 안에 있는 발을 앞으로 내밀어 발뒤꿈치를 찍고 뒤로 보내 발끝을 찍는다.
그다음에 앞으로 세 걸음 걸어간다.

④

②와 동일하게 동작한다.

⑤	⑥

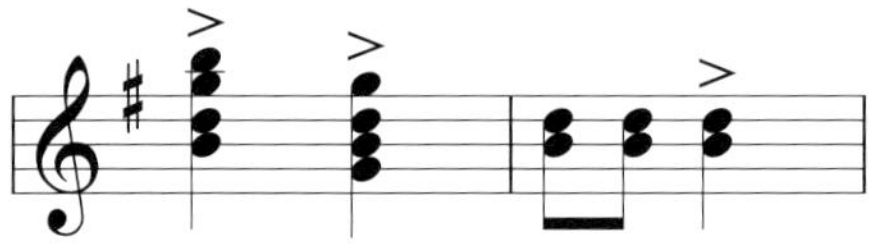

⑤	⑥
짝과 마주 보고 서서 양손을 머리 위로 들어 손뼉 한 번 치고, 허리를 구부리고 양손을 아래로 내려 손뼉 한 번 친다.	짝과 손바닥을 세 번 마주친다.

⑦	⑧

⑦	⑧
⑤와 동일하게 동작한다.	⑥과 동일하게 동작한다.

⑨

짝과 두 손을 잡고 오른쪽(시계 반대 방향)으로 한 발씩 앙감질하며 돈다.

〈새춤〉

※ 이 악보는 『어린이 춤곡』(이은화, 김순세 공편, 형설출판사, 1996)에서 참고하였음

활동 3 어린이 폴카

활동유형	리듬 동작(짝율동+원율동)	동작의 구성요소	• 관계: 파트너와 그룹과의 관계
활동명	어린이 폴카	대상연령	5세
활동목표	• 세계 민속춤을 경험한다. • 짝과 함께 음악에 맞춰 율동하는 즐거움을 느낀다.		
활동자료	• 지구본이나 세계지도, 리듬막대 • 음악: 피아노나 〈어린이 폴카〉 음원		
활동과정	활동내용		
도입	1. 간단한 손유희로 주의집중한다. 2. 〈어린이 폴카〉 음악을 듣고, 느낌에 대해 이야기 나눈다. • 음악을 들어 보니 느낌이 어때? 3. 음악 제목을 소개한다. • 지금 들어 본 음악은 〈어린이 폴카〉라는 곡이야. • 폴카가 무엇일까? ▷ 폴카: 19세기 초에 보헤미아 지방에서 시작되어 전 유럽에 퍼진 2/4박자의 경쾌한 춤곡 • 보헤미아는 지금은 없는 국가인데 여기 정도(체코 서부)에 있었던 국가야. (지구본이나 세계지도를 보며 이야기한다.) 4. 활동을 소개한다. • 오늘은 〈어린이 폴카〉 음악에 맞춰 춤을 춰 볼 거야.		
전개	5. 제자리에 앉아서 율동 방법을 알아본다. • 이 곡은 오래전부터 전해져 내려오는 민속춤이야. • 어린이 폴카 민속춤은 여자와 남자가 짝이 되어 하는 춤이야. • (피아노를 치거나 입으로 멜로디를 들려주고 칠판에 그림을 그려 가며) 이 부분에서는 짝과 함께 손을 잡고 옆으로 한 발짝 두 발짝 가서 발을 번갈아 하나 둘 셋~~ 다시 반대 방향으로 한 발짝 두 발짝 가서 발을 번갈아 하나 둘 셋! 6. 교사와 유아 중 한 명이 나와 함께 율동을 보여 준다. • 선생님과 함께 율동 방법을 보여 줄 사람 있니? 7. 유아 네 명이 나와 율동을 보여 준다. • 이번에는 너희 중 남자 둘, 여자 두 명만 나와서 율동을 해 보자. • 여자 둘은 안쪽 원에 서 보고, 남자 둘은 바깥 원에 서 보자. • 한 바퀴 돌 때는 어느 방향으로 돌아야 할까? • 안쪽 원에 있는 사람은 제자리에서 돌고, 바깥 원에 있는 사람은 왼쪽으로 돌아가는 거야. 그럼 짝이 어떻게 될까?		

	8. 어려운 부분이 있거나 잘못 동작을 하는 부분만 다시 해 본다. • ○○ 부분이 잘 안 되는구나. ○○ 부분만 다시 해 보자. 9. 다 함께 나와 율동을 한다. • 바닥에 앉아 있는 사람들은 뒤를 돌아 보자. 바로 뒤에 앉아 있는 사람과 짝이 될 거야. • 바닥에 앉아 있는 사람들은 안쪽 원에 서고, 의자에 앉아 있는 사람들은 바깥 원에 서 볼 거야. 자, 손을 잡고 나와서 앞에 보이는 원에 둥그렇게 서 보자. • 한 동작씩 해 볼까? 10. 음악에 맞춰 다 함께 율동을 한다. • 이번에는 음악에 맞춰 율동을 해 보자.
평가 및 마무리	11. 활동에 대한 생각과 느낌을 이야기 나눈다. • 오늘은 짝을 바꿔 가며 외국의 음악 폴카에 맞춰 율동을 해 보았는데 어땠니? 12. 다음 활동으로 전이한다.
유의점	• 폴카에 대해서는 간략하게 설명한다. • 반 인원과 활동 공간에 따라 반 그룹으로 나누어 진행한다. • 교사는 활동을 할 때 입과 리듬막대로 박이나 방법을 제시해 주면 효과적이다(예: 옆으로 하나 둘, 하나 둘 셋). • 짝 바꾸기 하지 않고 둘씩 짝을 지어 자유대형으로 진행할 수도 있다.
활동평가	• 짝과 함께 음악의 리듬과 박에 맞춰 동작을 수행하는가? • 민속춤의 즐거움을 느끼며 율동하는가?
확장활동	• 세계 여러 나라 음악을 감상한다. • 세계 여러 나라 민속춤을 감상하고 동작활동으로 연계한다.

율동 대형

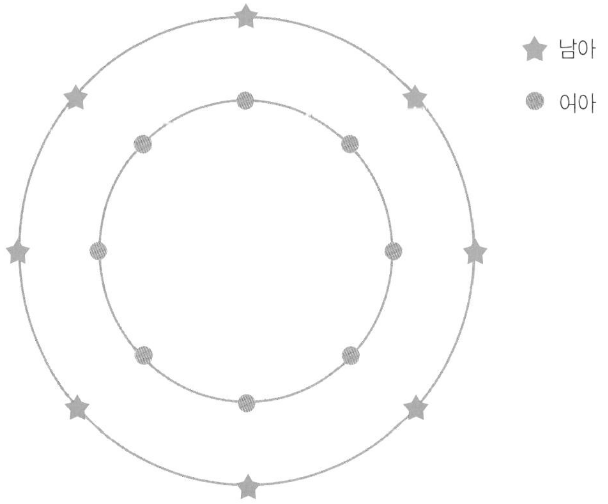

활동 방법

①	②

남녀 유아가 짝이 되어 손을 마주 잡고 진행 방향 (바깥 원은 오른쪽, 안쪽 원은 왼쪽)으로 두 걸음 간다. 이때 양팔을 진행 방향으로 아래로 반원을 그리듯이 흔들며 걸어간다.	짝과 손을 잡은 채 손과 발을 위아래로 올렸다 내렸다 하며 제자리에서 세 걸음을 걷는다. 이때 손과 발은 엇갈리게 움직인다.
③	④

①과 반대 방향으로 움직이며 동일하게 동작한다.	②와 동일하게 동작한다.
⑤	⑥

①과 동일하게 동작한다.	②와 동일하게 동작한다.
⑦	⑧

③과 동일하게 동작한다.	②와 동일하게 동작한다.

⑨

짝과 마주 보고 선 상태로 자기 무릎을 한 번, 자기 손뼉을 한 번, 짝과 양 손뼉을 세 번 친다.

⑩

⑨와 동일하게 동작한다.

⑪	⑫

왼발을 땅에 대고 오른발은 발뒤꿈치를 앞으로 내밀어 바닥으로 향하게 하면서 제자리에서 세 번 뛴다.
이때 왼손 손바닥으로 오른손 팔꿈치를 받치고 오른쪽 팔꿈치는 굽힌다.
그리고 오른손은 검지만 편 상태로 짝과 서로 세 번 톡톡톡 가리킨다.
⑫는 ⑪과 손과 발의 방향을 바꾸어 같은 방법으로 동작한다.

⑬

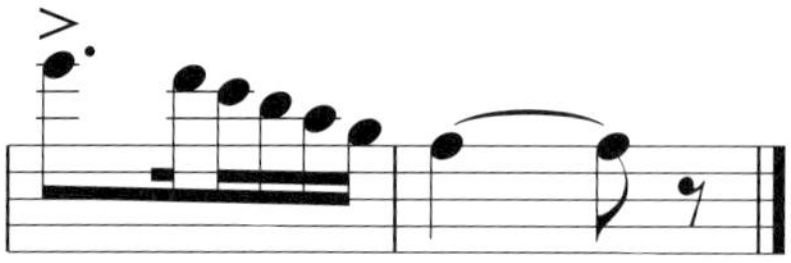

짝과 서로의 검지를 '탁' 부딪히며 도는데, 안쪽 원에 있는 유아는 제자리에서 한 바퀴 돌고,
바깥 원에 있는 유아는 왼쪽 방향으로 한 바퀴 돌면서 이동한다.

〈어린이 폴카〉

외국곡

활동 4 오 수재너

활동유형	리듬 동작(짝율동)	동작의 구성요소	• 공간인식: 방향 • 관계: 파트너와 그룹과의 관계
활동명	오 수재너	대상연령	5세
활동목표	• 세계 민속춤을 경험한다. • 짝과 함께 음악에 맞춰 율동하는 즐거움을 느낀다.		
활동자료	• 리듬막대 • 음악: 피아노나 〈오 수재너〉 음원		
활동과정	활동내용		
도입	1. 간단한 손유희로 주의집중한다. 2. 〈오 수재너〉 음악을 듣고, 느낌에 대해 이야기 나눈다. • 음악을 들어 보니 느낌이 어때? 3. 음악에 대해 이야기 나눈다. • 지금 들어 본 음악은 〈오 수재너〉라는 곡이야. • 수재너는 사람 이름이야. 이 곡은 처음에는 노래로 만들어졌어. 미국에서 지금도 많이 불리고 있는 노래야. 악기를 메고 사랑하는 사람을 만나러 간다는 내용을 담고 있대. 4. 활동을 소개한다. • 오늘은 〈오 수재너〉 음악에 맞춰 율동을 해 볼 거야.		
전개	5. 제자리에 앉아서 율동 방법을 알아본다. • 이 곡도 지난번 춰 봤던 '어린이 폴카'처럼 여자와 남자가 짝이 되어 하는 율동이야. • (피아노를 치거나 입으로 멜로디를 들려 주고 칠판에 그림을 그려 가며) 이 부분에서 다른 사람들은 모두 신나게 손뼉을 쳐 주자. 6. 교사와 유아 중 한 명이 나와 함께 율동을 보여 준다. • 선생님과 함께 율동 방법을 보여 줄 사람 있니? • 먼저, 음악 없이 천천히 동작을 해 보자. • 이번에는 음악과 함께 해 볼까? 7. 유아 여섯 명이 나와 율동을 보여 준다. • 이번에는 너희 중 여섯 명만 나와 율동을 해 보자. • 남자들은 이쪽 선에 서 보고, 여자들은 이쪽 선에 서 보자. • 진행 방향은 이쪽이야. 그럼 먼저 출발하는 사람은 누구일까? 8. 어려운 부분이 있거나 잘못 동작을 하는 부분만 다시 해 본다. • ○○ 부분이 잘 안 되는 구나. ○○ 부분만 다시 해 보자. 9. 다 함께 나와 율동을 한다. • 먼저, 음악 없이 한 동작씩 해 보자. 10. 음악에 맞춰 다 함께 율동을 한다. • 이번에는 음악에 맞춰 율동을 해 보자.		

평가 및 마무리	11. 활동에 대한 생각과 느낌을 이야기 나눈다. • 오늘은 남자와 여자가 짝이 되어 미국 민요에 맞춰 춤을 춰 보았는데 어땠니? 12. 다음 활동으로 전이한다.
유의점	• 교사는 활동을 할 때 입이나 리듬막대로 박이나 방법을 제시해 주면 효과적이다(예: 남자들! 앞으로 가서 인사, 뒤로 가고, 여자들! 앞으로 가서 인사, 뒤로 가고, 스키핑하며 앞으로……. 준비하고 출발!). • 반 인원과 활동 공간의 크기에 따라 반 그룹으로 나누어 진행한다.
활동평가	• 짝과 함께 음악의 리듬과 박에 맞춰 동작을 수행하는가? • 민속춤의 즐거움을 느끼며 율동하는가?
확장활동	• 세계 여러 나라 음악을 감상한다. • 세계 여러 나라 민속춤을 감상하고 동작활동으로 연계한다.

율동 대형

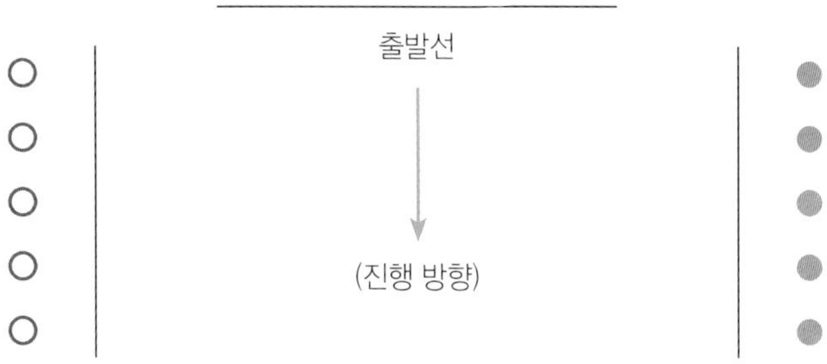

활동 방법

①

남아들만 앞으로 세 걸음 걸어간 후 4박에서 모자를 벗어 인사하듯이 동작하고
뒤로 네 걸음 걸어 나온다. 이때 여아들은 신나게 손뼉을 친다.

②

여아들만 앞으로 세 걸음 걸어간 후 4박에서 치마를 잡고 인사하듯이 동작하고
뒤로 네 걸음 걸어 나온다. 이때 남아들은 신나게 손뼉을 친다.

③

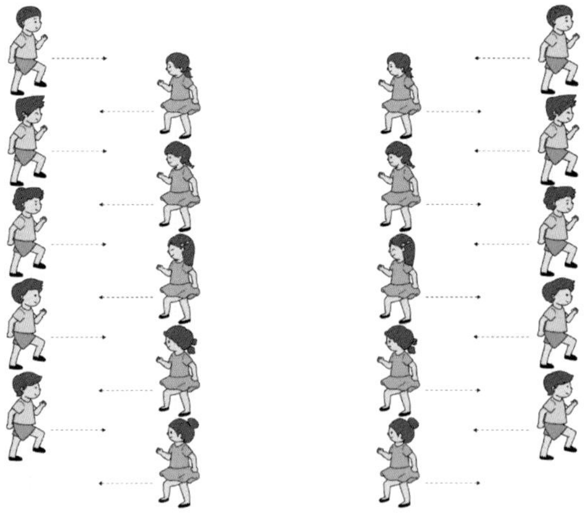

남아와 여아가 자기 짝을 향해 8박 스키핑해서 앞으로 간다.

④

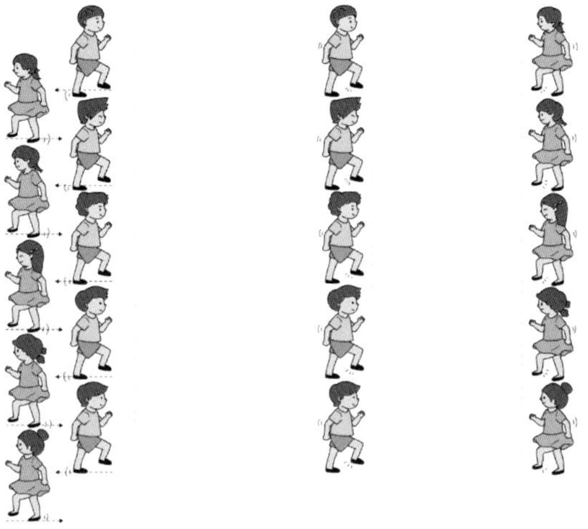

다시 뒤로 8박 스키핑해서 자기 자리로 온다.

⑤

순서대로 짝끼리 출발선으로 나와 팔을 벌려 양손을 잡고 옆으로 스키핑할 준비를 한다.
이때 진행 방향 쪽의 손은 아래로 향하고 반대 방향 쪽의 손은 위로 향하게 잡는다.

⑥

짝과 함께 옆으로 스키핑을 하며 진행 방향으로 간다.
이때 다른 유아들은 출발선이 있는 방향으로 한 발 이동하며 신나게 손뼉을 친다.

〈오 수재너〉

Foster 곡

활동 5 서커시안 서클

활동유형	리듬 동작(짝율동 + 원율동)	동작의 구성요소	• 관계: 파트너와 그룹과의 관계
활동명	서커시안 서클	대상연령	5세
활동목표	• 세계 민속춤을 경험한다. • 짝을 바꾸어 가며 음악에 맞춰 율동하는 즐거움을 느낀다.		
활동자료	• 지구본이나 세계지도, 리듬막대 • 음악: 피아노나 〈서커시안 서클〉 음원		
활동과정	활동내용		
도입	1. 간단한 손유희로 주의집중한다. 2. 〈서커시안 서클〉 음악을 듣고, 느낌에 대해 이야기 나눈다. • 음악을 들어 보니 느낌이 어때? 3. 음악을 소개한다. • 지금 들어 본 음악은 〈서커시안 서클〉이라는 곡이야. • 영어로 서클(circle)은 둥글게 모여 있다는 의미야. 오늘 율동도 둥그렇게 원을 만들어서 해 볼 거야. • 이 춤은 어느 나라의 춤일까? 바로바로 영국의 민속무용이야. 영국은 어디 있는지 찾아볼까? (지구본이나 세계지도를 보며 이야기한다.) 4. 활동을 소개한다. • 오늘은 〈서커시안 서클〉 음악에 맞춰 춤을 춰 볼 거야.		
전개	5. 제자리에 앉아서 율동 방법을 알아본다. • 이 곡도 '어린이 폴카'나 '오 수재너'처럼 여자와 남자가 짝이 되어 하는 율동인데 두 명이 짝이 되고 계속해서 마주 보는 짝들을 바꾸면서 춤을 추게 돼. • (피아노를 치거나 입으로 멜로디를 들려주고 칠판에 그림을 그려 가며) 이 부분에서는 짝 손을 잡고 앞으로 세 발 나간 뒤 발을 콕 찍어 줄 거야. 6. 교사와 유아 중 한 명이 나와 함께 율동을 보여 준다. • 선생님과 함께 율동 방법을 보여 줄 사람 있니? • 남자와 여자 중 왼쪽에는 누가 설까? • 손을 잡을 때는 어떻게 할까? ▷ 남자는 왼쪽, 여자는 오른쪽에 섬 ▷ 손을 잡을 때 남자가 손바닥을 위로 하면 여자가 손등을 위로 하여 남자 손 위에 가볍게 올려놓음 ▷ 다른 한 손은 허리에 올려놓음 • 먼저, 음악 없이 천천히 동작을 해 보자. • 이번에는 음악과 함께 해 볼까?		

	7. 교사와 유아 중 세 명이 나와 함께 율동을 보여 준다. • 이번에는 너희 중 세 명만 나와 율동을 해 보자. • 앉아 있는 사람들은 인사 동작을 같이 해 보도록 하자. • 음악 없이 천천히 동작을 해 보자. • 여자들은 치마를 입었다고 생각하고 옆으로 치마를 잡아 보자. 그리고 스키핑하면서 자기 짝을 한 바퀴 돌 거야. • 두 명은 굴이 될 거고, 두 명은 굴을 지나갈 거야. 8. 어려운 부분이 있거나 잘못 동작을 하는 부분만 다시 해 본다. • ○○ 부분이 잘 안 되는 구나. ○○ 부분만 다시 해 보자. 9. 다 함께 나와 율동을 한다. • 먼저, 음악 없이 한 동작씩 해 보자. 10. 음악에 맞춰 다 함께 율동을 한다. • 이번에는 음악에 맞춰 율동을 해 보자.
평가 및 마무리	11. 활동에 대한 생각과 느낌을 이야기 나눈다. • 오늘은 남자와 여자가 짝이 되어 보고 마주 보는 짝들도 계속 바꾸며 영국 민요에 맞춰 춤을 춰 보았는데 어땠니? 12. 다음 활동으로 전이한다.
유의점	• 남자와 여자가 손을 잡는 방법, 서는 위치 등은 민속춤을 처음 출 때 알려 주는 것이 효과적이다. • 교사는 활동을 할 때 입과 리듬막대로 박이나 방법을 제시해 주면 효과적이다(예: 앞으로 가서 인사, 뒤로 가서 짝 보고 인사, ~~~하나 둘 셋 넷 다섯 여섯 일곱 여덟!).
활동평가	• 짝과 함께 음악의 리듬과 박에 맞춰 동작을 수행하는가? • 민속춤의 즐거움을 느끼며 율동하는가?
확장활동	• 세계 여러 나라 음악을 감상한다. • 세계 여러 나라 민속춤을 감상하고 동작활동으로 연계한다.

율동 대형

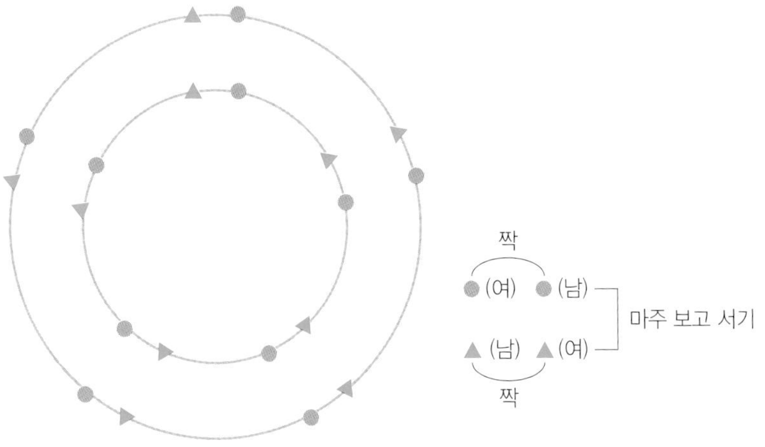

활동 방법

① 전주

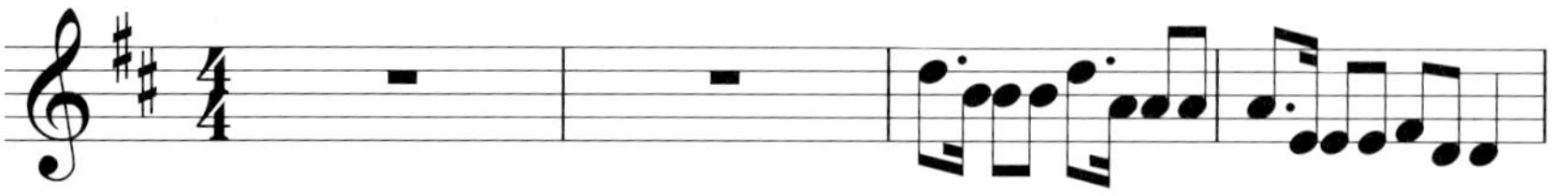

짝과 손을 잡고 마주 선 짝들을 바라보며 서 있는다.

②

짝과 손을 잡고 오른발부터 앞으로 3박 걸어 나간 후
4박 때 왼발 앞꿈치를 오른발 뒤에 찍으면서
마주 본 짝들과 인사한다.

③

왼발부터 뒤로 3박 걸어 나온 후 4박 때 오른발 앞꿈치를
왼발 뒤에 찍으면서 자기 짝과 인사한다.

④	⑤

②와 동일하게 동작한다.	③과 동일하게 동작한다.

⑥

남아는 제자리에서 손뼉을 여덟 번 친다. 이때 여아는 치마 끝을 양손에 잡은 듯이 하고 스키핑하면서 자기 짝을 한 바퀴 돈다.

⑦

여아는 제자리에서 손뼉을 여덟 번 친다.
이때 남아는 도시도(양팔을 낀 상태에서 팔꿈치를 어깨와 수평으로 들어 올리는 자세)를 하고 러시안 춤을 추듯이 한 발씩 뻗으면서 자기 짝을 한 바퀴 돈다.

⑧	⑨

②와 동일하게 동작한다.	③과 동일하게 동작한다.
⑩	⑪

②와 동일하게 동작한다.	③과 동일하게 동작한다.

⑫

굴이 된 유아 짝들은 잡은 손을 들어 굴을 만든다. 굴 맞은편의 유아 짝들은 손을 잡고 굴을 빠져나가 새로운 짝들과 만난다. 새로운 짝을 만난 후에는 제자리걸음을 하면서 다음 동작을 준비한다(총 16박).

〈서커시안 서클〉

영국 민속곡

활동 6 훌라춤

활동유형	리듬 동작(자유대형율동)	동작의 구성요소	• 신체인식: 신체 부분의 움직임 • 관계: 파트너와 그룹과의 관계, 사물들과의 관계
활동명	훌라춤	대상연령	5세
활동목표	• 세계 민속춤을 경험한다. • 음악의 느낌을 신체를 통해 자유롭게 표현한다.		
활동자료	• 지구본이나 세계지도, 훌라춤 동영상, 꽃목걸이, 꽃핀, 치마 • 음악: 우쿨렐레 피크닉의 〈알로하오에〉 음원		

활동과정	활동내용

도입

1. 간단한 손유희로 주의집중한다.
2. '훌라춤' 동영상을 보고 춤추는 모습에 대해 이야기 나눈다.
   - 이 춤을 보니 어떤 생각이 드니?
   - 이 춤의 이름을 아는 사람이 있니? 훌라의 뜻이 무엇일까?

> ▷ 훌라: 춤춘다는 뜻

   - 어디에서 추는 춤일까?
   - 손동작이 어떻니? 다리는 어떻게 움직이니?
   - 허리는 어떻게 움직일까? 몸을 어떻게 움직이는 것 같아?

> ▷ 손과 팔을 부드럽게 움직이며 잔걸음을 하면서 허리 부분을 떠는 것이 특징

3. 훌라춤을 소개한다.
   - 훌라춤은 하와이에서 추는 민속춤이야. (지구본이나 세계지도를 보며 이야기한다)
   - 움직임에 어떤 뜻이 있대. 어떤 뜻이 있을 것 같니?

> ▷ 예전에는 소망(바라는 것)을 몸짓으로 나타내면 그것이 이루어진다고 믿는 종교적인 의미가 있었는데, 요즘에는 그러한 의미는 거의 없어짐. 그러나 동작으로 이야기를 표현하는 춤이라고 함

4. 활동을 소개한다.
   - 오늘은 '훌라춤'을 춰 볼 거야.

전개

5. 소품으로 장식한다.
   - 너희가 직접 만든 훌라춤 소품들을 준비해 왔어.
   - ○○부터 차례대로 나와 꽃목걸이, 꽃핀, 그리고 멋진 치마를 입고 넓게 서 보자. 우리는 모두 결혼을 하지 않았으니까 꽃핀은 왼쪽에 하자.

> ▷ 결혼한 사람들은 오른쪽에 꽃핀을 하고, 결혼하지 않은 사람들은 왼쪽에 꽃핀을 함

	6. 다 함께 나와 자유롭게 춤을 춘다. • 음악에 맞춰 느낌에 따라 자유롭게 몸을 움직여 보자. • 부드럽게 손과 팔을 움직여 보자. • 다리는 빨리빨리 움직이며 허리를 신나게 떨어 보자.
평가 및 마무리	7. 활동에 대한 생각과 느낌을 이야기 나눈다. • 오늘은 하와이 민속춤인 훌라춤을 자유롭게 춰 보았는데 어땠니? 8. 다음 활동으로 전이한다.
유의점	• 처음에는 정해진 방법대로 함께 동작을 하기보다는 음악을 느끼며 자유롭게 손과 팔, 그리고 다리와 허리를 움직여 본다.
활동평가	• 손과 팔을 부드럽게 움직이는가? • 다리와 허리를 빠르게 움직이고 떨 수 있는가?
확장활동	• 우쿨렐레(하와이안 기타) 연주곡을 감상한다. • 유아들과 함께 동작을 정해서 훌라춤을 춰 본다. • 유아들이 궁금해하는 다른 나라의 민속춤을 춰 본다.

제12장

기구와 소도구를 활용한 신체활동

●학습목표●

- 기구와 소도구를 활용한 신체활동을 실행해 보는 과정을 통해 실제적 지식을 습득한다.
- 다양한 기구와 소도구를 활용한 신체활동을 수행할 수 있다.

활동 1 숫자만큼 공 튀겨서 받기

활동 2 공을 던져서 표적 맞히기

활동 3 훌라후프 통과하기

활동 4 두 줄 뛰어넘기

활동 5 옆으로 구르기

활동 6 평균대 위 장애물 넘기

활동 7 스카프 잡기

활동 8 낙하산 놀이

활동 9 훌라후프 굴 통과하기

활동 10 친구와 함께 장애물 경주하기

활동 1 숫자만큼 공 튀겨서 받기

<table>
<tr><td>활동유형</td><td>공을 이용한 신체활동</td><td>동작의 구성요소</td><td>• 신체인식: 신체 부분의 움직임
• 노력: 시간, 힘
• 관계: 사물들과의 관계</td></tr>
<tr><td>활동명</td><td>숫자만큼 공 튀겨서 받기</td><td>대상연령</td><td>5세</td></tr>
<tr><td>활동목표</td><td colspan="3">• 속도와 강도를 다르게 하여 공을 튀기고 받을 수 있다.
• 공의 움직임에 따라 몸을 민첩하게 움직일 수 있다.</td></tr>
<tr><td>활동자료</td><td colspan="3">• 공, 원모양, 숫자카드(바닥에 원을 그리고 원 안에 숫자카드를 붙여 넣는다.)
• 호루라기(리듬막대, 탬버린 등의 신호악기)</td></tr>
<tr><td>활동과정</td><td colspan="3">활동내용</td></tr>
<tr><td>도입</td><td colspan="3">1. 공에 대한 수수께끼로 주의집중한다.
• 나는 동그래요. 나는 굴러가요.
2. 공을 가지고 논 경험에 대해 이야기 나눈다.
• 앞에 무엇이 있니?
• 공을 가지고 친구와 어떻게 놀이했니?
• 위로 올려서 받기도 하고, 옆으로 전달하기도 하고, 바닥에 쳐서 튀기기도 했구나.
• 공을 바닥에서 더 높이 튀어 오르게 하려고 어떻게 했니?
3. 활동을 소개한다.
• 오늘은 공 튀기기를 해 볼 거야.</td></tr>
<tr><td>전개</td><td colspan="3">4. 공 튀기기를 한다.
• 모두 양손으로 가슴 위치에 공을 잡아 보자.
• 공을 바닥에 떨어뜨렸다가 튀어 오르는 공을 잡아 보자.
• 힘을 주어 바닥에 튀겼다가 잡아 보자.
• 여러 번 바닥에 튀겼다가 잡아 보자.

공 튀기고 한 손으로 받기
5. 한 손으로 공 튀기기를 한다.
• 이번에는 한 손으로 바닥에 공을 던지고 한 손으로 잡아 보자.
• 숫자를 세면서 한 손으로 바닥에 공을 던지고 한 손으로 잡아 보자.</td></tr>
</table>

	6. 숫자만큼 공 튀기기를 한다. • 숫자가 그려진 원으로 모이자. • 원 주위를 걷다가 선생님이 호루라기를 불면 모두 제자리에 멈추자. • 자기 앞의 숫자만큼 공을 튀기고 받아 보자. • 강하게 공을 튀겨 보자. • 이번에는 빠르게 공을 튀겨 보자. • 공을 튀기고 받을 때 수도 세어 보자. • 다시 원 주위를 걷다가 호루라기 소리에 멈추고 숫자만큼 공을 튀기고 받아 보자.  숫자만큼 바닥에 공 튀겨서 받기 7. 공을 정리한다. • 자기가 사용한 공은 바구니에 담고 자리에 앉아 보자.
평가 및 마무리	8. 활동에 대한 생각과 느낌을 이야기 나눈다. • 오늘은 공을 바닥에 튀기고 받아 보았는데 어땠니? • 바닥에 있는 숫자만큼 힘을 주면서 강하고 빠르게 튀기고 받아 보았는데 어땠니? 9. 다음 활동으로 전이한다.
유의점	• 공은 딱딱한 것보다는 잘 튀어 오르는 것이 적당하며, 처음에는 큰 공으로 시작하여 차츰 작은 공으로 바꾸어 준다. • 유아들의 발달수준을 고려하여 숫자의 크기를 정한다. • 활동 공간에 비해 인원이 많을 경우에는 반 그룹씩 나누어 활동한다.
활동평가	• 속도와 강도를 다르게 하여 공을 튀기고 받을 수 있는가? • 공의 움직임에 따라 몸을 움직일 수 있는가?
확장활동	• 공을 튀기면서 걸어가 본다. • 몸을 회전시키면서 튀긴 공을 받아 본다. • 공을 벽에 던지고 튀겨 나오는 공을 잡아 본다.

활동 2 공을 던져서 표적 맞히기

활동유형	공을 이용한 신체활동	동작의 구성요소	• 신체인식: 몸 전체의 움직임 • 공간인식: 방향, 노력: 힘 • 관계: 사물들과의 관계
활동명	공을 던져서 표적 맞히기	대상연령	5세
활동목표	• 속도와 강도를 다르게 하여 공을 던질 수 있다. • 눈과 손을 협응하여 공을 던질 수 있다.		
활동자료	• 작은 공(유아가 한 손으로 잡을 수 있는 크기), 표적 선		
활동과정	활동내용		
도입	1. 부분 보고 전체 맞추기로 주의집중한다. • 공 사진 위에 색지를 붙여 조금씩 떼어 가며 어떤 것인지 알아맞힌다. 2. 벽에 붙은 표적과 바닥의 선을 살펴보며 놀이의 방법을 예측한다. • 앞에 무엇이 있니? • 공을 가지고 어떻게 놀이할 수 있을까? • 위로 올려서 받기도 하고, 옆으로 전달하기도 하고, 바닥에 쳐서 튀기기도 할 수 있구나. 3. 활동을 소개한다. • 오늘은 표적에 공 맞히기를 해 볼 거야.		
전개	4. 벽에 붙은 표적과 바닥의 선을 살펴보며 놀이의 방법을 예측해 본다. • 어떻게 놀이할 수 있을까? 5. 유아들과 의논하여 놀이 방법과 규칙을 정한다. • 어디에서 던질까? • 한 사람이 몇 개씩 던질까? • 던진 공은 어디에 모을까? 6. 거리를 다르게 하여 공을 던져 표적 맞히기를 한다. • 멀리 있는 표적을 맞히려면 어떻게 던져야 할까? • 힘을 좀 더 세게 주어 공을 던져 보자. 7. 다양한 방법으로 공을 던져 표적 맞히기를 한다. • 위에서 아래로 던지면서 표적 맞히기를 하자. • 아래에서 위로 던지면서 표적 맞히기를 하자. 8. 공을 정리한다. • 자기가 사용한 공은 바구니에 담고 자리에 앉아 보자.		
평가 및 마무리	9. 활동에 대한 생각과 느낌을 이야기 나눈다. • 오늘은 공으로 표적 맞히기를 해 보았는데 어땠니? • 조금 더 멀리 가서, 위에서 아래로, 아래에서 위로 던지면서 표적 맞히기를 해 보았는데 어땠니? 10. 다음 활동으로 전이한다.		

유의점	• 유아의 개인 수준에 맞추어 공을 던지는 거리, 표적의 크기나 모양 등을 조절한다. • 공으로 표적 맞히는 것을 어려워하는 유아의 경우 팥주머니를 제공해 주면 손으로 조절하기 쉽고 표적을 맞힌 후 굴러가지 않기 때문에 효과적이다.
활동평가	• 던지는 거리를 다르게 하여 공을 던질 수 있는가? • 던지는 방법을 다르게 하여 공을 던질 수 있는가?
확장활동	• 줄 너머로 공을 주고받아 본다. • 피구 놀이를 한다.

활동 3 홀라후프 통과하기

활동유형	홀라후프를 이용한 신체활동	동작의 구성요소	• 신체인식: 몸 전체의 움직임 • 공간인식: 범위 • 관계: 사물들과의 관계
활동명	훌라후프 통과하기	대상연령	3세
활동목표	• 여러 가지 방법으로 훌라후프를 통과할 수 있다. • 신체를 조절하여 훌라후프를 빠져나갈 수 있다.		
활동자료	• 훌라후프(유아가 한 손으로 잡을 수 있는 크기), 표적 선		
활동과정	활동내용		
도입	1. 교사의 지시(또는 동작 사진)에 따라 동작을 해 보며 주의집중한다. • 몸을 작게 움츠려 보자. • 몸을 낮게 구부려 보자. • 상체를 숙이고 걸어가 보자. 2. 활동을 소개한다. • 오늘은 몸을 작게 움츠리고, 구부려서 훌라후프 통과하기를 해 볼 거야.		
전개	3. 훌라후프로 몸을 통과해 본다. • 훌라후프를 바닥에 놓아 보자. • 훌라후프를 들어서 머리 위에서부터 아래로 몸을 통과시켜 보자. • 훌라후프를 바닥에 놓고 훌라후프 밖으로 빠져나오자. 4. 구령에 맞춰 리듬감 있게 후프로 몸을 통과해 본다. • 선생님이 '하나'라고 이야기하면 훌라후프를 바닥에 놓고 안으로 들어가 가운데에 서 보자. • '둘'이라고 이야기하면 양손으로 훌라후프를 들어 몸의 위쪽에서 훌라후프를 통과시켜 보자. • '셋'이라고 하면 팔을 위로 완전히 치켜든 후 잠시 정지해 보자. • '넷'이라고 하면 다시 아래로 몸을 통과시킨 후 밖으로 빠져나오자. • 숫자에 맞춰 반복해 보자. 5. 고정되어 있는 훌라후프 빠져나가기를 해 본다.  훌라후프 가운데 통과하여 달리기		

	• 선생님이 훌라후프의 한 면을 바닥에 닿도록 하고 훌라후프를 세워 한 손으로 잡고 있을게. • 친구들은 훌라후프가 몸에 닿지 않도록 해서 빠져나가자. • 훌라후프를 잡고 있는 선생님을 돌아 제자리로 돌아오자. 6. 훌라후프를 정리한다. • 자기가 사용한 훌라후프를 정리하고 자리에 앉아 보자.
평가 및 마무리	7. 활동에 대한 생각과 느낌을 이야기 나눈다. • 오늘은 훌라후프 밖으로 빠져나가 보았는데 어땠니? • 몸을 작게 움츠리기도 하고, 낮게 구부리면서 훌라후프 밖으로 빠져나가 보았는데 어땠니? 8. 다음 활동으로 전이한다.
유의점	• 신체를 작게 구부리고 적절하게 균형을 잡아 훌라후프에 닿지 않는 것이 중요하다. • 유아가 바닥에 훌라후프를 고정해서 세우는 것이 익숙해지면 유아가 훌라후프를 들고 있게 한다.
활동평가	• 다양한 방법으로 훌라후프를 통과할 수 있는가? • 훌라후프에 맞게 몸을 조절할 수 있는가?
확장활동	• 훌라후프 장애물을 넘어 달리기를 한다. • 친구와 손잡고 훌라후프를 통과한다.

활동 4 두 줄 뛰어넘기

활동유형	줄을 이용한 신체활동	동작의 구성요소	• 신체인식: 몸 전체의 움직임 • 공간인식: 개인공간 • 관계: 사물들과의 관계
활동명	두 줄 뛰어넘기	대상연령	4세
활동목표	• 몸의 균형을 잡고 줄을 뛰어넘을 수 있다. • 리듬에 맞춰 뛰어넘기를 할 수 있다.		
활동자료	• 줄(1.5m) 두 개		
활동과정	활동내용		
도입	1. 〈월화수목금토일〉 노래를 부르며 주의집중한다. 2. 바닥에 선을 그어 놓고 선을 밟지 않고 뛰기를 한다. • 선 위를 뛰어넘어 보자. • 다리를 벌려 뛰어넘어 보자. • 모둠발로 뛰어넘어 보자. 3. 활동을 소개한다. • 오늘은 두 줄 뛰어 보기를 해 볼 거야.		
전개	4. 평행이 된 두 줄 사이에서 뛰어 본다. • 두 명이 나와서 줄을 양손으로 잡아 두 개의 줄을 만들어 보자. • 한 명이 나와서 두 개의 줄 사이에 들어가 서 보자. • 줄 사이에서 서서 두 발을 모았다가 벌렸다가 하며 뛰어 보자. 5. 움직이는 두 줄 사이에서 뛰어 본다. • 두 개의 줄이 서로 닿게 오므리면 줄넘기 사이에 서 있던 ○○는 뛰면서 두 발을 벌려 보자. • 두 개의 줄이 벌리면 줄넘기 사이에 서 있던 ○○이는 뛰면서 두 발을 모아 보자. • 하나, 둘, 셋, 넷 박자에 맞춰 뛰어 보자.  두 줄 사이 뛰기		

	6. 유아들과 두 줄 사이를 뛰는 방법을 정해 본다. • 어떤 방법으로 뛰어 볼까? • 줄 사이에 한쪽 발만 넣고 좌우로 발을 옮기며 뛰어 볼 수도 있구나. • 뛰어서 줄을 밟았다가 다시 밖으로 뛰어 볼 수도 있구나. • 〈월화수목금토일〉 노래를 부르면서 우리가 정한 방법으로 두 줄 사이를 뛰어 보자. 7. 줄을 정리한다. • 자기가 사용한 줄은 바구니에 담고 자리에 앉아 보자.
평가 및 마무리	8. 활동에 대한 생각과 느낌을 이야기 나눈다. • 오늘은 두 줄 뛰어넘기를 해 보았는데 어땠니? • 다리를 벌렸다가 오므렸다가, 모둠발로 두 줄 뛰어넘기를 해 보았는데 어땠니? 9. 다음 활동으로 전이한다.
유의점	• 마당의 잔디밭이나 유희실 등 바닥이 평평하고 미끄럽지 않은 곳에서 활동한다. • 고무줄과 같이 탄력이 있는 줄을 이용하여 다리에 걸고 할 수도 있다. • 줄의 높이를 유아가 넘을 수 있도록 적당하게 잡는다. • 줄에 걸려 넘어지지 않게 유의한다.
활동평가	• 몸의 균형을 잡고 줄을 뛰어넘을 수 있는가? • 다양한 방법으로 뛰어넘기를 할 수 있는가?
확장활동	• 움직이는 줄 위를 뛰어 본다. • 친구와 함께 줄을 넘어 달려 본다.

활동 5 옆으로 구르기

활동유형	매트를 이용한 신체활동	동작의 구성요소	• 신체인식: 몸 전체의 움직임 • 공간인식: 개인공간, 방향 • 관계: 사물들과의 관계
활동명	옆으로 구르기	대상연령	3세
활동목표	• 신체의 각 부분을 조절하며 구를 수 있다. • 다양한 방법으로 구를 수 있다.		
활동자료	• 매트 여러 장		
활동과정	활동내용		
도입	1. 교사의 지시에 따라 다양한 매트 탐색 동작을 해 보며 주의집중한다. • 매트 위에서 걸어 보자. • 매트 위에서 뛰어 보자. • 매트 위에서 뒹굴어 보자. 2. 매트의 느낌, 모양 등을 이야기한다. • 매트는 어떤 모양이니? • 매트를 만져 보니까 어때? • 뛰거나 걸을 때 어떤 느낌이 드니? 3. 활동을 소개한다. • 오늘은 매트에서 구르기를 해 볼 거야.		
전개	4. 자유롭게 구르면서 무엇을 표현했는지 이야기 나눈다. • 구르면서 무엇을 표현했니? 5. 옆으로 구르기를 한다. • 매트 위에 팔과 다리를 쭉 펴고 엎드리자. • 팔은 위로 뻗고 무릎은 구부리지 않으면서 반대편 끝쪽으로 몸을 굴려서 가 보자. 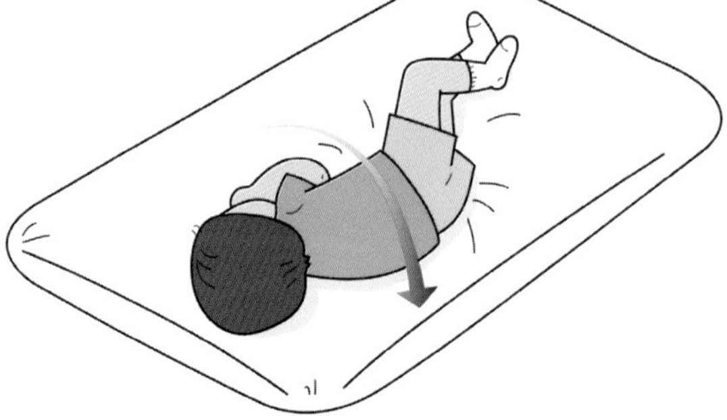 매트에서 옆으로 구르기		

	6. 익숙해지면 다양한 방법으로 옆으로 구르기를 한다. • 매트 두 장을 연결했어. 끝까지 구르기를 해 보자. • 매트 밖으로 빠져나가지 않도록 엉덩이와 다리를 먼저 굴려 보자. • 방향을 바꿔서 구르기를 해 보자. • 빠르게(천천히) 구르기를 해 보자.
평가 및 마무리	7. 활동에 대한 생각과 느낌을 이야기 나눈다. • 오늘은 매트에서 옆으로 구르기를 해 보았는데 어땠니? • 방향도 바꾸고 빠르게, 천천히 구르기를 해 보았는데 어땠니? 8. 다음 활동으로 전이한다.
유의점	• 매트 끝까지 한 사람의 구르기가 완전히 끝난 후 다음 사람이 구르기를 시작한다.
활동평가	• 신체의 각 부분을 조절하면서 구르기를 할 수 있는가? • 다양한 방법으로 구르기를 할 수 있는가?
확장활동	• 2인 1조가 되어 한 명이 구르고 다른 한 명은 구르는 친구를 굴리는 활동을 한다. • 두 사람이 한 조가 되어 함께 구르기를 한다.

활동 6 평균대 위 장애물 넘기

활동유형	평균대를 이용한 신체활동	동작의 구성요소	• 신체인식: 몸 전체의 움직임 • 공간인식: 수준, 방향 • 관계: 사물들과의 관계
활동명	평균대 위 장애물 넘기	대상연령	4세
활동목표	• 몸의 균형을 잡고 평균대를 건너갈 수 있다. • 평균대 위의 장애물을 넘어갈 수 있다.		
활동자료	• 평균대, 매트, 종이블록(3~4개)		
활동과정	활동내용		
도입	1. 〈징검다리 건너자〉 동요를 부르며 주의집중한다. 2. 유아들과 평균대에 대해 이야기 나눈다. • 앞에 무엇이 있니? • 어떻게 생겼니? 무엇으로 만들어졌을까? 이름이 무엇일까? 3. 평균대에서 할 수 있는 다양한 활동을 이야기 나눈다. • 이것으로 어떤 놀이를 할 수 있을까? • 위에서 서 있기, 걷기, 뛰기, 매달리기, 기어가기 등을 할 수 있겠구나. 4. 평균대를 사용하며 주의할 점에 대해 이야기 나눈다. • 안전하고 재미있게 평균대 놀이를 하려면 어떻게 해야 할까? ▷ 화살표 방향대로 간다. ▷ 평균대에서 놀이하는 친구를 밀거나 끌어내리지 않는다. ▷ 평균대 한쪽으로 밀거나 들지 않는다. 등 5. 활동을 소개한다. • 오늘은 평균대 위에서 장애물 넘기를 해 볼 거야.		
전개	6. 평균대 위 걷기를 한다. • 평균대 위에 올라서자. • 무릎을 펴고 양팔을 벌린 후 평균대 끝까지 걸어가 보자. • 평균대 끝에서 두 발을 모아 매트 위로 뛰어내리자.  평균대 위 장애물 넘기		

	7. 평균대 위 장애물 넘기를 한다. • (블록 1개를 평균대 위에 올려놓으며) 블록에 닿지 않게 평균대 위를 걸어가 보자. • 평균대 끝가지 가서 두 발을 모아 매트로 내려오자. • (블록의 수를 점차 늘려 3~4개를 평균대 위에 올려놓으며) 블록에 닿지 않게 평균대 위를 걸어가 보자. • 평균대 끝까지 가서 두 발을 모아 매트로 내려오자. • 이번에는 평균대 높이를 조금 더 높여서 걸어가 보자.
평가 및 마무리	8. 활동에 대한 생각과 느낌을 이야기 나눈다. • 오늘은 평균대 위 건너가기를 해 보았는데 어땠니? • 평균대 위에서 장애물 넘기를 해 보았는데 어땠니? 9. 다음 활동으로 전이한다.
유의점	• 매트를 평균대 주변에 깐다. • 유아들의 수행능력을 살피며 평균대 높이를 조절한다.
활동평가	• 몸의 균형을 잡고 평균대를 건너갈 수 있는가? • 평균대 위의 장애물을 넘어갈 수 있는가?
확장활동	• 두 줄 평균대 건너기를 한다. • 평균대 위에서 평균대 아래 물건 줍기를 한다.

활동 7 스카프 잡기

활동유형	스카프를 이용한 신체활동	동작의 구성요소	• 신체인식: 몸 전체의 움직임 • 공간인식: 수준, 방향 • 관계: 사물들과의 관계
활동명	스카프 잡기	대상연령	3세
활동목표	• 스카프를 이용하여 신체의 각 부분을 움직일 수 있다. • 신체를 협응하여 스카프를 잡을 수 있다.		
활동자료	• 스카프		
활동과정	활동내용		
도입	1. 궁금이 상자에 스카프를 넣고 맞추기로 주의집중한다. • 상자 안에 무엇이 있을까? • ○○이가 나와서 상자 속에 손을 넣어 만져 보고 무엇인지 이야기해 보자. 2. 스카프를 가지고 모여 앉아 서로의 스카프를 비교하여 이야기 나눈다. • 궁금이 상자 속에서 꺼낸 스카프를 가지고 자리에 앉아 보자. • 언제 어떻게 사용하는 물건이니? 3. 스카프를 이용해 할 수 있는 다양한 동작에 대해 이야기 나눈다. • 스카프를 어떻게 움직일 수 있을까? • 스카프를 어떻게 던지고 받을 수 있을까? • 우리 몸의 어떤 부분을 움직일 수 있을까? 4. 활동을 소개한다. • 오늘은 스카프를 둥글게 말아서 높이 던졌다가 받기를 해 볼 거야.		
전개	5. 스카프를 높이 던졌다가 받는다. • 스카프를 공처럼 둥글게 말아 보자. • 둥글게 만 스카프를 높이 던졌다가 떨어질 때 잡아 보자. • 스카프를 둥글고 작게 만들어야 높이 던질 수 있단다. 6. 친구와 함께 스카프를 던지고 잡는다.  스카프 높이 던지고 잡기		

	• 친구와 마주 보고 서 보자. • 스카프를 둥글게 말아서 앞에 서 있는 친구에게 던져 보자. • 앞에 서 있는 친구는 그 스카프를 잡고, 다시 앞의 친구에게 둥글게 말아서 던져 보자.
평가 및 마무리	7. 활동에 대한 생각과 느낌을 이야기 나눈다. • 오늘은 스카프를 던지고 잡아 보는 활동을 해 보았는데 어땠니? • 친구와 함께 스카프를 던지고 잡아 보았는데 어땠니? 8. 다음 활동으로 전이한다.
유의점	• 스카프를 머리 뒤쪽으로 던지지 않도록 한다. • 스카프를 이용한 다양한 동작의 스트레칭을 사전에 경험한다.
활동평가	• 스카프를 이용하여 신체의 각 부분을 움직일 수 있는가? • 신체를 협응하여 스카프를 잡을 수 있는가?
확장활동	• 스카프 날리며 달리기를 한다. • 스카프 위아래로 통과해 본다.

활동 8 낙하산 놀이

활동유형	낙하산을 이용한 신체활동	동작의 구성요소	• 신체인식: 몸 전체의 움직임 • 공간인식: 수준, 방향 • 관계: 사물들과의 관계
활동명	낙하산 놀이	대상연령	5세
활동목표	• 낙하산을 이용하여 신체를 조절할 수 있다. • 친구와 힘을 모으는 협동심을 기른다.		
활동자료	• 낙하산, 공		
활동과정	활동내용		
도입	1. 동그랗게 앉아서 〈그대로 멈춰라〉 노래를 부르며 주의집중한다. 2. 바닥에 낙하산을 펼쳐 놓은 후 이야기 나눈다. • 앞에 있는 것을 본 적이 있니? • 이 물건의 이름은 무엇일까? • 낙하산이 무슨 뜻일까? • 언제 어떻게 사용하는 물건일까? 3. 낙하산을 이용해 할 수 있는 다양한 동작에 대해 이야기 나눈다. • 낙하산을 어떻게 움직일 수 있을까? • 우리 몸의 어떤 부분을 움직일 수 있을까? 4. 활동을 소개한다. • 오늘은 낙하산으로 낙하산 놀이를 해 볼 거야.		
전개	5. 낙하산을 여러 명의 유아가 함께 붙잡는다. • 낙하산을 잡아 보자. • 어떻게 잡으면 좋을까?  낙하산 위로 공 튀기기		

	6. 낙하산을 위아래로 들어 올리고 내리는 것을 함께 맞추어 한다. • 친구들과 함께 흔들어 보자. • 친구들과 함께 머리 위로 들어 올려 보자. • 친구들과 함께 아래로 내려 보자. • 내려올 때 몸을 뒤로 돌려 낙하산 안으로 들어가 보자. • 선생님이 '위'라고 말하면 낙하산을 올리고, '아래'라고 말하면 내려 보자. 7. 낙하산 중앙에 공을 올려놓고 힘을 모아 위로 튀긴다. • 공을 낙하산 위에 올려놓을게. • 친구들과 함께 힘을 모아 공을 위로 올려 보자. 8. 공을 정리한다. • 우리가 사용한 공은 바구니에 담고 자리에 앉아 보자.
평가 및 마무리	9. 활동에 대한 생각과 느낌을 이야기 나눈다. • 오늘은 낙하산 놀이를 해 보았는데 어땠니? • 친구와 함께 낙하산으로 공을 위로 올려 보았는데 어땠니? 10. 다음 활동으로 전이한다.
유의점	• 탄력성이 있는 낙하산을 이용하여 공이 많이 튀어 오르게 할 수 있다. • 무겁지 않은 낙하산을 선택하여 공기의 느낌을 느낄 수 있다.
활동평가	• 낙하산을 이용하여 다양하게 움직일 수 있는가? • 친구와 힘을 모아 낙하산을 올리고 내릴 수 있는가?
확장활동	• 낙하산을 이용한 쥐와 고양이 게임을 한다. • 낙하산을 이용하여 율동('달팽이집을 지읍시다' 등)을 한다.

활동 9 훌라후프 굴 통과하기

활동유형	훌라후프 통과 순환활동	동작의 구성요소	• 신체인식: 몸 전체의 움직임 • 공간인식: 경로 • 노력: 시간 • 관계: 사물들과의 관계
활동명	훌라후프 굴 통과하기	대상연령	5세
활동목표	• 신체를 조절하여 여러 가지 후프를 통과할 수 있다. • 규칙을 지키며 친구와 즐겁게 놀이한다.		
활동자료	• 소고(신호악기), 후프 여러 개, 비닐 끈, 매트 2장, 목적물 2개		
활동과정	활동내용		
도입	1. 훌라후프 통과하기와 돌리기 등 훌라후프 탐색 동작으로 주의집중한다. • 바닥에 있는 훌라후프는 안으로 들어가서 훌라후프를 몸의 위에서 아래로 빠져나와 보자. • 훌라후프 굴은 기어서 빠져나와 보자. • 매달려 있는 훌라후프는 몸을 숙여서 다리를 들어서 빠져나와 보자. • 훌라후프 돌리기를 해 보자. 2. 활동 방법에 대해 이야기 나눈다. • 훌라후프로 어떻게 해 본 것이 재미있었니? • 첫 번째 훌라후프는 어떤 방법으로 통과할 수 있을까? • 매달려 있는 훌라후프는 어떻게 지나갈까? 3. 활동을 소개한다. • 오늘은 여러 가지 훌라후프 굴을 통과해 볼 거야.		
전개	4. 활동 방법을 결정한다. ▷ 첫 번째 훌라후프를 사용해 몸의 위에서 아래로 내려 보내 통과한다. ▷ 훌라후프 굴을 기어서 빠져나간다. ▷ 높이 매달려 있는 훌라후프를 통과한다. ▷ 훌라후프를 허리로 5회 돌린다. ▷ 목적물(반환점)을 돌아서 제자리로 달려온다. 5. 교사가 시범을 보인다. • 선생님이 약속을 지키며 먼저 시범을 보여 줄게. 6. 활동 규칙에 대해 이야기 나눈다. • 다양한 훌라후프 굴을 통과하기 위해 필요한 약속에는 무엇이 있을까? ▷ 제자리에서 친구를 응원한다. ▷ 훌라후프를 함께 정한 방법으로 통과한다. ▷ 훌라후프를 통과할 때 정해진 자리에 놓는다.		

	• 출발선에는 두 명씩 미리 나와 대기하도록 하자. 7. 훌라후프 굴 통과하기 활동을 한다. • 팀별로 두 명씩 먼저 나와 보자. • 선생님이 소고를 치면 양쪽에서 한 명씩 출발하는 거야. 8. 양쪽 팀 모두에게 격려의 박수를 보낸다. • 양쪽 모두 열심해 해 주었구나. 서로에게 박수를 쳐 주자.
평가 및 마무리	9. 활동에 대한 생각과 느낌을 이야기 나눈다. • 오늘은 여러 가지 훌라후프 굴 통과하기 게임을 해 보았는데 어땠니? • 친구들과 함께 게임을 해 보았는데 어땠니? 10. 다음 활동으로 전이한다.
유의점	• 훌라후프와 훌라후프 사이는 1~1.5m 이상의 거리를 둔다. • 훌라후프 놓는 자리를 표시해 둔다.
활동평가	• 신체를 조절하여 여러 가지 훌라후프를 통과할 수 있는가? • 규칙을 지키며 게임을 할 수 있는가?
확장활동	• 장애물 건너가기 활동을 한다. • 공 던지기, 치기 순환활동을 한다.

활동 대형

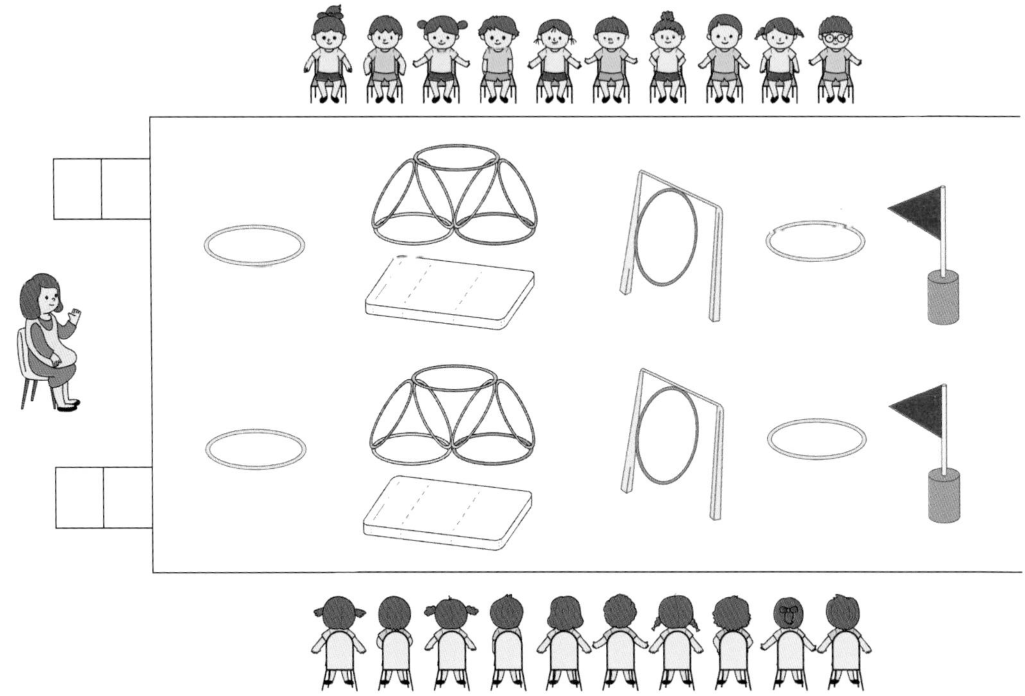

활동 10 친구와 함께 장애물 경주하기

활동유형	다양한 기구를 이용한 신체활동	동작의 구성요소	• 신체인식: 몸 전체의 움직임 • 공간인식: 경로 • 관계: 파트너와 그룹과의 관계, 사물들과의 관계
활동명	친구와 함께 장애물 경주하기	대상연령	5세
활동목표	• 다양한 기구를 이용하여 연속적으로 신체의 각 부분을 움직일 수 있다. • 친구와 함께 즐겁게 활동에 참여한다.		
활동자료	• 소고(신호악기), 유니바 4대, 평균대 2대, 매트 2장, 림보대 2대		
활동과정	활동내용		
도입	1. 유아 체조를 하며 주의집중한다. 2. 자료를 보며 활동 방법에 대해 이야기 나눈다. • 앞에 무엇이 있니? • 우리가 어떻게 활동할 수 있을까? 3. 활동을 소개한다. • 오늘은 친구와 함께 장애물 경주를 해 볼 거야.		
전개	4. 활동 방법을 결정한다. ▷ 한 팀에서 2명이 나와 함께 유니바 2대를 연속해서 뛰어넘는다. ▷ 2명이 함께 차례로 평균대를 건너간다. ▷ 한 명씩 매트를 구른 후 2명이 함께 출발한다. ▷ 2명이 함께 림보대를 지나서 제자리로 달려온다. 5. 유아 2명이 나와 시범을 보인다. • 너희 중 2명이 나와서 시범을 보여 주자. 6. 활동 규칙에 대해 이야기 나눈다. • 우리가 재미있게 게임을 하려면 어떤 약속을 하면 좋을까? ▷ 먼저, 출발했던 친구들이 출발선 안으로 들어오면 다음 팀이 출발한다. ▷ 제자리에서 친구를 응원한다. ▷ 장애물을 함께 정한 방법으로 통과한다. ▷ 한 팀인 2명이 함께 도와서 움직인다. 7. '친구와 함께 장애물 경주하기' 활동을 한다. • 각 팀에서 2명씩 출발선에 나와 서 보자. • 선생님이 소고를 치면 양쪽에서 한 명씩 출발하는 거야. 8. 양쪽 팀 모두에게 격려의 박수를 보낸다. • 양쪽 모두 열심히 해 주었구나. 서로에게 박수를 쳐 주자.		

평가 및 마무리	9. 활동에 대한 생각과 느낌을 이야기 나눈다. • 오늘은 여러 가지 장애물 통과하기 게임을 해 보았는데 어땠니? • 친구들과 함께 게임을 해 보았는데 어땠니? 10. 다음 활동으로 전이한다.
유의점	• 2명이 하는 활동이므로 함께 도와서 할 수 있도록 한다. • 2명이 최선을 다하여 끝까지 할 수 있도록 한다.
활동평가	• 친구와 함께 다양한 기구를 이용하여 연속적으로 통과할 수 있는가? • 규칙을 지키며 게임을 할 수 있는가?
확장활동	• 장애물 경주하기 활동을 한다. • 기구를 변경하여(친구와 함께 장애물 지그재그 달리기, 공 주고받기, 훌라후프 통과시키기 등) 친구와 함께 장애물 경주하기를 한다.

활동 대형

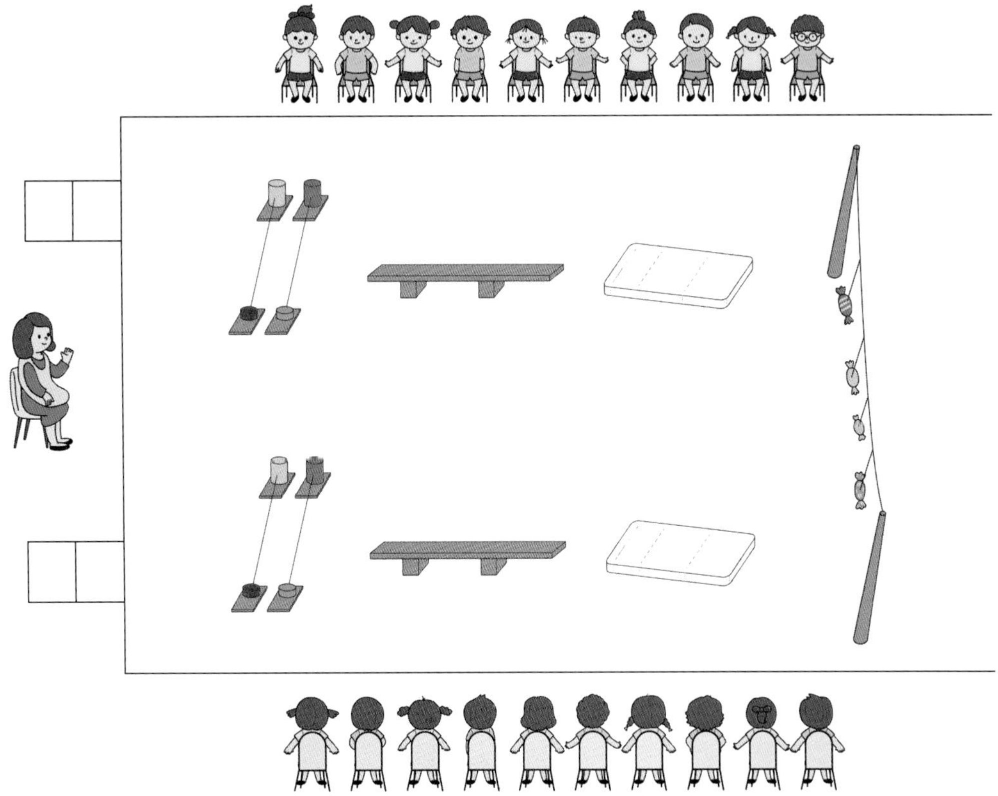

문혜련(Moon Hae-Lyun)

이화여자대학교 유아교육학과 학사

이화여자대학교 대학원 유아교육학과 석사

이화여자대학교 대학원 유아교육학과 박사

전 EBS 유아교육 프로그램 〈방귀대장 뿡뿡이〉 자문위원

올림픽유치원 교사

건영아름유치원 원장

현 경기대학교 교육대학원 유아교육전공 교수

〈대표 저서〉

다양한 교수 방법을 통한 유아음악교육(3판, 공저, 학지사, 2020)

박미경(Park Mi-Kyung)

배재대학교 유아교육학과 학사

이화여자대학교 대학원 유아교육학과 석사

이화여자대학교 대학원 유아교육학과 박사

전 아이코리아부속 새세대유치원 교사

대경대학교 유아교육과 교수

대경대학교 보육교사교육원 원장

현 경복대학교 아동상담보육과 교수

〈대표 저서〉

영유아 교사를 위한 음악교육(공저, 파란마음, 2020)

영유아 신체활동 지도(증보판, 공저, 창지사, 2017)

영유아 교수학습방법(공저, 파란마음, 2014) 등 다수

KOMCA 승인 필

2019 개정 누리과정에 기초한
영유아동작교육
Early Childhood Movement Education
Based on the 2019 Revised Nuri Curriculum

2021년 9월 20일 1판 1쇄 인쇄
2021년 9월 30일 1판 1쇄 발행

지은이 • 문혜련 · 박미경
펴낸이 • 김진환
펴낸곳 • ㈜학지사
04031 서울특별시 마포구 양화로 15길 20 마인드월드빌딩
대표전화 • 02-330-5114 팩스 • 02-324-2345
등록번호 • 제313-2006-000265호

홈페이지 • http://www.hakjisa.co.kr
페이스북 • https://www.facebook.com/hakjisabook

ISBN 978-89-997-2494-7 93370

정가 22,000원